이승만연구원 학술총서 4

하와이 대한인국민회 100년사

이 덕 희

연세대학교 대학출판문화원

간행사

하와이에 정착해 연구활동을 하고 있는 이덕희 선생이 이승만 대통령의 하와이 활동과 깊은 관계를 맺고 있는 '대한인국민회'에 관한 책 출판을 위해 원고를 저희 연구원에 보내 주신 게 벌써 2년 반 전의 일입니다. 당시는 지금 이승만연구원의 전신인 현대한국학연구소가 활동하고 있던 상황이었습니다. 당시 소장 이정민 교수는 이 원고를 유영익 교수 및 오영섭 박사에게 검토하도록 부탁하였습니다. 검토 결과 두 분은 하와이 대한인국민회를 자세히 다룬 책이 전무한 실정이고 사진과 부록을 포함한 자료 정리가 매우 체계적으로 되어 있기 때문에 원고 가운데 일부 다듬어야 할 부분을 고치기만 하면 이승만 연구에 매우 도움이 되는 책이 될 것이라고 판단하였습니다.

그러나 내부의 제도적인 개혁 즉 현대한국학연구소가 이승만연구원으로 바뀌는 학교의 의사결정과 책의 원고정리 작업이 맞물리면서 출판이 상당 기간 지연될 수밖에 없는 상황을 겪게 되었습니다. 제도적인 정비 그리고 그에 따른 물리적인 변화가 차츰 안정이 되면서야 비로소 다시 원고정리 작업이 본격적으로 재개될 수 있었습니다. 늦었지만 지금이라도 이 책이 세상에 나와 이승만 대통령에 관한 연구가 질적으로 그리고 양적으로 더욱 풍성해지는 모습을 보니 감사한 마음입니다.

책의 제목이 알려주듯이 이 책은 '하와이 대한인국민회 100년사'에 관한 것입니다. 이 책의 출판을 계기로 하와이에서 활동하던 다양한 독립운동 단체들, 특히 이승만 계열의 대한인동지회, 대한인교민단, 대한부인구제회는 물론이고 박용만 계열의 대조선국민군단, 대조선독립단 등의 단체와 이들 단체의 상호 관계에 관한 연구가 촉진되기를 바랍니다. 나아가서 한 세기 전 머나먼 타국 땅으로 이민을 떠난 '글로벌 한국인'의 역사를 재조명하여 오늘날 세계 10위권 국가로 성장한 대한민국의 건국과 발전에 관한 이해가 깊어지기를 기대해 봅니다.

귀중한 원고를 주신 이덕희 선생에게는 말할 것도 없고, 책의 출판을 위해 편집과 교정의 수고를 도맡은 오영섭 연구교수에게도 감사합니다.

연세대학교 사회학과 교수 및 이승만연구원 원장

류 석 춘

머리말

하와이 대한인국민회(이하 하와이 국민회 혹은 국민회)가 2009년 2월 1일에 창립 100주년을 맞았다. 그동안 국민회의 활동은 『신한국보』와 『국민보』 이외에 1959년에 출판된 김원용의 『재미한인오십년사』, 1986년에 출간된 John K. Hyun의 *A Condensed History of the Kungminhoe : The Korean National Association, 1903~1945* (『국민회 약사』), 그리고 여러 학자들의 미주 한인 독립운동 관련 논문과 이승만 연구서를 통해서 알려졌다. 그러나 이들 논저에는 국민회 활동의 일부만 언급되었으며, 특정 지도자들의 활동과 그들 지도자 사이의 불화와 분열만이 부각되어 있다. 안타깝게도 국민회의 전반적인 활동을 체계적으로 소개하거나 국민회 역사를 일괄적으로 다룬 책자는 아직 출간되지 않았다. 그 결과 많은 사람들이 국민회를 단순히 특정 인물들, 특히 이승만과 박용만 등의 지도자들이 싸움을 벌인 정치단체였다고 어렴풋이 이해하게 되었다. 아무도 국민회가 정말로 어떤 활동을 하였으며, 어떻게 명맥을 이어왔는지, 그리고 어떠한 성격의 정치·사회단체였는지 등에 대해 의문조차 제기하지 않았다.

이제 뒤늦게나마 한 세기 전에 4500여 명의 하와이 한인 이민사회에 조직되었던 국민회라는 자치단체가 어떤 활동을 했는가를 자세히 살펴보려고 한다. 하와이 국민회 100년의 발자취를 모두 14장으로 나누어 서술하되, 국민회가 조직되기까지 하와이 한인사회의 배경을 밝히는 것부터 시작하여 100년 후 한국계 미국인 2세와 3세 지도자들이 국민회 이름을 이어가고 있는 현 국민회 재단 조직에 관하여 기술하는 것으로 끝을 맺었다.

제2장부터 국민회 규칙과 조직 전반을 살펴보면서 연무부를 두어 군인양성사업을 시작한 것을 기술하였다. 그리고 어떻게 4500명밖에 되지 않은 한인사회가 자체 회관을 마련할 수 있었는가에 대해서도 살펴보았다. 회원들의 회비(의무금)와 의연금(후원금)으로 운영된 국민회가 교육금과 구제금이라는 특별비로 펼쳐간 교육활동과 구제활동도 밝혔다. 물론 기관지인 『신한국보』와 『국민보』 출간에 관하여도 기술하였다. 1936년부터는 국민회 내부에 호상부를 조직하여 회원들의 장례 복지활동을 펼쳐온 것도 살펴보았고, 이런 모든 활동을 이어온 국민회의 재정상태도 분석하였다. 1915년도와 1918년도의 소송 사건, 1921년 교민단으로의 개편과 1930년 교민단 총회관 점령사건에 따른 동지회와의 갈등, 그리고 1933년 국민회 명칭으로 복구되는 과정도 다루었다. 또한 박용만이 6년간 관계를 맺어 온 국민회를 떠나 독자적인 단체를 조직하는 경위, 그리고 국민회가 국민회의 교육활동을 전담했던 이승만과 적대적인 관계를 갖게 된 경위도 밝혔다.

국민회와 관계된 많은 활동과 사건을 추적하면서, 유영익 전 연세대학교 석좌교수로부터 큰 도움을 받았다. 유교수님께서는 원고를 꼼꼼히 검토하신 다음 의문점을 지적하시고 정확한 표현을 제시해 주셨다. 그렇지만 내용상 잘못된 점이 있다면 그것은 모두 필자의 책임이며 기회가 되는 대로 또 새로운 자료가 발굴되는 대로 수정하려 한다.

이 책에 실린 모든 사진은 하와이 한인이민90주년 기념사업위원회와 미주 한인이민100주년 기념사업회 소장품임을 밝힌다. 또한 이 책에 인용된 단체와 인물의 한자 이름은 노재연(盧載淵)의 『재미한인사략(在美韓人史略)』, 상·하권에 기록되어 있는 것임을 밝힌다. 이 책에서는 대한인

국민회 하와이지방총회 혹은 하와이 대한인국민회라는 명칭을 하와이 국민회 또는 단순히 국민회로 줄여서 사용하였다.

국민회 회원들을 포함한 모든 이민 선조들의 희생과 노고, 그들의 조국 사랑에 고마움을 느끼면서 부족하나마 이 책을 그분들에게 바친다. 아울러 상업성이 적은 이 책의 출판을 흔쾌히 허락해 준 연세대학교 이승만연구원의 류석춘 원장과 난삽한 원고의 수정, 교열 및 교정 작업을 도맡아 준 오영섭 연구교수에게도 감사를 드린다.

하와이 마키키에서

이 덕 희

차 례

〈사진 목차〉

제 1 장
국민회가 조직되기까지

대한제국 고종황제의 윤허로 하와이 첫 이민단의 한인 102명이 미국 영토 하와이의 호놀룰루항에 도착한 것은 1903년 1월 13일이었다. 하와이왕국이 여왕 릴리우오칼라니(Queen Liliuokalani)의 통치를 마지막으로 멸망된 지 10년, 그리고 미국의 영토로 편입된 지 6년 되던 해였다. 그 후 1905년 8월까지 7,400여 명[1)]의 한인이 하와이에 도착하여 30여 개의 사탕수수농장에서 일하게 되었다. 사탕수수 농장주들은 같은 민족 노동자들이 모여 살도록 숙소를 배정하였다. 각국의 노동자들은 자기들의 마을(영어로 camp라 불렀다), 즉 일본인 마을, 한인 마을, 폴투갈 마을 등에 살았다.

한인 이민자들은 마을에 정착하면서 마을의 질서를 유지하기 위해 동회(洞會)를 조직하고 동장을 두었다. 이 외에 동포의 생활향상을 위하여 1903년 8월 초에 신민회(新民會)를 조직하였다. 신민회에 관한 가장 오

---

1) 하와이 이민자의 수는 자료에 따라 7,291명부터 7,600명까지 조금씩 다르다. 미국 이민국 통계에 의하면 하와이 영토를 포함한 미국에 입국한 한인 이민자는 7,400명이다. *Report of the Immigration Commission, Statistical Review of Immigration 1820~1910*, Washington: Government Printing Office, 1911, pp. 90-91. 한편, Duk Hee Lee Murabayashi는 이민국에 보관되어 있는 호놀룰루 입항자 명단 중 1903년 1월 13일부터 1905년 8월 8일까지 입항한 총 7,415명의 한인 입항자 명단을 작성하였다. 이 명단은 “Korean Passengers Arriving at Honolulu, 1903~1905”라는 제목 (이하 「이민자 명단」)으로 www.korean-studies.info에서 볼 수 있다.

래된 기록은 현순의 『포와유람기(布哇遊覽記)』인데, 현순은 "1903년 가을에 호놀룰루에서 홍승하 · 안정수 · 윤병구 등이 발기하여 신민회를 조직하였다. 호놀룰루에 중앙회가 있고 여러 지부가 있었다. 그러나 임원의 처사부정(處事不正)과 호상시의(互相猜疑)가 있어 1904년 봄에 해체되었다"고 기록하였다.[2] 노재연은 "1903년 8월 초순에 호놀룰루에서 홍승하 · 안정수 · 윤병구 제씨가 신민회를 설립하고, 카우아이(Kauai)섬 카파하(Kapaha) 지방에도 신민회를 설립하였으니, 회장 한주동, 부회장 장영환, 서기 정진상 제씨와 회원 양천태 · 고석주 · 조병옥 제씨더라"고 기록하였다.[3] 김원용은 "1903년 8월 7일에 홍승하 · 윤병구 · 문홍석 · 박윤섭 · 임치성 · 임형주 · 김정국 · 안정수 · 이교담 등의 발기로 신민회를 조직하였다. 목적은 구국정신을 고취하며, 일본의 침략행동을 반항함이며, 그 강령은 동족 단결, 민지 계발, 국정 쇄신이며 홍승하가 회장을 맡았다. 동년 12월 2일에 카우아이섬 카파하 지방에 지회를 설립하였으나 내부 분열을 당하여 1904년 4월 20일에 해체되었다"라고 기술하였다.[4]

한편, 안(이)정송은 "8월 초순에 모모 유지 몇 분의 주창으로 신민회가 처음으로 창립되었는데, 오아후섬 여러 곳에서 참석한 대표가 30여 명이오, 장소는 리버 스트리트(River Street) 어떤 중국인의 집 윗층이었다"고

---

2) 현순, 『布哇遊覽記』, 서울, 1909, 12쪽. 현순은 1903년 3월 3일에 하와이에 왔다가 1907년에 귀국했는데, 2년 후인 1909년에 이 책자를 출판하였다.

3) 노재연, 『在美韓人史略』 上, 로스앤젤레스, 1951. 1949년에 재미한인의 50년 역사 출판 관계로 노재호가 36년 만에 제2의 고향인 호놀룰루를 방문하였다는 신문 기사로 미루어, 노재연이 노재호라는 이름을 사용하였음을 알 수 있다. 『국민보』, 「노재호씨 본 항에 안착」, 1949년 4월 27일. 노재호는 1910년 3월부터 1911년까지 호놀룰루에서 발간된 『신한국보』 편집인이었다.

4) 김원용, 『재미한인오십년사』, 캘리포니아주 리들리(Reedley), 1959, 85쪽. 김원용은 1917년에 도미하였고, 1930년에 하와이에 왔다. 1931년 1월에 『국민보』 편집인, 1936년 1월에 『국민보』 주필을 지냈다.

기록하였다. 안정송은 또한 "개척운동으로 조직된 그 신민회의 감화로 카우아이섬에도 신민회를 조직하였으나, 완고한 사상의 앙축된 몇몇 사람들의 반대가 많아서 별로 진행되지는 못하였다. 카우아이섬에는 선각자 몇몇 분의 솔선으로 회를 조직하는 데에 있어서는 선구적이었다고 전해져 있다"라고 덧붙였다.[5] 그런데 「이민자 명단」에 의하면, 위에 인용한 사람들의 호놀룰루 도착일자가 신민회 설립일자를 뒷받침하지는 않는다. 그들의 도착일자(년/월/일)는 다음과 같다.

> 안정수(1903/1/13), 윤병구(원명 우병길 1903/10/5), 홍승하(1904/2/18)
> 김정국(미상), 이교담(1903/10/15), 고석주(1903/12/5)
> 박윤섭(1903/12/5), 한주동(1903/12/28), 장영환(1903/12/28)
> 정진상(1903/12/28), 양천태(1903/12/28), 조병옥(1903/12/28)
> 임형주(1904/1/9), 문홍석(1904/1/23), 임치성(1904/7/8)

이들 중 안정수만 1903년 8월 이전에 도착하였고, 다른 이들은 현순·노재연·김원용이 기술한 신민회 설립 일자 후에 도착하였다. 현순이 주장한 설립 일자인 1903년 '가을'을 10월경으로 추정하면, 안정수와 윤병구가 설립자일 수 있으며, 다른 사람들은 설립자가 될 수 없다. 마찬가지로 카우아이섬의 지회를 설립한 사람들도 모두가 12월 5일이나 12월 28일에 도착했기 때문에 12월 2일 설립일도 신빙성이 없다.

또한 김원용은 신민회의 목적이 구국정신 고취와 일본의 침략행동 반

---

5) 안(이)정송, "1949년 2월 1일 국민회 창립기념식에서 내가 읽은 역사"(이하 "내가 읽은 역사"), 자필 원고, 독립기념관 소장 자료, 1-4909-007, 1쪽. 이정송은 1913년 이화학당을 졸업하고, 1918년에 일본 요코하마의 Japan Womens' Seminary를 졸업하였다. 1918년에 하와이에 왔으며, 1919년 1월에 안원규와 결혼하였다. 대한인부인구제회, 한인 YWCA, 국민부인회 등의 회장으로 활약하였다. 1957년부터 1961년까지 『국민보』 기자였다.

항이었다고 하였는데, 1903년 가을에 이민자들이 이러한 목적을 주창했다고 하기에는 시기적으로 좀 이른 감과 과장된 감이 있다. 더구나 김원용은 "신민회가 감리교인들의 조직이던 까닭에 교파간의 시기로 불교인들과 성공회교인들이 무조건 반대하며 혼란을 일으키는 한편 이민경비 수봉사건[6]으로 인하여 내부에 싸움이 시작되었다"라고 서술하였다. 교파간의 시기로 혼란이 일어났다는 기술은 현순의 기록보다 더 구체적이지만, 신빙성이 적다. 왜냐하면, 1903년 9월까지 600명 미만의 한인이 도착하여 여러 섬으로 흩어졌으며, 오아후(Oahu)섬 호놀룰루 시내에는 20명 미만이 살았고 주로 와이알루아(Waialua)농장, 카후쿠(Kahuku)농장, 에바(Ewa)농장에서 일하였다. 오아후섬에 조직된 신민회가 감리교인들의 조직이었기 때문에 불교신자와 성공회 교인이 반발하였다는 것은 받아들이기 어렵다. 대신 안정송의 '완고한 사상을 지닌 사람들의 반대 단체'라는 설명은 설득력이 있다.

앞으로 신민회 설립일자 또는 설립자가 명확하게 밝혀져야 하지만, 신민회를 효시로 친목회(親睦會, 1903), 한인상조회(韓人相助會, 1905), 공진회(共進會, 1906), 전흥협회(電興協會, 1906), 자강회(自彊會, 1906), 국민동맹회(國民同盟會, 1907), 의성회(義成會, 1907년 이전), 협성회(協成會, 1908), 공동회(公同會, 1908) 등 많은 단체가 여러 섬에 조직되었고 또 지부가 설립되었다.[7] 1907년 8월 말에 당시 존재했던 24개 단체

---

6) 김원용이 인용한 이민경비 수봉사건은 이른바 '테일러사건'으로서 1904년 2월 중순에 일어났다. 한인 이민을 주관하면서 이민경비 일부를 선불해 준 데쉴러은행의 직원 테일러(A. W. Taylor)가 에바농장 한인들로부터 선불한 금액을 수금하러 다녔는데, 한인 노동자들이 테일러를 묶어놓고 구타한 사건이었다. 판사 린지(Lindsay)가 그 중 8명에게 3개월의 중노동형을 내렸다. *The Pacific Commercial Advertiser* (1921년에 제호가 *Honolulu Advertiser* 로 바뀜, 이하 *Advertiser*), "Rioters Go To Jail, Lindsay Sent Eight Koreans to Reef," Feb. 19, 1904, p. 8.

(지부 포함)와 동회 대표자 30명이 호놀룰루에 모여 5일간의 연속 회의를 가졌다. 1905년 11월 을사늑약이 체결된 지 2년이 된 때였다. 9월 2일에 각 단체와 동회 대표자들과 임정수·김성권·이내수·정원명이 모든 단체의 힘을 합쳐 조국의 국권회복, 재류 동포의 안녕보장과 재류 동포의 교육 장려를 도모하기 위하여 기존의 모든 단체를 해체하고, 한인합성협회(韓人合成協會)를 조직하였다. 첫 회장은 정원명이었다.[8] 샌프란시스코(San Francisco 桑港)에서 발간된 『공립신보』의 1907년 9월 6일사 '하와이 소문'난에는 "하와이에 있는 동포들이 (중략) 각 단체를 합하여 한 큰 단체를 조직하였으니 과연 내두에 큰 효력이 있을 줄 믿노라"라고 하여 하와이 합성협회의 결성을 보도하였다. 그러나 1906년에 조직된 전흥협회는 합성협회 조직에 참여하지 않고 따로 존속하였다.

한인합성협회는 호놀룰루 시내 누우아누 애베뉴(Nuuanu Avenue)[9]

---

7) 『국민보』, "임정수씨 연설, 국민회 역사의 대개," 1914년 2월 7일, 이 기사는 임정수의 연설문 중 국민회가 조직되기까지 설립되었던 주요 10개 단체의 설립연도와 설립자 이름을 기재한 것이다. 자강회의 조직 시점을 임정수는 1908년, 김원용은 1906년 6월 4일, 정두옥은 1907년이라고 하였다. 김원용, 『재미한인오십년사』, 91쪽; 정두옥, 「재미한족독립운동실기」, 『한국학연구』 3, 인하대 한국학연구소, 1991, 45쪽. 자강회는 1907년 9월 말부터 『자신보』를 발간하였다. 노재연은 한인상조회가 1905년에 조직되었고, 의성회가 1907년 7월에 한인합성협회에 연합하였다고 기술하였다. 노재연, 『在美韓人史略』 上, 32, 71쪽.

8) 이정송, "내가 읽은 역사," 1쪽. 정원명은 에바사탕수수농장의 통역관이었다. Polk-Husted Directory, Co., *Directory of Honolulu & the Territory of Hawaii*, (이하 *Directory of Honolulu*), 1909.

9) 사진의 건물 이름(W. W. Ahana)과 연도(1900)로 *Directory of Honolulu*, 1900~1901에서 이 건물의 주소가 1038 Nuuanu Avenue임을 찾을 수 있다. 이덕희가 『하와이 이민 100년, 그들은 어떻게 살았나?』, 중앙M&B, 2003, 160쪽에 사진을 실으면서 '국민회 초창기 본부(1909)'라고 한 것은 오류이다. 1905

1038번지에 회관을 임대하고 10월 22일부터 『합성신보(合成新報)』(주필 홍종표, 인쇄인 홍기훈)를 발간했다. 34호까지 발간된[10] 『합성신보』는 아직까지 1부도 발굴되지 않았다. 그 후 1년 동안 47개 지역에 합성협회 지회가 설립되어 1,051명의 회원이 확보되었는데, 이 숫자는 21세 이상의 전체 한인교포 3,800여 명 중 1/3이다. 회비는 예납금이라 하여 매년 $2.25였다.

미주 본토의 샌프란시스코에서는 1903년 9월 23일에 안창호가 이대위·김성무·장경·박영순 등과 함께 한인들의 친목을 도모하기 위하여 친목회를 조직하였다. 1905년 4월 5일에 친목회를 확장 개편하여 공립협회(共立協會, 회장 정재관)를 조직했으며, 1907년까지 샌프란시스코를 중심으로 로스앤젤레스(Los Angeles: 羅城) 등 6개 지역에 지방회를 설립하였다.

각각 독자적으로 활동하던 하와이의 한인합성협회와 미주 본토의 공립

년부터 1906년 중순까지 호놀룰루 한인감리교회의 주소가 1485 Nuuanu Avenue인 것으로 미루어 합성협회 관계자들이 이 지역을 잘 알았기 때문에 Nuuanu Avenue에 합성협회 사무실을 임대한 것으로 추측할 수 있다. 『합성신보』 주필 홍종표가 Miller Street 근처 Beretania Street에 살았고, 인쇄인 홍기훈은 King Street 근처 River Street에 산 것으로 미루어 한인들의 생활지역 반경이 다운타운인 Nuuanu Avenue 부근이었음을 알 수 있다. 위의 *Directory of Honolulu*, 1909 참조. 그런데 Kingsley K. Lyu(유경상)가 1947년에 인터뷰한 박상하와 1949년에 인터뷰한 조병요는 합성협회 회관이 릴리하(Liliha) 스트리트에 있었다고 기억하였고, 김원용도 릴리하 스트리트라고 기록했다. 누우아누와 릴리하 이 두 거리는 약 1.3마일(2km) 떨어져 있기 때문에 한인합성협회 회관의 주소는 풀어야 할 과제이다. Lyu, "Korean Nationalist Activities in Hawaii and the Continental United States, 1900~1945, Part I: 1900~1919," *Amerasia*, 4:1 (1977), 23, p. 54와 김원용, 『재미한인오십년사』, 98쪽.

10) 『신한국보』, "장별합성(壯別合成)," 1909년 2월 12일.

한인합성협회의 임대 회관, 1038 Nuuanu Avenue (1907)

협회 그리고 대동보국회(大同保國會), 뉴욕 공제회(共濟會), 씨애틀 동맹신흥회(同盟新興會) 등의 대표들이 1908년 7월 8일부터 11일까지 콜로라도주 덴버에서 애국동지대표회라는 모임을 가졌다.[11] 이 모임은 1908년 1월에 박용만이 덴버 근처의 한인 유지들과 함께 6월의 미국 민주당 대통령후보 선출대회가 덴버에서 개최되는 동안 해외동포회의를 소집하기로 결정했던 것으로, 이승만의 일정에 맞추기 위하여 개회 날짜가 지체되었다.[12]

---

11) 방선주, 「박용만 평전」, 『재미한인의 독립운동』, 한림대 아시아문화연구소, 1989, 16-19쪽.

12) 방선주, 「박용만 평전」, 20쪽.

해외동포회의가 열리기 약 4개월 전인 3월 23일에 샌프란시스코에서 대한제국의 외교교문 스티븐스(Durham W. Stevens)를 사살한 장인환과 전명운의 재판비용을 모금하면서 한인사회에는 한인들이 단결해야 한다는 의식이 팽배해 있었다. 따라서 애국동지대표회에 참석한 모든 사람들은 하와이를 포함한 북미의 한인 모두가 통일된 활동을 펼쳐야 한다고 강조했다. 그 결과로 한인합성협회와 공립협회 대표자들이 두 단체의 합동을 논의하고, 11월 30일에 합동발기문을 발표하였다. 그리고 1909년 2월 1일에 두 협회가 정식으로 통합하여 국민회를 발족시켰다.

한인합성협회가 조직된 이후에 이미 존재하고 있던 의성회・협성회・공동회 등은 한인합성협회에 통합되거나, 국민회 설립과 함께 통합된 것 같다. 한인합성협회에 참여하지 않고 독자적으로 존속하고 있던 전흥협회는 국민회 설립 직전에 합성협회에 연합하였다가 국민회 결성에 참여하였다.[13] 1909년 2월 12일자 『신한국보』「지급광고(至急廣告)」란에 "전흥・합성의 연합한 일은 일반 동포가 다 아시는 바이어니와 전 전흥협회에서 발행하던 월보의 기관을 신한국보사에 설립하고"라는 기사가 실렸다.

국민회가 조직된 1909년에 하와이에 4,500여 명의 한인이 살고 있었다. 1905년 8월까지 하와이에 온 7,400여 명의 한인 중에서 약 2,000명은 미주 본토로 이주했고, 약 1,000명은 귀국하였기 때문이다. 1910년

13) 김원용이 전흥협회가 "하와이 한인 단체 합동운동에 응하지 않고 고립되어 있다가 종당 1910년 4월에 대한인국민회에 병합되었다"라고 기록한 것은 오류이다. 김원용, 『재미한인오십년사』, 94쪽. 또한 김원용은 김익성, 박상하, 최봉현, 조병요의 발기로 전흥협회가 1907년 9월 3일에 결성되었다고 기록하였으나, 임정수에 의하면, 전흥(협)회는 박상하, 최봉현, 박승준 등의 주동으로 1906년에 조직되었다. 이들 모두는 김익성을 비롯하여 1905년 말부터 호놀룰루에서 예배를 보기 시작한—현존하는 성 누가교회(St. Luke's Episcopal Church)의 전신—감독교 (성공회) 교인이었다.

미국인구 조사에 의하면, 하와이의 한인 수는 4,533명이었고, 미주 대륙에 462명의 한인이 13개 주에 흩어져 있었다. 하와이 한인 4,533명 중에는 하와이에서 출생한 362명의 미국시민 아이들이 있었고, 한국 출생 1,525명이 하와이섬에, 1,024명이 오아후섬에, 873명이 카우아이(Kauai)섬에, 728명이 마우이(Maui)섬에, 7명이 라나이(Lanai)섬에, 15명이 몰로카이(Molokai)섬에 있었다. 한인 인구는 3,931명의 남성과 602명의 여성(어린아이 포함)으로 약 7 : 1이라는 비정상적인 남녀 성 비례를 유지하고 있었다.

사탕수수농장에 고용된 한인 노동자의 수가 1905년에 4,839명이었는데, 1906년부터 매해 감소하여 1910년에는 1,705명뿐이었다.[14] 농장을 떠난 많은 이민들은 도시에서 직업을 갖기 시작했다.[15] 한인들은 감리교교회와 성공회교회뿐만 아니라, 1906년에는 구세군 군영에도 다녔다. 특히 1910년 말에 하와이섬, 마우이섬, 오아후섬, 카우아이섬에 18개의 한인 감리교회가 설립되어 있었으며 총 1,097명의 교인이 있었다. 한인 총인구의 24%가 감리교회 교인이었으며, 한인 감리교인이 하와이의 전체 감리교인(백인과 일본인 포함한 1,461명)의 75%를 차지하였다. 대부분의 사탕수수농장은 하와이에 정착한 백인 선교사들의 자제들이 소유·운영하고 있었다. 기독교인 농장주들은 기독교인 노동자들에게 우호적이었고, 또한 교인 노동자들이 비기독교인들에 비해 온순하고 성실한 노동자인 것을 감지했기 때문에 교회 설립에 적극적이었고 재정적으로 많은 도움을 주었다.[16]

---

14) *Thrum's Hawaiian Annual*, Honolulu, 1905와 1910, p. 31.

15) 한인들의 직업에 관하여는, 이덕희, 『하와이이민 100년, 그들은 어떻게 살았나?』, 29-33, 126-129쪽.

16) Official Minutes of the (Annual) Sessions of the Hawaiian Mission of the Methodist Episcopal Church (이하 Methodist Journal), 1905, p. 23.

이미 1905년 12월 말에 열린 하와이 감리교 선교부 제1차 연회에서 감리사가 한인 교회에 하나님의 놀라운 역사가 함께 하였고, 한인 교인들은 하나님이 보내 주신 백성이라고 보고했었다.[17] 1905년에 한인 감리교인(451명)은 하와이 총 감리교인(761명)의 59%를 차지함에 따라 하와이 감리교 선교부가 한인 감리교인의 중요성을 인지하였던 것이다. 참고로 한인보다 18년 앞서 1885년부터 하와이왕국에 계약이민으로 온 일본인들의 수가 1900년에 61,111명(하와이 총인구 154,001의 39.7%)이었고, 1910년에는 79,674명(하와이 총인구 191,909의 41.5%)이었지만, 일본인 총 감리교인 수는 1905년에 203명(하와이 총 감리교인의 27%)이었고, 1910년에 224명으로 총 감리교인의 15%에 불과하였다.

감리교 선교부의 피어슨(George Pearson) 감리사(재임:1897～1904)는 1904년에 훠트 스트리트(Fort Street)에 있는 건물을 임대하여 야간 학교를 시작하였다. 이 학교에 6명의 아동, 2명의 성인 여성, 3명의 성인 남성 학생이 있었다. 교사는 자원봉사자인 2명의 백인 여성과 1명의 한인 남성이었다.[18] 학생 수가 곧 증가하여 더 큰 교실이 필요하였기 때문에 빈야드(Vineyard) 스트리트 바로 위쪽의 누우아누 애베뉴(현 Nuuanu YMCA 부근)의 벽돌 건물로 이사하였다. 1905년 여름까지 이민자의 수가 7,400여 명에 이르면서 아동들뿐만 아니라 성인 남녀 학생들로 이 건물도 차고 넘치게 되었다.

---

17) *Methodist Journal*, p. 41. 한인 감리교회에 관해서는, 이덕희, 「하와이 한인들이 하와이 감리교회에 끼친 영향: 1903~1952」, 『미주 한인 감리교회 백년사』 2, 미주 한인 감리교회백년사 출판위원회, 2003, 29-59쪽 참조.

18) 한인 교사는 이지성이었다. 그는 1906년 가을 학기에 개교한 한인기숙학교의 기숙사 사감으로 여러 해 동안 봉직하였다. 그러나 학교 공금을 남용한 것이 드러나 한인들이 사직을 요구하자 귀국길에 올랐다. *Advertiser*, "Angry Koreans Threaten Wadman," Feb. 3, 1913, p. 9.

1905년 7월에 증가하는 한인 교인 수와 또 이들의 교육열에 호응하여 호놀룰루 한인 감리교회의 교인 송헌주와 박윤섭을 비롯한 몇몇 지도자들은 와드맨(John W. Wadman) 감리사(재임 : 1905~1914)에게 호놀룰루에 기숙학교를 설립해 줄 것을 건의하였다. 그들은 곧 교육회를 조직하고 와드맨을 회장으로 선출하였고,[19] 와드맨은 병원 설립을 위해 한인자선회도 설립하였다.[20] 교육회 위원들은 한인학교 설립계획을 이민자들에게 알림으로써 그들로부터 $2,000의 약정금[21]을 받아냈다.

마침 하와이 감리교 선교부의 제1차 연회에 참석하고 있던 감리교 감독 해밀톤(Bishop John Hamilton)이 조합교회 이사회(Congregational Board)가 매각하려고 내놓은 펀취볼(Punchbow) 스트리트 소재 구 North Pacific Institute 학교 부지를 사도록 주선하였다. 가격은 $18,000이었는데, 조합교회가 기부한 $5,000, 해밀톤 감독이 감리교회에서 마련한 $10,000, 한인들의 약정금 $2,000, 그리고 미국인 후원자들의 후원금 $1,000으로 이 부지를 구입할 수 있었다.

하와이 감리교 선교부는 1906년 9월 학기부터 한인기숙학교(Korean Boarding School for Boys)를 개교하고, 와드맨의 부인 메임 와드맨(Mame H. Wadman)이 교장이 되었다. 초등 1학년부터 중등 2학년까지

---

19) 현순, 「布哇遊覽記」, 10쪽.

20) 와드맨 감리사는 학교와 기숙사 이외에 병원도 설립하고 한국어를 구사하는 미국인 선교사를 책임자로 둘 것이라고 보고하였다. *Methodist Journal,* 1905, p. 25. 한인자선회는 1905년 9월 21일에 한문으로 작성된 『韓人慈善會 憲章 及 細則』을 발표했는데, 4쪽으로 된 작은 책자(4.25×5.5 inch)가 현존한다.

21) 미국의 Economic History Services의 계산에 의하면, 1905년도의 $1은 2009년도 소비자 물가지수로 $25.15이다. 이민자들이 당시 $2,000을 모금할 수 있었다는 것은 이민자 중에 금붙이 등을 가져온 사람들이 있었음을 일러준다.

8개 학급에 등록한 65명의 학생들을 3명의 미국인 교사와 2명의 한국인 교사가 가르쳤으며, 이지성이 기숙사 사감으로 학생들을 돌보았다. 이 학교는 1907년 초에 정식 사립학교로 인가를 받아 졸업생들이 공립 고등학교에 진학할 수 있었다. 1910년에 한인기숙학교에는 100여 명의 남학생들이 다니고 있었다.

한인 학생들은 한인기숙학교 이외에 1906년부터 농장 근처에 있는 공립학교에 다니기 시작했다. 한인 공립학교 학생에 관한 첫 공식기록은 1906년 하와이 교육청장의 보고서에서 찾아볼 수 있는데, 161명의 한인 학생이 있었다.[22] 하와이정부가 한국에 배포한 1903년 8월 6일자 이민 홍보 전단지를 보면, 하와이에는 "학교 설립이 광대하여 모든 섬에 다 학교가 있어 영문을 가르치며 학비를 받지 아니함"이라는 문구가 들어있다. 이민자 중 많은 이들이 하와이의 의무 교육제도에 대해 알고 있었을 가능성을 시사한다. 1903년에서 1905년까지 하와이에 부모를 따라 온 6세 이상의 아동 약 192명 중[23] 84%인 161명이 1906년에 공립학교에 다니고 있었다. 한인기숙학교의 65명 학생을 포함하면 1906년에 226명의 학생이 학교에 다녔으며, 한인기숙학교에는 초등학교 적령 이상의 성인 학생들도 있었다. 1910년에 공립학교 164명과 사립학교에 106명을 포함한 총 270명의 한인 학생이 학교에 다니고 있었다.

물론, 한인기숙학교의 운영은 하와이 감리교 선교부의 몫이었다. 그러

---

22) "Table No. 2 Comparative Table of Nationalities of Pupils Attending School in the Territory, Dec. 31, 1906," *Report of the Superintendent of Public Instruction to the Governor of the Territory of Hawaii, Dec. 31, 1904-Dec. 31, 1906,* p. 54.

23) 오인환 · 공정자, 『구한말 한인 하와이 이민』, 「하와이 이민자의 인구 및 가족 구성에 관하여」, 인하대 출판부, 2004 참조. 이 논문은 앞의 주) 1의 자료인 「이민자 명단」의 6,740명을 분석한 것이다. 2차 명단에는 7,415명이 수록되었다.

나 한인 노동자들은 학생들을 위한 장학금을 모아 주었을 뿐만 아니라[24] 기숙사 수리비를 기부하고[25] 필요한 물품들을 기증하는 등 교육에 열성을 쏟아 부었다. 한인들에게 교육은 개인의 문제 일뿐만 아니라, 국민이 무지몽매(無知蒙昧)하여 나라를 잃게 되었다는 국민적 자각 차원의 문제였다. 그리고 자녀에게 한글도 가르쳐 장차 조국의 국권을 회복하는 데 힘을 보태도록 하였다.[26] 그리하여 한인들은 정규학교 이외에 한글학교 설립에도 열성이었고, 자연스럽게 여러 섬의 감리교회 건물은 한글학교로도 사용되었다. 하와이섬 힐로(Hilo) 한인감리교회에 1907년 4월에 한글학교가 세워진 것을 시작으로, 1910년까지는 마우이섬에 동명학교, 오아후섬에 에바학교, 호놀룰루 시내에 한명의숙, 와히아와에 배영의숙, 카우아이섬에 동신학교·육영학교·신한의숙 등이 설립되었다. 그 후 많을 때는 24개의 한글학교가 각 섬의 농장과 한인들의 집단 거주지에 있었다.

하와이 감리교 선교부와 한인들과의 밀접한 관계가 긍정적인 결과를 가져왔지만, 또한 부정적인 결과로도 나타났다. 부정적인 결과는 정치적인 면에서 감지되었는데, 1908년 4월 25일에 한인들 사이에 반일감정이 폭발하였다. 1905년에 부임한 감리사 와드맨이 일본에서 26년간 선교사로 활동하였고 하와이 사회에 일본 문화를 소개였기 때문에,[27] 한인들은

---

24) 모쿨레이아(Mokuleia) 농장 노동자들은 매달 $5씩을 모아 한인기숙학교에 연조금으로 보내기 시작하였다. 『포와한인교보』, 1907년 9월 30일, 273, 277쪽. 1909년과 1910년에는 하와이섬의 농장 노동자들이 학비를 모아 학생들이 호놀룰루 학교에 다니도록 하였다. 『신한국보』, 1909년 9월 21일, "감하의연," 1910년 2월 22일.

25) 1910년 6월에 성인 학생 김종석이 여러 섬을 돌아다니며 기숙사 수리비로 $100 조금 넘는 액수를 모금하였다. 『신한국보』, "공익이라면 발 벗고 나서," 1910년 6월 28일.

26) 『신한국보』, "융희학교의 특색," 1909년 3월 6일.

와드맨을 친일적인 인물로 간주하고 있었다.

그런 와중에 워싱턴DC로 가는 도중에 호놀룰루에 들린 일본 주재 해리스(Merriman C. Harris) 감리교 감독이 "내가 와싱톤에 가서 루즈벨트(Theodore Roosevelt) 대통령과 루트(Elihu Root) 국무장관에게 일본 태자(이토 히로부미[伊藤博文]를 지칭)와 하야시(하야시 곤스케[林權助] 주한 일본공사를 지칭)가 한국 상황을 개선하기 위해 꾸준히 열심히 일하고 있다고 보고할 것이다. 대부분의 한인들은 일본정부의 제도를 선호하며, 일본에게 반감을 품고 있지 않다. 일본이 한국을 점령하는 것은 하나님이 하시는 일로 한국을 위해서 좋은 일이다"라고 발표했다는 기사가 *Advertiser* 지에 실렸다.[28)]

해리스 감독의 발언은 이 기사가 보도되기 1개월 전에 샌프란시스코에서 일어난 장인환과 전명운의 스티븐스 저격사건의 기억이 아직 생생한 한인들을 울분에 끓게 하였다. 한인들은 과격한 반응을 보였고, 이를 영자신문사 측에서 알게 되었다. *Advertiser* 지는 한인들이 해리스 감독 머리카락 하나라도 건드리면 가만두지 않을 것이라는 협박조의 사설을 실었다.[29)] "반(半) 개화한 동양인들이 미국의 땅 하와이에서 법을 따르지 않으면 안 된다는 것을 깨달아야 한다. 한인의 준(準)정치적 활동이 너무 두드러졌고, 스티븐스 저격사건으로 기뻐 날뛰고 있다. 하와이를

---

27) 일례로 *Advertiser* 와 *Hawaiian Star*, 1905년 11월 30일자에 와드맨 목사가 무사도에 관하여 강연을 하고 일본 여인들이 기모노를 입고 차를 대접한다는 광고가 났고 ("Lecture, Rev. John Wadman Bushido"), 12월 2일자 *Advertiser* 에는 12월 1일 모임에서 와드맨 목사가 일본 옷을 입고 강연을 했다며 강연 내용을 기사화했다. "Growth of New Japan," p. 1. *Hawaiian Star* 는 1912년에 *Evening Bulletin* 과 병합하여 *Honolulu Star-Bulletin* 이 되었다. 이하 *Star-Bulletin.*

28) *Advertiser*, "Doing Well By Korea," April 25, 1908, p. 5.

29) *Advertiser*, "The Koreans and Bishop Harris," April 28, 1908, p. 4.

방문하는 사람(해리스 감독을 지칭)이 언론의 자유를 활용한다고 해서 책임 없는 한인들 같은 거류자들이 그를 위협해서는 안 된다"라는 해리스의 신변을 우려하는 인종 차별적인 논조의 글이었다.

이 사건이 있기 전까지 하와이를 포함한 미국 감리교 지도자들은 하와이의 한인, 특히 기독교인들을 옹호하고 칭찬하였다.[30] 물론 당시 사회여건에서 *Advertiser* 지와 *Star-Bulletin* 지에 동양인에 대한 인종 차별적 기사가 실리기는 했으나, 대부분의 경우 이들 영자 신문은 한인 특히 기독교인에 대하여 우호적인 기사를 기재해 왔다. 을사늑약 이후 최고 감리교 지도자인 감독이 한·일 관계를 편파적으로 언급하여 한인의 반일 감정을 건드림으로써 한인들의 격분을 샀던 것이다. 한편 현지 신문의 입장에서는 해리스 감독의 잘못은 제쳐놓고 거류 외국인들이 자신들 모국의 정치적 관계를 이유로 하와이에서 난폭한 행위를 벌일까 우려할 수밖에 없었을 것이다.

그로부터 약 1년이 지난 후 감리교 지도자를 둘러싸고 일어난 반일 감정은 하와이섬 호노카아(Honokaa) 감리교회 신홍균 목사가 1909년 3월에 감리교에서 탈퇴하여 호놀룰루 시내에 무교파의 독립된 자유교회를 설립하는 것으로 이어졌다. 신홍균과 그를 따르는 교인들이 와드맨 감리사의 친일본 배경과 미국 감리교 교단에 반감을 품고 감리교를 떠났던 것이다.[31]

---

30) 이덕희, 「초기 하와이 한인들에 대한 견해」, 『한국기독교와 역사』 30, 2009, 184-212쪽.

31) 『신한국보』, "자유교회의 설립," 1909년 3월 23일. 자유교회가 1911년 4월 11일에 설립되었다는 김원용의 주장은 오류이다. 『재미한인오십년사』, 72쪽.

제 2 장
하와이 국민회 조직과 초기 활동

김원용은 국민회 창립일에 관하여 "이 날의 창립 축하식은 미주와 하와이에서 대성황을 이루었다. 특별히 하와이에서는 전체 동포가 휴업하고 한인의 집마다 한국기를 달았으며, 1천여 명 동포가 호놀룰루에 모여 경축할 때에 각 농장과 관청에서 이 날을 한인의 경절로 인정하였고, 하와이정부에서 총독대리와 여러 관리가 이 축하식에 참석했다"고 기술하였다.[32] 그러나 당시 영자 신문에는 농장이나 관청이 이 날을 한인들의 경절로 인정했다거나, 총독 대리가 한인들의 모임에 참석했다는 기사가 전혀 없다. 단지 1909년 2월 27일자 *Advertiser*지 1면에 "Korean Patriotic Societies United(한인 애국단체들 통합)"이라는 제목의 짧은 기사가 있을 뿐이다. 그런데 이 기사는 호놀룰루의 Den Ko와 Go Sei라는 두 단체와 샌프란시스코의 Kyo Ritsu라는 단체가 합동하여 National Society라는 뜻의 Koku Ming이라는 단체를 조직했다고 기술하였다. 김원용의 기록과 같이 대대적인 행사였다면, 영자 신문이 일본어 신문 기사를 인용하는 따위의 실수를 범했을 리가 없다. 아마도 김원용은 1914년 12월 9일에 있었던 국민회 총회관 개관 기념식 상황 기록과 혼동하고 과장한 것 같다.

국민회는 한인합성협회가 발행하던 『합성신보』의 제호를 『신한국보』(*The United Korean News*)로 바꾸고 1909년 2월 12일에 그 창간호(편

---

32) 김원용, 『재미한인오십년사』, 103쪽.

집인 홍종표)를 발간하였다. 이 창간호에 국민회 조직에 관한 기사는 없는데, 샌프란시스코에서 발간된 『신한민보』에는 국민회 성립에 관한 여러 점의 기사가 실렸다. 또한 멀리 블라디보스톡(Vladivostok)[33)]에서 발간된 『대동공보』의 1909년 1월 20일자에 국민회 설립에 관한 기사가 있다. 그 「양회합동」이라는 제목의 기사는 다음과 같다.

> 미국통신을 거한즉 미국에 있는 한인공립협회와 하와이에 있는 한인합성협회는 설립된 지 4, 5년에 아름다운 목적과 용감 있게 나아감이 전국에 모범이 될 만한 고로 일반 동포의 희망하는 바라더니 이제 한걸음을 더 나아가 양회가 합동하였다니 우리나라 앞길에 행복을 위하여 기뻐 치하함을 마지 아니하며 그 합동하는 취지서를 차호에 기재하여 모든 동포의 한번 봄을 작만 하겠노라.

그리고 2월 25일자 신문 1면에 발기문 전문을 실었다. 발기문의 요지는 "국권을 회복하기 위하여 국민이 통일 단합을 해야 하는데, 우선 미주 동포가 단합하고, 일본에 있는 동포, 러시아에 있는 동포, 그리고 서북간도에 있는 동포가 합동하고, 나아가 2천만 동포가 단합해야 한다.

---

33) 블라디보스톡의 블라디는 러시아어로 "정복하다"라는 뜻이며, 보스톡은 '동쪽'이라는 뜻이다. 블라디보스톡 도시의 원년은 1860년으로 러시아가 북경조약으로 우수리강 이동 지역을 얻은 후 동쪽을 정복하였다며 이 이름을 붙이면서부터이다. 『조선왕조실록』 고종 22년(1885), "러시아가 군함을 해삼위에 집결"과 「아국여지도」(1883)를 보면, 한인들은 블라디보스톡을 해삼위(海蔘威)라고 불렀는데, 해삼위의 위는 중국에서 '항만'이라는 의미를 지니므로 해삼위는 '해삼이 많이 나는 항만'이라는 뜻이다. 즉 해삼위라는 이름은 블라디보스톡이라는 이름을 음운화(音韻化)한 것이 아니고 그 곳의 풍부한 산물을 염두에 두고 명명한 것이다. 고종이 즉위한 이듬해인 1864년부터 크라스키노와 블라디보스톡 등의 연해주 지역으로 이주하기 시작한 한인들이 그 고장 산물에 관하여 잘 알고 있었음을 알 수 있다.

그래야만 독립과 자유를 회복할 수 있다"는 것이었다. 이렇듯 국민회는 하와이를 위시하여 미국 땅에 살고 있는 이민자들이 국권회복을 목적으로 단합하여 만든 민족주의 이념의 자치 사회단체였다.

국민회는 하와이지방총회와 북미지방총회가 있는데, 정원명이 하와이지방총회 회장으로, 정재관이 북미지방총회 회장으로 임명되었다. 북미지방총회는 한인이 거주하는 모든 지역에 국민회 지회를 설립하고자 하였다. 1909년 4월에 황사용과 방화중을 멕시코의 메리다(Merida) 지역에 파견하여 국민회 메리다 지방회를 조직하였고, 5월에는 정재관과 이상설을 만주와 러시아 지역에 파견하여 그곳에 국민회 지회를 설립하도록 하였다. 캘리포니아주 파사데나(Pasadena)에 조직되었던 대동보국회(大同保國會)가 1909년 8월에 합류한 다음 국민회는 '대한인국민회'로 개명되었다. 영문 명칭은 United Korean Association으로 사용하다가 1910년부터 Korean National Association(KNA)으로 변경하여 사용하였다.

하와이지방총회 임원 (1909)
(앞줄 왼쪽 두 번째 박상하, 성명 미상, 이내수, 안원규, 홍인표)

국민회 북미지방총회와 하와이지방총회가 1909년 3월 24일에 「국민회 장정(國民會 章程)」(부록 1)을 제정해 발표하였다.[34] 총 9장 79조로 되어 있는 이 장정에 국민회 설립 목적을 "교육과 실업을 진발하며, 자유와 평등을 제창하여 동포의 영예를 증진하며, 조국의 독립을 광복케 함에 있다"고 명시하였다. 이 장정은 제1장 총칙, 제2장 중앙총회, 제3장 지방총회, 제4장 지방회로 구성단위를 설명하였다. 제5장 임원의 권한, 제6장 선거 및 임기, 제7장 입회와 탈회로 회원 자격을 설명, 제8장 재정 편에 국민회의 6가지 '회비'를 규정하였다. 마지막 제9장은 벌칙으로서 사과, 견칙, 벌금, 파면, 출회 등 5가지의 처벌을 규정하였다. 임원은 회장, 부회장, 총무, 서기, 재무, 학무원, 법무원, 외교원, 구제원으로 구성되었다. 부서 조직에 관한 직접적인 조항은 없으나, 임원 구성으로 미루어 재무부, 학무부, 법무부, 외교부, 그리고 구제부가 있었음을 알 수 있다.

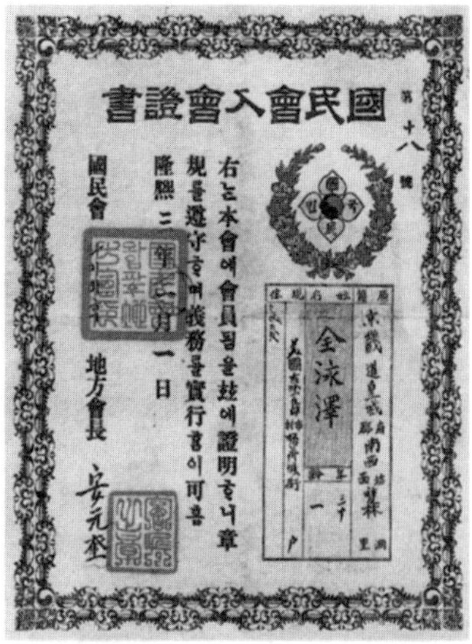

하와이 와이파후지방(회장 안원규) 발행 국민회 입회증서(발행 일자 융희 2년[1908] 1월 1일은 오기이다.)

여러 지방총회를 구성원으로 하

34) 「국민회 장정」은 4회에 걸쳐 신문에 보도되었다. 『신한국보』, "국민회 장정 탈고," 1909년 4월 13일, 「국민회 장정」, 4월 20일, 27일, 5월 11일. 5월 4일 기사가 손실되어 5장 제44조부터 제56조까지 누락되었다. 5월 11일자에는 제6장 제57조부터 실렸다. 『신한국보』에 연재하고 장정을 인쇄하여 1부에 $0.10에 판매하였다. 1909년 5월 18일부터 여러 번에 걸쳐 "국민회 장정 사가시오"라는 광고가 『신한국보』에 실렸다.

는 중앙총회는 특정한 위치(도시)에 두지 않고, 편리한 장소에 설치하기로 하였다(제1장, 제4조). 회비는 입회금($1~$2), 월연금(매달 $0.10~$0.50), 교육금(매해 $0.50~$1.00, 재학생은 면제), 구제금(매해 $0.50~$1.00, 재학생은 면제), 의연금(특별 모금)으로 구분되었다. 벌금은 규칙을 문란케 하거나, 임원에게 무례한 행동을 했을 때($0.10~$5.00), 도박과 아편 복용을 했을 때($1.00~$10.00), 임원으로 재정에 불명한 사항이 있을 때($2.00~$20.00), 임원으로 재정에 부정한 사항이 있을 때($5.00~$50.00)

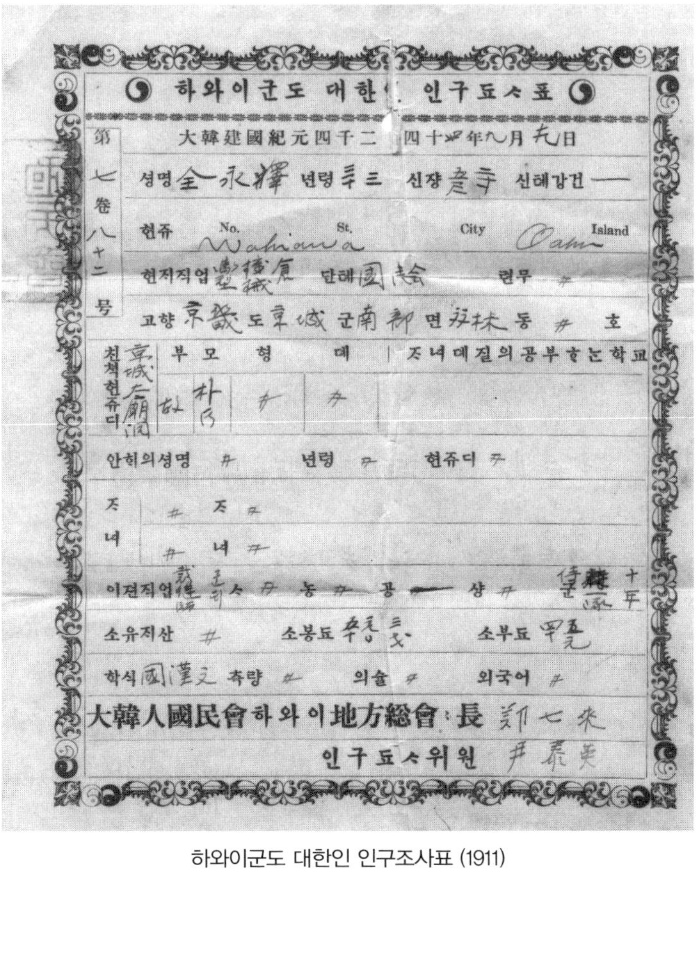
하와이군도 대한인 인구됴ᄉᆞ표
第七卷八十二号
大韓建國紀元四千二百四十四年九月 日
성명 金永㯽 년령 三十三 신쟝 신톄강건 —
현쥬 No. St. Wahiawa City Oahu Island
현지직업 단톄 國民會 련무
고향 京畿 도 京城 군 南部 면 동 호
친쳑현쥬디 부모 형 뎨 ᄌᆞ녀뎨질의공부ᄒᆞᄂᆞᆫ학교
안히의셩명 년령 현쥬디
ᄌᆞ녀 ᄌᆞ 녀
이젼직업 ᄉᆞ 농 공 — 샹 十年
소유지산 소봉됴 소부됴
학식 國漢文 측량 의술 외국어
大韓人國民會하와이地方總會長 鄭七來
인구됴ᄉᆞ위원 尹泰英

하와이군도 대한인 인구조사표 (1911)

부과하였다. 모든 입회금과 월연금은 지방회에 납부하도록 되었는데, 반은 지방회에서 사용하고, 나머지 반과 또 교육금과 구제금은 지방총회에서 관리하도록 하였다.

1911년 9월에 총회장 정칠래는 하와이군도 대한인 인구조사를 실시하였다. 이때 고향, 친척 현주지, 부인 성명과 연령, 자녀, 이전 직업, 소유재산, 학식, 의술, 외국어 등을 기입하는 조사표로 미루어, 1910년에 실시된 미국 인구조사 보다 좀 더 한인의 정황에 맞는 자료를 수집하려 했음을 알 수 있다. 즉 국민회가 한인을 대표하는 단체로써 한인에 관한 정확한 정보와 자료를 갖고 활동하려 했음을 알 수 있다. 불행하게도『국민보』가 1911년 이후 결본이며, 또한 인구조사 보고서가 남아 있지 않아 결과를 알 수 없다.

중앙총회는 1911년 3월에 임시 중앙총회 회의에서 첫 총회장에 최정익, 부회장에 한재명(하와이)을 선임하였다. 그리고 8월에 총무에 김성권(하와이), 서기에 강영소(하와이), 재무에 주원, 학무원에 방화중, 법무원에 이병호, 외교원에 이순기가 결정되면서[35] 중앙총회의 윤곽이 잡히기 시작했다. 중앙총회의 제1차 대표회의는 1912년 11월 8일부터 29일까지 샌프란시스코의 북미지방총회 사무실에서 열렸다. 하와이 대표는 윤병구, 박상하, 정원명이었는데, 윤병구와 박상하는 참석했으나 정원명은 불참하였다.[36] 이 첫 대표회의에서 다음 임기(1913년)의 중앙총회장에 윤병구(하와이)와 부회장에 황사용이 선출되었다. 그리고 총무에 정칠래(하와이), 서기에 강영소(하와이), 재무에 박영순, 학무원에 민찬호, 법무원에 주원, 외교원에 박용만이 임명되었다.[37] 중앙총회는 하와이, 북미, 멕시

---

35)『신한민보』, “회보: 중앙총회보,” 1911년 8월 16일. 김원용은 국민회 중앙총회가 1912년 11월 8일에 발족되었다고 했는데, 중앙총회의 첫 대표회의를 중앙총회 조직일로 간주한 것이다.『재미한인오십년사』, 107쪽.

36)『신한민보』, “대표회 의사초록,” 1912년 12월 9일.

코, 시베리아, 만주 등 5개 지역 지방총회로 구성되었다.

국민회가 조직된 지 4개월 후인 1909년 6월에 박용만・박처후・임동식・이종철・백일규・김장호・정한경 등은 1909년 6월에 네브라스카주 헤이스팅스(Hastings) 지역 한인사회의 지원을 받아 커니(Kerney)농장에서 15세 미만의 학생 1명과 50세 이상의 성인 1명을 포함한 13명의 학생으로 한인소년병학교(Young Korean Military School)를 개설하였다.[38] 곧 이어 멕시코의 메리다 지방에도 숭무(崇武)학교가 개설되었다.[39]

북미주 한인사회에 일어나고 있던 숭무주의 및 군인양성주의 운동이 하와이에도 파급되었다. 국민회는 1909년 12월 27일 임시 대의회에서 무예연습을 실시하기로 결정하고, 여러 지역에서 체조운동을 시작했다.[40] 4개월 후 마우이섬 기릭구(카엘레쿠 Kaeleku)[41] 지역에서는 자체적으로 군복과 모자를 준비하였다.[42] 또한 카우아이섬 리후에(Lihue)를 중심으로 4개 지방회가 연합하여 "대한독립을 확립하기 위하여 죽기로써 맹서하고 무예를 확장하기로" 힘썼다.[43] 이렇듯 국민회 주동으로 무예연습이 실시되고 있는 가운데, 1910년 7월 5일에 정원명・안원규・이내수・민찬호 등이 중심이 되어 대동공진단을 조직하였다. 외교와 선전은 국민회에 일임하고 대동공진단은 각 지방에 양성소를 조직하여 군인양성에

---

37) 위와 동일.

38) 방선주, 「박용만 평전」, 22쪽.

39) 윤병석, 『국외한인사회와 민족운동』, 일조각, 1990, 410쪽.

40) 『신한국보』, "무예연습의 실시," 1910년 2월 22일.

41) 기릭구라는 발음의 지방은 없으며, 카엘레쿠 지방인지는 확실치 않다. 한인들이 하와이 지명을 정확하게 표기하지 못했다.

42) 『신한국보』, "무예연습," 1910년 4월 12일.

43) 『신한국보』, "동성상응," 1910년 4월 26일.

치중한다는 취지였다. 그러나 한 달 후에 카우아이섬 국민회 회장 정칠래의 제의로 "전체 한인사회를 합일케 하기 위하여" 대동공진단을 국민회에 속하게 하고,[44] 8월 말경에 국민회 내에 연무부(鍊武部)[45]를 조직하였다. 이로써 국민회 조직에 기존의 학무부, 법무부, 외교부, 구제부 이외에 연무부가 추가되었다.

하와이에서의 군인양성 사업의 본의는 "조국의 망운을 만회하여 천부의 자유를 향휴하고 자손만세의 기업을 건설하려는 것"[46]으로 국민회가 이미 경술국치(庚戌國恥) 이전부터 제의하고 실질적으로 담당하고 있었던 일이다. 국민회가 조직되어 있는 각 지방에서 교감(교관)이 훈련 책임을 맡았다. 카우아이섬 콜로아(Koloa) 지방에서 서창순・한은순・김현숙・김덕신이 교감으로 교수하고,[47] 마우이섬 마카벨리(Makaweli) 지역에서는 이정근이 총감독으로, 임경춘은 교감으로 무예연습을 진행하며,[48] 카아나팔리(Kaanapali) 지방에서는 이용기가 교수하였다.[49] 오아후섬 와이파후(Waipahu) 지역에서는 김택구와 서병룡이 교감으로 무예연습을 지도했는데,[50] 총감독이나 교감은 대한제국군인 출신이었을 것으로 추정된다. 1904년 2월 러일전쟁 개시 후에 일제가 1차로 대한제국군인 수를 반감시켰을 때 해산된 군인들 가운데 500여 명이 하와이에 이민 왔다는 설이 있으나,[51] 아직 그들의 정확한 숫자는 확인되지 않았다. 오아후섬의

---

44) 『신한국보』, "연합성항," "정씨 래항," 1910년 8월 16일.

45) 이민자들 가운데 1888년 2월에 고종의 지시로 서양식 군사훈련 학교인 연무공원(鍊武公院)이 개창되었음을 기억하는 사람들이 있었다.

46) 『신한국보』, "연무의 유명무실," 1910년 11월 29일.

47) 『신한국보』, "서씨 열심," 1910년 8월 2일.

48) 『신한국보』, "막가웰리 9동 동포의 기개," 1910년 9월 6일.

49) 『신한국보』, "이씨 열심," 1910년 11월 15일.

50) 『신한국보』, "와이파후 열심," 1910년 8월 9일.

카할루우(Kahaluu) 지방에 40여 명의 대한제국군인이 있었던 것으로 미루어,[52] 아마도 대한제국군인들끼리 모여 살았던 것 같다. 혈연은 아니지만 지연 혹은 직장연(職場緣)으로 수천만 리 떨어진 타향에서 같이 모여 살았다는 것은 자연스러운 현상이었을 것이다.

국민회 연무부에는 구제부와 마찬가지로,[53] 재무가 따로 있어서 훈련 관련 재무를 담당하였다. 연무부가 조직되었을 때 첫 재무 담당자는 강영소였으나, 1910년 10월 초에 강영소가 가정 사정으로 사임한 후 후임으로 박상하가 신임되었다.[54] 그러나 국민회에 훈련을 책임진 교감들을 위한 재정은 아직 없었다. 그렇기 때문에 당시 유학생들이 발행하다 일본정부의 간섭으로 중단된 『대한흥학보(大韓興學報)』를 위해 하와이에서 모금한 약 $100을 도쿄로 보내지 않게 되자, 신한국보사(주필 노재호)는 이 기금을 연무부 재정으로 사용하자고 제안하였다.[55] 이 기금이 실제로 연무부 기금으로 쓰였는지는 알 수 없지만, 어떤 개인 독지가가 연무에 필요한 물품을 제공하기도 하였다.[56] 한편, 호놀룰루의 한인기숙학교 학생도 무예연습을 하였는데, 학생들은 목총을 만들어 집총사격 연습을 하였다.[57]

네브라스카주에서 시작된 박용만의 무력양성운동이 하와이에서는 국민회 주관으로 일어났다. 이 운동은 1913년 가을 학기에 한인기숙학교의

---

51) 김원용, 『재미한인오십년사』, 342-343쪽.

52) 『국민보』, "카할루지방 광무군인들은 해군군대로 기념일에 진참," 1914년 1월 24일.

53) 『신한국보』, "총재무보고," 1910년 10월 11일.

54) 『신한국보』, "연무부 재무 신임," 1910년 10월 11일.

55) 『신한국보』, "대한흥학보의 의연금과 연무부," 1910년 11월 29일.

56) 『신한국보』, "양씨의 공익심," 1910년 9월 6일.

57) 『신한민보』, "기숙학교의 무예연습," 1911년 12월 18일. 담당교사가 누구인지는 밝혀져 있지 않다.

교장에 취임한 이승만이 (제6장 〈국민회의 교육활동과 이승만〉 참조) 『신한국보』 주필로 부임한 박용만[58]을 체육 주임에 임명하면서[59] 박용만이 맡게 되었다. 박용만은 남학생 전체 110여 명을 군대식으로 조직하여 2개 소대를 1중대로, 2개 중대를 1대대로 편제하고, 그 중에 뛰어난 학생을 각 대장으로 임명하여 그에게 모든 군무를 맡기고, 1주일에 4일씩 훈련을 시켰다.[60] 호놀룰루에서 박용만은 네브라스카주 한인소년병학교의 학생수 13~30명보다 훨씬 많은 학생들을 훈련하게 된 것이다. 박용만은 1914년 2월 2일에 거행된 국민회 창립 5주년 기념행사(제4장 〈국민회 총회관 건축과 국민회 창립 5주년 행사〉 참조)에 참여한 학생들에게 군복을 새로 2벌을 만들어 입혔는데, 누런(카키)색 군복은 네브라스카주 한인소년병학교의 교복처럼 미 육군 복장과 유사하였고, 백색 예복은 미 육군 복장과 같았다.[61]

---

58) 박용만은 1912년 12월 6일 하와이에 도착하였다. 『국민보』, "작년 오늘," 1913년 12월 6일.

59) Kingsley Lyu, *Amerasia*, 4:1, p. 68.

60) 『국민보』, "중앙학원에 정보," 1913년 11월 15일. 이 기사에는 운동교사를 포함한 5명의 백인교사와 이승만을 포함한 4명의 한인교사가 있다고 했으나, 박용만의 이름은 나와 있지 않다. 또한 *Methodist Journal* 에도 박용만이 중앙학교의 교사라고 나와 있지 않은 것으로 미루어 박용만은 시간제 교사나 무급제 교사로 학생들을 훈련시킨 것 같다.

61) 위의 기사를 비롯해 한인기숙학교 학생들이 1910년에 이미 군복을 입고 찍은 사진이 여러 장 남아 있다. 『국민』, "중앙학원 학생의 군복을 개량, 명 2월 1일 국민회 기념일과 총회장 취임식에는 새 광채를 보일 듯이," 1913년 12월 20일.

제 3 장
하와이지방총회 자치규정과 법인 등록

국민회 북미지방총회와 하와이지방총회는 1909년에 제정된 「국민회 장정」을 약 4년간 사용하였다. 그러다가 1912년 11월 8일부터 29일까지 샌프란시스코에서 개최된 중앙총회 제1회 대표회의에서 이 장정을 수정하여 총 9장 76조의 「대한인국민회 헌장(大韓人國民會 憲章)」(부록2)을 제정하였다. 장정 수정위원은 박용만・안창호・박상하였다.[62] 1912년 12월 1일자로 개정된 「대한인국민회 헌장」은 기존의 입회금을 '의무금'으로 고쳐 불렀는데, 이는 국민회가 동포에게 수세(收稅)하는 자치정부임을 밝히려는 취지였다. 액수도 $1~2에서 $5로 인상하였다. 각 회원이 연간 의무금 $5을 지방총회에 내면, 지방총회에서는 $1(의무금의 20%)을 중앙총회에 보내고, 나머지 $4로 각종 활동을 지원하게 되었다. 의무금 인상으로 중앙총회의 수입이 10%에서 20%로 늘어났기 때문에 지방총회뿐만 아니라 중앙총회의 재정이 윤택하게 되었다. 중앙총회는 각 지방총회에서 1년간 받을 액수를 아래와 같이 추산하였다.[63]

하와이지방총회 $1,500
북미주지방총회 $350

---

62) 『신한민보』, "대표회 의사초록," 1912년 12월 9일. 한편 방선주는 국민회 장정 개정안은 박용만이 기초하고 중앙 총임원의 의견을 수렴하여 완성한 후 대표회의에서 채택되었다고 기술했다. 「박용만 평전」, 68쪽.

63) 앞의 "대표회 의사초록"과 "수입예산액" 참조.

원동 3 지방총회 $150

이로 미루어, 중앙총회에서는 하와이지방총회의 회원수를 1,500명으로, 북미주총회의 회원수를 350명으로 추정했음을 알 수 있다. 원동지방의 회원에게서는 미주와 하와이 지방의 예납금보다 적은 액수를 부과키로 하였기 때문에 원동 지방의 회원수는 알 수 없다.

중앙총회가 새로 채택한 「대한인국민회 헌장」을 사용한 지 2개월이 지난 1913년 2월 1일에 하와이 지방총회는 총 6장 155조의 「대한인국민회 하와이지방총회 자치규정」(부록 3)을 독자적으로 제정하였다. 이 자치규정의 기초위원은 한재명 · 박상하 · 고석주 · 주인준 · 박기홍이었다.[64] 자치규정의 서문에 "하와이 군도에 나와 있는 우리 대한국 인민들은 우리의 안녕한 질서를 유지하고 공번된 이익을 도모하여 우리 국민 단체를 위하여 실력을 양성하며 우리 부모국을 위하여 국민된 의무를 다하고자 하여 이에 각처 동포들이 대의원을 선거하여 전능하고 거룩하신 상제의 이름 아래 이 규정을 제정함"이라고 명시하였다. 특기할 것은 이 서문에 포함된 "전능하고 거룩하신 상제(하나님)의 이름 아래 이 규정을 제정함"이라는 문구는 국민회가 기독교 신앙에 기초한 단체임을 천명한 것이다. 또한 제2장 제48조에서 총회장의 지위는 "지방총회에서 가장 진중하고 거룩한 자리인 고로" 총회장에 취임할 때 "마땅히 전능하신 하나님과 친애하는 동포 앞에서 엄중히 맹세"하도록 한다고 다시 한 번 기독교 신앙을 강조하였다.

이렇듯 국민회 자치규정에 기독교 신앙이 반영된 것은 「대한인국민회

64) 『신한민보』, "하와이 소식," 1912년 2월 5일. 한편, 방선주는 "박용만이 소신대로 하와이에서 입법, 행정, 사법 3권을 쥔 자치정부를 실험하고 있었다"고 기술하여 박용만이 하와이의 자치규정 작성자인 것 같은 여운을 남겼다. 「박용만 평전」, 80쪽.

헌장」 기초위원이었던 박상하의 영향 때문이 아니었나 생각된다. 박상하는 1914년 하와이지방 총회장으로 재선되었지만 취임하기 전에 사퇴하고 성공회교회 전도사로 취임한 성공회 지도자였다.

자치규정 제1장 제8조에 2월 1일은 대한인국민회 창립 기념일로 하와이에 거류하는 동포는 이 날을 '법률상 경절'로 지킬 것을 문서화하여, 그 후 계속하여 창립기념일로 지켰다.

재정의 운영은 중앙총회의 헌장을 따랐다. 중앙총회의 헌장과 다른 점은 하와이지방총회에 입법부·행정부·사법부 등 세 독립된 부서가 있고, 입법부는 참의원과 대의원으로 구성된 것이다. 3년 임기의 참의원은 경찰 구역을 대표하고, 2년 임기의 대의원은 한 지방회를 대표하였다. 경찰 구역은 한 지방회 이상의 지역을 포함하였다.

입법부는 매해 1월 말 이전에 모이는 통상의회와 임의로 모이는 임시의회가 있었다. 회장 등 임원 선거는 매해 12월 첫 월요일에 실시하였다. 행정부에는 총회장, 부회장, 총무, 서기와 재무, 학무, 법무, 구제, 군무, 농상 등 6 부서가 있었다. 제2장 제50조에 총회장의 권리 11개를 나열했는데, 그 중에 "각 사회의 단체조직을 하는 것을 의회에 물어 인허하는 권리"라고 명시한 것이다. 하와이 한인사회에서 국민회 이외의 다른 단체를 결성할 때에 국민회의 허락을 받아야 했음을 알 수 있다. 사법부에는 지방총회 법무원 이하 사법장 1명과 판사원 1명, 검사원 1명으로 성립하고, 각 구역 경찰부장은 구역 사법원의 직무를 담당하였다.

자치규정에 명시된 국민회 경찰부장 관련 조항은 아래와 같다.

제 5 장

제144조: 경찰부장의 직무는 각 지방을 순행하여 모든 정형을 경찰하며 때때로 지방총회 회장에게 보고하며, 또한 각 지방회장을 찬조하여 행정상에 효력을 도모함.

> 第147조: 지방총회는 항상 경찰부장에게 넉넉한 권리를 주어 각 지방 질서를 유지하게 하고 또는 필요한 때와 필요한 경우를 따라 하와이정부와 교섭하여 합중국(미국) 관리의 권리를 빌어 경찰부장에게 맡겨 행정경찰과 사법경찰에 효력이 있기를 도모할 일.
>
> 第148조: 경찰부장은 원래 각 지방회장의 직정한 상관(上官)이 아니라 다만 중앙총회와 지방총회와 각 지방의 입법부에서 만든 법률을 의지하여 행정상과 사법상에 경찰을 담임한 고로 각 지방을 통히 경찰하는 권리는 있으되 만일 이 권리를 빙자하고 각 지방 행정 임원의 권한을 무단히 침범하여 도리어 질서가 문란한 경우에는 각 지방회장들은 이것을 직접으로 지방총회장에게 보고하여 경찰부장을 파면하게 할지니 이런 경우에는 각 지방회장의 5분지 3이 연명 보고하지 않으면 효력이 없음.

위의 조항들로 미루어 국민회 자치규정의 경찰부 또는 경찰부장이란 사탕수수농장의 한인 노동자 집단 혹은 그들이 주거하는 지방에서 일어나는 작은 분규를 자치적으로 판정하고 제재하는 역할을 담당하는 부서나 책임자를 의미하는 것으로 여겨진다.[65] 「대한인국민회 하와이지방총회 자치규정」에 명시된 경찰부장과 그의 직무 등에 관하여, 김원용은 "자치의 규모가 째이고 하와이정부도 한인사회를 신용하여 특별경찰권을 허락하였으므로 한인의 경찰자치가 있어서 한인 간에 시비사건이 있으면 국민회 경찰부장이 그 사건을 조사하여 처리하였고 사건이 중대할 때는 미국 법정으로 넘기는데 국민회 조사와 초심(初審)을 법적 행사로 인정하였다. (중략) 1915년 5월에 '리승만'이 국민회에 풍파를 일으키고 그 파동의 기세를 이용하여 국민회를 장악한 이후에 파쟁이 계속되어 도덕적 신용이 타락되어서 특별경찰권을 상실하였다"라고 기술하였다.[66]

65) 방선주, 「박용만 평전」, 20쪽.

66) 김원용, 『재미한인오십년사』, 136쪽.

한편 한인의 자치경찰권에 관한 기사가 샌프란시스코에서 발간된 『신한민보』의 1916년 5월 18일자 '하와이 소식'란에 실렸다.

> 하와이에 재류하는 한인은 국민회 통제를 받으며 또는 각 구역에 모여 살기 때문에 자치제도의 실시가 그다지 어렵지 않은지라. 그러므로 하와이 지방총회는 당지 정부에 교섭하여 연내로 국민회 관할구역 안에는 자치경찰권을 가졌더라. 이제 국민보를 거하건대 하와이지방총회는 국민회 자치경찰권을 계속 행사할 일로 하와이정부에 청원서를 제출하였는데 하와이정부 총재무 합포이 씨는 이를 인가하여 이름을 두었으니 하와이지방총회는 이로부터 자치제도를 실행할 터이라더라.

위의 기사는 1916년 이전부터 국민회가 자치경찰권을 가져온 것과 이 자치경찰권을 계속하여 실행하기 위하여 다시 하와이정부의 허가를 받았다고 밝히고 있다. 그런데 당시 호놀룰루시를 비롯하여 각 군(郡)에 경찰국(Office of Sheriff)이 있었고, 경찰국은 하와이영토 검찰청(Office of Attorney General)의 관할 하에 있었다. 그렇기 때문에 경찰권을 계속 행사하기 위해 재무 하파이(Henry Chase Hapai: '합포이'라 한 것은 잘못된 표기)에게 신청하여 인가를 받았다는 것은 국민회가 획득했다는 자치경찰권의 범위나 효력을 확인시키기에는 애매한 기술이다. 따라서 하와이정부가 국민회에 경찰권을 허락했다거나, 또 1915년 5월에 이승만이 일으킨 풍파로 인하여 이미 획득한 특별경찰권을 상실했다는 김원용의 기술은 정확한 것이라고 볼 수 없다. 한편 손세일이 일본영사관의 기록을 인용하면서 이 "경찰권이란 행정상의 경찰권이 아니라 통역 등으로 미국 경찰의 업무를 도우면서 각 지방 한국인의 풍기를 단속하고 한국인과 일본인 사이의 일을 수시로 국민회 지방총회에 보고하는 직분에 지나지 않는다"고 기술한 것이 적합한 것 같다.[67] 현존하는 당시의 재무국장이나 검찰청장의 문서 파일에서는 한인의 자치경찰권 신청이나 인허관련

문서를 찾지 못하였다.

「대한인국민회 하와이지방총회 자치규정」을 작성한 지 4개월 후인 1913년 5월 27일에 하와이지방총회는 하와이정부에 법인 설립 인가를 신청하여 6월 9일에 법인 관허를 받고 등록되었다.[68] 당시 하와이에서 한인의 단체가 사단법인으로 등록된 것은 국민회가 처음이었기 때문에, 법인 설립 관허를 받는 것이 어렵고 특별한 것이라고 생각할 수 있다.[69] 그러나 법인 설립 관허는 소정의 양식에 따라 내용을 기입하여 재무국장에게 신청하면, 재무국장이 등록비(recording fee)를 부과하고 지사(governor)에게 보고하여 지사의 허가를 받도록 되어 있었다. 이 과정은 법인을 등록하는 형식이었기 때문에 인허가 거절되는 경우는 없었다. 국민회 법인 허가/등록의 경우 등록비 $6이 부과되었다.

「하와이 국민회 법인 헌장(Charter of Incorporation of the Korean National Association of Hawaii)」에는 국민회의 목적을 "한인의 교육·종교·실업을 장려하며, 특별히 하와이 한인 회원의 안녕을 보장함에 있다"라고 명시했다(부록4). 1913년의「대한인국민회 하와이지방총회 자치규정」 제1장 제2조에 명시했던 "만세 국가의 독립을 회복코자 함"이라는 문구는 빠졌다. 1910년에 있었던 감리교 해리스 감독 사건(제1장 "국민회가 조직되기까지" 참조)에 비추어 조국의 독립을 위한 정치활동을 추진하는 것이 부적절하다고 생각하여 이 문구를 뺐다고 추측할 수 있다. 실제로 *Advertiser*지는 한인의 법인이 등록되었음을 기사화하면서,[70] "이

---

67) 손세일, 『이승만과 김구』, 1부 3권, 나남, 2008, 231쪽.

68) Hawaii State Archives, Department of Commerce & Consumer Affairs, Series No. 256, Vol. 20, Airticles of Incorporation, pp. 221-224.

69) 방선주는 법인 관허를 받는 것이 어렵고 특별한 것처럼 "박용만은 하와이에 도착한 지 반년 만에 하와이지방총회의 사단법인 자격을 신청시켜 관허를 얻어냈다"라고 기술하였다. 「박용만 평전」, 80쪽.

조직의 유일한 목적은 교육과 상호부조이다(The association is for educational and mutual benefit purposes only)"라고 소개하였다. 물론 「하와이지방총회 자치규정」은 법인 설립 신청서에 첨부되지 않았으며, 아직까지 영문으로 번역된 「하와이지방총회 자치규정」은 발견되지 않았다.

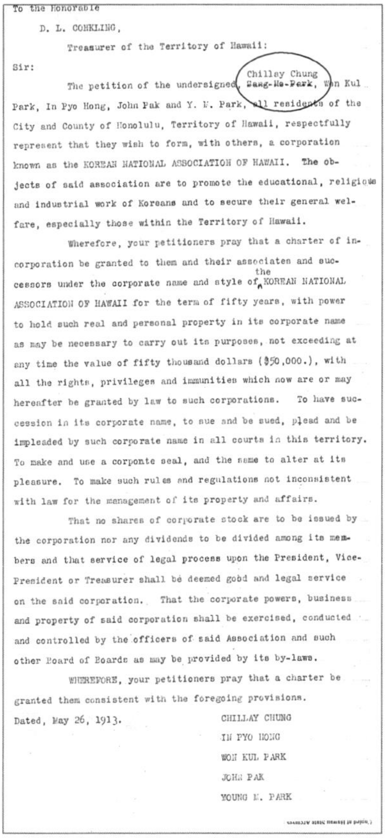

To the Honorable

D. L. CONKLING,

Treasurer of the Territory of Hawaii:

Sir:

The petition of the undersigned, Chillay Chung ~~Sang-Ha-Park~~, Won Kul Park, In Pyo Hong, John Pak and Y. M. Park, all residents of the City and County of Honolulu, Territory of Hawaii, respectfully represent that they wish to form, with others, a corporation known as the KOREAN NATIONAL ASSOCIATION OF HAWAII. The objects of said association are to promote the educational, religious and industrial work of Koreans and to secure their general welfare, especially those within the Territory of Hawaii.

Wherefore, your petitioners pray that a charter of incorporation be granted to them and their associates and successors under the corporate name and style of the KOREAN NATIONAL ASSOCIATION OF HAWAII for the term of fifty years, with power to hold such real and personal property in its corporate name as may be necessary to carry out its purposes, not exceeding at any time the value of fifty thousand dollars ($50,000.), with all the rights, privileges and immunities which now are or may hereafter be granted by law to such corporations. To have succession in its corporate name, to sue and be sued, plead and be impleaded by such corporate name in all courts in this territory. To make and use a corponte seal, and the same to alter at its pleasure. To make such rules and regulations not inconsistent with law for the management of its property and affairs.

That no shares of corporate stock are to be issued by the corporation nor any dividends to be divided among its members and that service of legal process upon the President, Vice-President or Treasurer shall be deemed good and legal service on the said corporation. That the corporate powers, business and property of said corporation shall be exercised, conducted and controlled by the officers of said Association and such other Board of Boards as may be provided by its by-laws.

WHEREFORE, your petitioners pray that a charter be granted them consistent with the foregoing provisions.

Dated, May 26, 1913.

CHILLAY CHUNG
IN PYO HONG
WON KUL PARK
JOHN PAK
YOUNG M. PARK

국민회 법인 신청 서한 (1913)

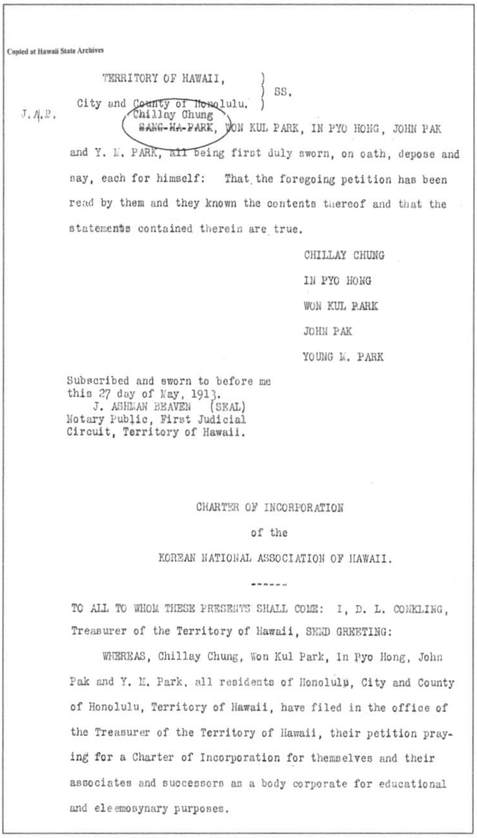

Copied at Hawaii State Archives

TERRITORY OF HAWAII,)
) SS.
City and County of Honolulu.)

J. A. B.

Chillay Chung ~~SANG-HA-PARK~~, WON KUL PARK, IN PYO HONG, JOHN PAK and Y. M. PARK, all being first duly sworn, on oath, depose and say, each for himself: That the foregoing petition has been read by them and they known the contents thereof and that the statements contained therein are true.

CHILLAY CHUNG
IN PYO HONG
WON KUL PARK
JOHN PAK
YOUNG M. PARK

Subscribed and sworn to before me
this 27 day of May, 1913.
J. ASHMAN BEAVEN (SEAL)
Notary Public, First Judicial
Circuit, Territory of Hawaii.

CHARTER OF INCORPORATION
of the
KOREAN NATIONAL ASSOCIATION OF HAWAII.

TO ALL TO WHOM THESE PRESENTS SHALL COME: I, D. L. CONKLING, Treasurer of the Territory of Hawaii, SEND GREETING:

WHEREAS, Chillay Chung, Won Kul Park, In Pyo Hong, John Pak and Y. M. Park, all residents of Honolulu, City and County of Honolulu, Territory of Hawaii, have filed in the office of the Treasurer of the Territory of Hawaii, their petition praying for a Charter of Incorporation for themselves and their associates and successors as a body corporate for educational and eleemosynary purposes.

국민회 법인 신청 헌장 (1913)

70) *Advertiser*, "Korean Association Planned for Honolulu," May 30, 1913, p. 8.

국민회 법인 신청인 정칠래

국민회 법인 신청인 박용만

국민회 법인 신청인 홍인표

국민회 법인 신청인 박승준

법인헌장에 정칠래(Chil lay Chung) · 박원걸(Won Kul Park) · 박용만(Young Man Park) · 홍인표(In Pyo Hong) · 박승준(John Pak)이 서명하였다. 흥미로운 것은 정칠래가 박상하(Sang Ha Park) 대신에 서명자 명단에 포함되었음을 표시한 것이다. 5월 26일에 재무국장 콩클링(D. L Conkling)에게 신청서를 접수시키면서 첨부한 설명 서한에 기재된 박상하의 이름을 지우고 그 위에 정칠래라고 기입하였다. 법인헌장에도 같은 형태로 박상하 대신에 정칠래의 이름을 삽입하였다. 4개월 전에 채택된 「하와이지방총회 자치규정」의 기초위원이었던 한재명 · 고석주 · 주인준 · 박기홍은 법인 신청 서한에 가담하지 않았고, 유일하게 가담하려 했던 박상하 대신에 정칠래가 신청인이 된 것이 무슨 연유였는지 궁금하다. 정치활동을 명시한 자치규정을 작성한 기초위원들은 국민회의 목적이 교육과 상호부조뿐이라고 밝힌 법인 신청에는 가담하지 않기로 한 것이라고 추측할 뿐이다.

이승만은 1910년 3월 21일에 북미 상항(샌프란시스코)지방 국민회 회원이 되었고,[71] 1913년 2월 3일부터 하와이에 살고 있었다. 국민회 법인 신청서에 이름이 포함되지 않은 것으로 미루어 당시 이승만은 아직 하와이에서 국민회에 직접 관여하지 않았음을 알 수 있다.[72]

북미 상항(샌프란시스코)지방 (회장 김응규) 발급 이승만의 국민회 회원증 (1910)

---

71) 국민회 회원증을 발급받은 3월 21일은 이승만이 1910년 2월 23일 하버드대학에서 석사학위를 받고 뉴저지주 프린스턴에 있던 때였다. 따라서 이승만은 국민회에 우편으로 프린스턴 주소가 기입된 서류를 보내 회원 등록을 한 것 같다. 이승만, *Log Book of S. R.*, 연세대 이승만연구원 소장, 1910년 2~3월.

72) 손세일은 호놀룰루 주재 일본 총영사관의 기밀문서를 인용하여 사단법인 인가를 받은 것은 이승만의 주선에 의한 것으로 알려졌다며 이승만이 하와이정부에 법인인가를 해주도록 주선했을 개연성을 배제할 수 없다고 하였다. 『이승만과 김구』, 1부 제3권, 231쪽.

제 4 장
국민회 총회관 건축과 국민회 창립 5주년 행사

국민회는 설립과 동시에 1313 밀러 스트리트(Miller Street) (현 하와이주 보건국 주차장)의 건물을 임대하여 사무실로 사용하였다. 1909년 말 국민회(총회장 이내수) 임시대의회에서 회관을 임대하는 대신 $5,000의 예산을 들여 2층 건물의 회관을 건축하기로 결정했다. 이민 온 지 5~7년이 되어 생활이 어느 정도 안정되어 가는 시기에 조국이 일본에 강점당하는 상황에 처했기 때문에 한인 이민자들은 하와이에 영주하려는 생각이 강해졌다고 볼 수 있다. 따라서 국민회는 장기적 안목에서 회관을 소유하는 것이 임대하는 것보다 경제적으로 더 유리하고 안전하다는 결론

국민회의 임대 회관, 1313 Miller Street (1909)

을 내렸던 것이다.

그러나 그 후 3년이 넘도록 회관 건축은 착수되지 못한 상태에서 국민회는 1913년 5월 7일에 총회장 김종학과 재무 홍인표가 한인들이 '엠마기지(Emma, '에마'가 정확한 표기임. 이하 에마기지)'라고 부르는 토지를 구입하였다.[73] 이 기지는 총회관, 신문사, 교회를 짓기 위한 페리 단지(Perry Tract)의 3택지(택지번호 #12·13·14: 현 Pacific Club,[74] 1451 Queen Emma Street)로 총 구매액은 $3,049.53이었다. 국민회는 $2,549의 부동산 담보 대출을 받아 매달 $120의 이자를 물었다.[75] 국민회가 교회 기지라는 명목으로 택지를 구입한 것은 1913년 2월 1일에 채택한 「대한인국민회 하와이지방총회 자치규정」에서 천명한 것처럼, 국민회가 기독교 신앙에 기초된 조직체라는 사실과 1913년 6월 9일 법인으로 등록되었을 때 국민회의 목적 중 하나가 종교 활동을 장려하는 것이라고 명기한 사실과 부합한다고 볼 수 있다.

그런데 두 달 후인 1913년 7월 1일 국민회는 또 회관 길 건너편 밀러 스트리트의 4택지(택지번호 #19·20·21·22)를 임시 구매계약으로 $3,440에 매입하였다.[76] 에마기지, 밀러 스트리트 택지, 임대하여 사용하는 국민회관 모두가 한 두 불럭 거리에 위치한 것으로 미루어, 국민회 임원들이 이 지역 부동산 사정을 잘 알고 있었음을 알 수 있다. 그러나

---

73) Bureau of Conveyances, Book 388, pp. 420-421, May 7, 1913.

74) 안정송, 「내가 읽은 역사」, 3쪽.

75) Bureau of Conveyances, Book 383, pp. 349-351. 『국민보』, 1914년 4월 4일자 "총회관 기지와 신문사 기지와 기숙사 기지가 다 우리 것이 아니 되는 듯"에 의하면, 국민회는 총회관과 신문사 기지 사용료로 선불 $300을 내고 매달 각각 약 $30씩 냈으며, 기숙사 기지(원래는 교회 기지)에 대해 선불 $500을 내고, 매달 $120을 물었다고 하였다.

76) Bureau of Conveyances, Book 461, p. 455, July 1, 1913.

왜 5월에 구입한 에마기지 이외에 또 밀러 스트리트 택지를, 더구나 담보대출까지 받아가며 구입하였는지 알 수 없다.

1913년 9월에 임대하여 사용하고 있던 회관이 팔리게 된다는 소식에 회관 건축 문제가 다시 대두되자 국민회는 $6,000의 총회관 건축비를 모금하고자 하였다. 금액의 다과에 관계없이 동포 3,000명이 성금을 낼 것을 예상한 것으로 보이며, 당시 21세 이상 한인의 약 80%의 동참을 원했던 것 같다. 여기서 주목할 것은 국민회관 건축비 모금을 국민회 회원에 국한시키지 않고 동포 전체를 상대로 진행했다는 사실이다.

국민회 회관 기금 모금을 진행하고 있는 동안, 1914년 2월 1일 국민회가 창립 5주년을 맞게 되었다. 하와이 국민회는 1914년 2월 2일(월요일)에 창립 5주년 기념행사와 새 회장 취임식을 성대히 거행하기 위하여 1913년 말부터 준비를 시작했다. 그런데 1913년 12월 15일에 차년도 회장으로 재선된 박상하가 성 엘리자벳(St. Elizabeth's)교회에 속한 한인성공회교회(성 누가 St. Luke's 교회의 전신) 전도사로 부임하기 위해 1914년 1월 21일 돌연 사표를 제출했다. 한인성공회교회에서 1911년부터 전도사로 목회하던 박승준이 1913년 12월에 샌프란시스코 소재 태평양신학교(Pacific Divinity School: Divinity School of the Pacific의 전신)로 수학 차 떠났기 때문이었다.

박상하가 사직한 후, 국민회는 부랴부랴 재선거를 실시했다. 투표는 우편으로 했으며 국민회 사무실에 투표용지가 우송되는 대로 개봉했다. 『국민보』는 1914년 2월 4일자에 김종학의 당선을 확인하였다. 이어 총무 정병섭, 서기 박기홍, 재무 홍인표, 학무원 한재명, 법무원 조방요, 구제원 홍인표, 농상부원 안원규, 군무부원 정병섭 등 임원 명단을 발표하였다.[77)]

77) 『국민보』, "대한인국민회 하와이지방총회," 1914년 2월 4일.

재선거를 치루는 동안 『국민보』는 1914년 2월 2일에 있을 기념식 준비가 착착 진행되고 있음을 계속 알리고 창립기념식 일정도 자세히 보도했다. 기념식날 아침에 각 지방 '군인'들이 호놀룰루 철도역에서부터 한인중앙학교까지 약 1.5마일(2.5km)의 시가를 행진하였다. 참여한 군인들은 군복을 착용하였고, 호놀룰루 대한제국군대와 구세군군대, 에바 · 와히아와 · 카할루 지방의 군대, 한인중앙학교 학생들의 학도대 등 총 200여 명이었다. 그중 나팔수와 기수가 10여 명이었다. 행진에는 한인중앙학원 학생들이 연꽃으로 장식한 꽃차에 사모옥대와 쌍학흉배를 붙인 문관 한 사람과 녹의홍상에 칠보화관을 단장한 소년부인 세 사람도 서 있었다. 자동차 앞에는 전립전복을 한 무관 두 사람이 말을 탔다.

행진을 마친 후 오후 1시부터는 빈야드(Vineyard) 지역에 있는 청소년 운동장(현 Liliha 주립도서관, 1515 Liliha Street)에서 관병식을 하고, 각 군대가 차례로 재능을 보였다. 저녁 7시 30분부터 오페라하우스(1922년에 현 미국 세관 및 우체국 건물로 건설됨, 355 Merchant Street)에서 예술행사를 가져 1,500명의 관객이 모였다. 한인중앙학원 여학생들의 십자(十字) 형태를 이룬 무용은 보는 이로 하여금 "우리 국민의 국시가 예수교임을 주장하는 뜻으로 생각하게 하였다."[78] 한인중앙학교 이승만 교장의 생각이 반영된 것으로 볼 수 있다. 또한 13명 부인들이 흰 한복을 입고, 손에 태극기를 들고 "조선아, 조선아, 우리 조선 주인을 찾아 돌아오라"고 노래를 불렀는데, 13명은 조선의 13도를 상징하였다. 또한 웨슬리홈(Susannah Wesley Home, 이하 웨슬리홈: 감리교 본부 여선교회 Methodist Woman's Home Missionary Society에서 일본인과 한인을 위하여 운영한 기숙사인데, 한인 여학생들에게 한글도 가르쳤다)에 기숙하는 여학생들은 국민회(Korean National Association)의 첫 글자인 KNA

78) 『국민보』, "국민회 기념식과 취임식의 대략," 1914년 2월 14일.

국민회 창립 5주년 기념행사에서 13도를 상징한 13명의 여인 (1914)

국민회 창립 5주년 기념행사에서 13도를 상징한 13명의 여인 (1914)

를 형성하면서 춤을 추었다.

1914년 2월 3일자 영자신문 *Advertiser*지는 제1면에 2장의 사진과 "오아후 한인들 기념식을 잘 치르다"라는 제목의 기사를 실었다. 즉, *Advertiser*지는 화려한 복장을 한 군인들의 노련한 묘기, 중앙학교 학생들의 우승 등 기념행사에 관한 뉴스를 자세히 보도하면서 국민회의 조직

국민회 창립 5주년 기념행사 모습들 (1914)

에 대하여도 상세히 소개했다.[79]

『국민보』는 기념식 후 여러 주일을 계속하여 기념식에 관한 기사와 사진들을 실었다. 이를 통해 『국민보』는 군인과 학생들의 단합된 한인으로서의 당당한 모습을 호놀룰루 사회에 보여준 것에 대해 "부모국의 광채를 들어내었다"고 자랑스러워했다. 그들은 조국을 사랑하며 단합하여 행동한 초기 이민자들이었던 것이다.

이 행사로 국민회는 호놀룰루 사회에서 명실 공히 한인을 대표하는 단체로서 인정받았다. 또한 워싱턴 대통령 탄신기념축제 준비위원회로부터 2월 14일 워싱턴 대통령 탄신기념축제에 참여해 달라는 요청을 받았다. 국민회는 다시 그 행사 준비로 바쁘게 되었고, 행사 진행으로 또다시 '한국인의 광채'를 들어내게 되었다.

1909년 말에 국민회에서 시작한 연무활동으로 이루어진 군인양성의 성과가 국민회 창립 5주년 기념행사를 통하여 잘 나타났다. 국민회 창립

79) *Advertiser*, "Oahu Korean Celebrate Well," Feb. 3, 1914, p. 1.

5주년 기념행진이 박용만의 주도로 준비되었다는 기록은 찾을 수 없지만, 그가 기념행사에 깊이 관여했음은 이승만의 글에서 잘 알 수 있다. 이승만이 한인중앙학교 학생들이 참여한 프로그램 이외에 총 기념행사에 어느 정도 관여했는지는 알 수 없다. 하지만 이승만은 기념행사에 관한 글[80]에서 『국민보』 기사를 참조하라는 등 『국민보』의 상세한 보도를 상기시켰다. 또한 그는 "이 일 한 가지만 가지고라도 하와이 우리 동포들은 박학사(學士) 용만 씨의 힘과 애써서 이렇듯 마련한 것은 심히 감사히 여길 일이더라"고 박용만의 노고를 치하하였다. 박용만은 『국민보』에 발행인 겸 주필 자격으로 국민회 창립 5주년 기념행사를 적극적으로 기사화하였다. 박용만은 『국민보』 1914년 2월 11일자에 아래와 같은 긴 사설을 실어 기념행사가 성공리에 끝난 것을 치하하였다.

> 5년 전 2월 1일은 하와이 한인의 애국심을 합하여 한 덩이에 묶어 놓은 날이요, 5년 후 2월 1일 오늘은 곧 하와이 한인의 국혼을 불러 원기를 회복한 날이라. 이것을 말미암아 수천 원 금전은 허비된 것이 있으되 이것으로 인연하여 5천 명 조선 국혼이 하와이 한인을 찾아온 것은 족히 금전으로 회계치 못할 것이로다.[81]

이 사설로 미루어 국민회 창립 5주년 기념행사에 수천 달러의 경비가 들었음을 알 수 있다. 이 기념행사를 박용만의 공적으로 돌린 이승만도 "이 날에 우리에게 돌아온 칭찬과 외국인의 동정 얻은 것은 돈 주고 이루 살 수 없는 것이다"고 기술하였다.

국민회 창립 5주년 기념행사가 끝나고, 한인사회는 여학생기숙사 구입

80) 『태평양잡지』, "하와이 국민회 기념," 1914년 2월, 87-88쪽. 이승만은 "와싱톤 탄일 경축"이라는 글에서 박용만의 주선으로 워싱턴 대통령 축제에 참가했음을 밝히면서 치하하였다.

81) 『국민보』, "국민회 기념식과 내외인의 감화력," 1914년 2월 11일.

과 대조선국민군단 막사와 군문(軍門) 건축 사업을 위한 모금 활동을 벌였다. 여학생기숙사는 한인중앙학교 교장 이승만이 한인중앙학교에 받아들이기 시작한 여학생을 위해 1914년 7월에 푸우누이(Puunui) 지역에 $2,400을 들여 새로 구입한 것이다.[82] 대조선국민군단 막사와 군문은 박용만이 1914년 8월 30일에 카할루우 지역의 아후이마누(Ahuimanu)농장에 건축한 것이다. 이 두 사업은 같은 기간에 한인의 성금으로 이루어졌다. 따라서 총회관 건축기금 모집이 어려울 수밖에 없었다.

국민회는 1914년 1월 말까지 모금한 $2,200에 $3,000을 더 모금하여 마침내 1914년 12월 9일에 1306 밀러 스트리트(택지번호 20과 22)의 5,682 평방피트의 부지에 2층 건물을 짓고 총회관 낙성식을 가졌다. 태극기와 성조기로 장식된 총회관 낙성식에 정원명(전 총회장: 식순) · 홍치범(감리교회 목사: 기도) · 박상하(전 총회장: 낙성취지 설명) · 박용만(『국민보』 주필: 영어연설) · 이승만(한인중앙학교 교장: 연설) · 김종학(총회장: 연설) · 신홍균(목사 : 기도) · 한인부인회 대표(연설) · 사관학교(대조선국민군단을 지칭하는 듯) 위관 대표(연설) 등이 식순에 참여하였다. 여러 단체들의 합창 순서도 있었으며, 외부 인사로는 중국어 신문 *Chinese Liberty News*를 대표하여 Quan Ching과 미국인 Riley Allen과 M. B. Henshaw가 축사를 했다. 하와이 영토 지사 핑컴(Lucius E. Pinkham, 재임: 1913~1918)과 하와이 감리교 선교부의 전 감리사 와드맨의 축하 편지가 낭독되었다.[83] 국민회가 조직된 지 6년 만에 드디어 자체 소유의 총회관을 갖게

---

82) Bureau of Conveyances, Book 408, pp. 307-308, July 14, 1914. 택지 크기는 22,000 평방피트(약 618평)이었다. 『국민보』, "여자 기숙사를 매입," 1914년 8월 1일. 이승만과 한인여학원에 관하여는, 이덕희, 『한인기독교회 · 한인기독학원 · 대한인동지회』, 한인기독교회 · 동지회, 2008, 제2부 참조.

83) 『신한민보』, "하와이 총회관 락성식의 절차," 1914년 12월 31일; *Star-Bulletin*, "Patriotism of Koreans Shown at Dedication," Dec. 12, 1914,

되었으며, 그 후 이 회관에서 국민회 회원뿐만 아니라 하와이 한인사회를 위한 활동이 펼쳐졌다. 참고로 국민회 임대 회관, 총회관, 에마기지, 한인중앙학교(한인감리교회도 한인중앙학교 내에 있었다)는 모두가 1블록 거리에 있었는데, 현 하와이 주청사를 중심으로 한 지역이다.

1936년에 하와이지방총회 청년부장 양유찬의 노력으로 하와이정부로부터 총회관 부동산세를 임시로 면제받게 되었고, 1937년 4월부터는 정식으로 계속하여 면세를 받았다.[84] 국민회가 비영리단체였기에 부동산 면세가 가능하였다. 1936년 회장으로 당선된 조병요가 1937년 1월에 대의회에 제출한 13개의 절대 필요한 활동 중 가장 시급한 문제가 총회관

국민회 총회관 지역도

p. 4.

84) 『국민보』, "총회관 세납면세 통과," 1937년 4월 28일.

국민회 총회관, 1306 Miller Street (1914)

조병요 총회장(1936~1944)

증수였으며, 기금 $2,000이 모아지는 대로 증수하기로 하였다.[85] 그리하여 2월 3일부터 『국민보』에 국민회관 사진과 함께 "교류동포 공유물인 국민회관 증수하자" "남녀로유 일심으로 협력하세"라는 문구를 넣은 회관 증수금 모금 캠페인을 벌였다. 그런데 이때 쓰인 국민회관 사진은 1914년에 건축한 2층 건물이 아니라 3층 건물이다. 아마도 『국민보』가 결본인 기간에(1914년 8월 1일 이후부터 1936년 12월 30일 이전) 국민회관을 3층으로 증축한 것 같다. 증수금은 1937년 말까지 $1,436.95가 모여졌고 필요한대로 수리하였다.

85) 『국민보』, "사설: 대의회에 제출한 총회장의 요구서," 1937년 1월 27일.

개조된 국민회 총회관 (1937)

국민회는 총회관에서 『국민보』를 계속 발간하였고, 늙어가는 동포들을 위한 노인 복지활동도 이어갔다. 1945년 10월 5일에 하와이 영토 토목국으로부터 영토 총독관저 확장을 위하여 31년이 된 총회관을 $20,567에 매입하겠다는 '우호적인 몰수' 통지를 받았다. 국민회는 전권위원회를 구성한 후 하와이정부와 교섭하여 1946년 7월 17일에 약 $8,000이 인상된 $28,794로 총회관을 하와이정부에 매각했다. 그 후 새 회관 자리를 물색하다가 9월 1일에 12 에이커 부지의 구 포르투갈 영사관저(2756 Rooke Avenue)를 $80,000에 구입하였다.[86] 국민회는 비샵은행(Bishop National Bank of Hawaii: First Hawaiian Bank의 전신)에서 $45,000을 융자 받고, 국민회 호상부에서 $5,300을 빌리고,[87] 나머지 액수는 국민

86) 『국민보』, "총회관 매매에 관한 상세한 보고," 1946년 7월 17일.

87) 동지회가 1942년에 자체 회관을 마련할 수 있었던 것도 동지회 호상부에 저축금 $4,000이 있었기 때문이다. 이덕희, 『한인기독교회 · 한인기독학원 · 대한인

회 경상비에서 충당하였다. 국민회는 곧 넓은 부지를 분할하여 10 택지를 만들어 판매한 총 $45,000의 수입으로 은행 융자금은 갚았다. 새 회관 개관식은 1946년 10월 13일에 있었다. 조국이 국권을 상실한 후 하와이 한인들을 위하여 활동해 온 산실이 새로운 장소로 옮겨졌다.

옮겨간 국민회 총회관, 2756 Rooke Avenue (1947)

동지회』, 348쪽. 국민회와 동지회 두 단체의 호상부가 이른바 '돈줄'이었다.

제 5 장

국민회의 출판활동

합성협회가 국민회로 새로 조직되면서 국민회는 한인합성협회가 발행하던 『합성신보』의 제호를 『신한국보(*The United Korean News*)』로 바꾸고 1909년 2월 12일에 주간지인 첫 호를 발간하였다.[88] 그러나 창간일은 『합성신보』의 창간일인 1907년 10월 22일을 계속 사용하였다. 신문 제작은 1313 밀러 스트리트의 임대 회관에서 이루어졌고, 홍종표(C. P. Hong)가 발행 겸 편집인으로 수고했다. 홍종표(홍언 : 洪焉)는 카우아이섬 자강회에서 1907년 10월부터 발행한 『자신보(Korean Clarion)』 제3호(1908.3)의 주필이었으며, 1911년 11월에 샌프란시스코로 이주하여 『신한민보』의 주필이 되었다.[89] 『신한국보』의 역대 발행인과 주필은 아래와 같은데, 국민회 회장이 자동적으로 기관지인 『신한국보』의 발행인이 되지는 않았다.

1909년 2월 12일~1909년 4월 13일: 발행 겸 편집인 홍종표(홍언)
1909년 4월 20일~1909년 4월 27일: 발행 한재명, 편집인 홍종표
1909년 5월 4일~1909년 7월 6일: 발행 이내수, 편집인 홍종표
1909년 7월 13일~1910년 2월 15일: 발행 한재명, 편집인 홍종표

---

88) 전흥협회에서 발간한 월보 『전흥보』도 통합되었다. 『신한국보』 창간호 "至急廣告"란에 전흥협회 월보 구독자에게 대금을 정산해 줄 것을 알렸다. 전흥협회 회장은 박상하였다.

89) 홍종표에 관해서는 방선주, 「홍언과 국민회」, 259-302쪽.

1910년 2월 22일~1910년 3월 1일: 발행 겸 편집인 홍종표

1910년 3월 8일~1910년 8월 16일: 발행 박상하, 편집인 노재호(일명 노재연)

1910년 8월 23일~1911년 1월 3일: 발행 겸 편집인 노재호

1911년 3월~1912년 1월: 편집인 이항우

1912년 2월~1912년 11월: 편집인 박상하

1912년 12월: 편집인 박용만

『합성신보』와 마찬가지로 『신한국보』도 샌프란시스코의 신한민보사와 블라디보스톡의 대동공보사에 정기적으로 보내졌다. 또한 한국에도 보냈으나 일제통감부에 의해 압수당했다. 1905년 을사늑약 후 한국을 지배했던 일본이 1908년 4월 20일부터 신문법 제34조에 따라 외국에서 발행되는 한인의 신문과 한국 내에서 외국인이 발간하는 신문들을 압수했기 때문이다. 대한제국이 발간한 『관보』 1909년 3월 29일자에 『신한국보』 창간호와 제2호가 압수되었다는 기사가 실려 있다.[90] 그로부터 1909년 12월 27일호까지 21개호가 압수되었다.

『신한국보』는 1913년 8월 13일부터 한문 제호로 된 『국민보(國民報: *Korean National Herald*)』로 바꾸고 주 2회 발간되었다. 제호 글씨는 박용만의 붓글씨였다.[91] 박용만이 제호를 바꾼 이유는 샌프란시스코 소재 국민회 북미총회가 발간하는 『신한민보』와의 혼동을 막기 위해서였다. 제호는 『국민보』로 바뀌었으나, 발행 호수는 『신한국보』 호수를 계속하

90) 대한제국의 『관보』에 몇 부가 압수되었는지는 쓰여 있지 않았으며, 압수된 신문 제호와 발행 장소 및 발행인만 밝혔다.

91) 정두옥, 「在美韓族獨立運動實記」, 『한국학 연구』 3, 별집, 인하대 한국학연구소, 1991, 51쪽. '新韓國報'라는 한문 제자는 중국인에게 의뢰하여 받았던 것으로서 한인들 간에 비난이 있었다. 『신한국보』, "駁 남세윤, 손창희 서," 1908년 3월 23일.

March 30, 1909, Honolulu, T. H. Price 5 Cents a Copy. VOL. 2, NO. 6 신한국보

THE UNITED KOREAN
PUBLISHED ONCE A WEEK BY THE UNITED KOREAN ASSOCIATION
C. P. HONG Editor.

新韓國報
THE UNITED KOREAN NEWS
P. O. BOX: 784 HONOLULU, T. H.

The Korean National Herald.

國民報

『신한국보』와 『국민보』 제호

다가, 제2호부터는 『신한국보』 호수와 새 호수를 함께 사용하였다.

김원용에 의하면, 박용만은 1913년 8월 13일부터 1914년 8월 1일까지 첫 100호의 편집인(editor)이었다. 그 후 이승만 · 유상기 · 승용환 · 안시협 · 김영기 · 최창덕 · 김헨리 · 박상하 · 김원용 · 황인환 · 정두옥 · 백일규 · 이운경 등이 '주필'을 맡았다.92) 『신한민보』 1915년 12월 23일자 "국민보 발행 소식"에 12월 15일부터 재간될 『국민보』의 논설은 박용만과 이승만에게 위탁하여 허락을 받았다고 되어 있다. 이로 미루어 이승만은 『국민보』 발행인이나 편집인이 아니라 논설위원이었을 가능성이 있다. 이

92) 김원용, 『재미한인오십년사』, 269쪽. 1914년 8월 1일부터 1936년 12월 30일까지의 『국민보』가 결본이기 때문에 주필 혹은 편집인의 정확한 이름을 알 수는 없다.

승만 자신도 이 기간에 월간 『태평양잡지(*The Korean Pacific Magazine*)』 발행 이외에는 다른 것(『국민보』를 지칭)을 발행하지 않는다고 *Star-Bulletin* 지에 진술하였다.[93] 그 후 『신한민보』 1918년 4월 11일자 "하와이 소식"란에 이승만이 『국민보』 주필을 겸임한다는 기사가 실려 있으며, 1919년도 *Directory of Honolulu* 에 이승만이 한인기독학원의 교장이며, *Korean National Herald* 의 general editor이고 집 주소는 학교 주소인 3320 Waialae Road로 기록되어 있었다. 이로 보아 1918년 하반기부터 1919년까지 이승만은 『국민보』 주필이었을 가능성이 있다. 1920년도 *Directory of Honolulu* 에는 이종관이 general editor로 기록되어 있다. (당시에 『국민보』 발간과 관련된 직책을 영어로는 editor 혹은 general editor라고 하였고, 한글로는 '편집인'과 '주필'을 따로 쓰기도 했고, 또 '주필 겸 편집인'이라고 한 사람이 두 역할을 한 것으로 밝히기도 했다. 주필 혹은 편집인과 구별하여 발행인은 따로 명시하였다. 아래 명단에서 볼 수 있다.)

1941년 4월 말 북미지역 한인단체의 연합운동의 결과 재미한족연합위원회가 결성되었다. 이후 북미지역 모든 한인단체들의 연합운동을 장려하고자 1942년 1월 21일부터 하와이 국민회의 『국민보』와 동지회 기관지인 『태평양주보』가 합본으로 간행되었다. 합본 첫 호의 제호는 *The Korean Pacific Weekly-Korean National Herald* (1942.1.21)이었다. 1942년 1월 28일부터는 *The Korean National Herald- Pacific Weekly* 로 제호를 바꾸었다. 그러나 1943년 12월에 동지회가 재미한족연합위원회에서 탈퇴하면서 (제10장 〈국민회의 정치활동〉 참조) 1944년 2월 9일부터 합

---

93) *Star-Bulletin*, "Would Use Association Funds To Start Revolution In Korea," June 16, 1915, p. 8. 이 기사 끝에 "『국민보』가 박용만이 돌아오기를 기다리는 동안 정간되었는데, 자신은 『태평양잡지』 이외에는 다른 것을 발행하지 않는다"라는 이승만의 진술이 인용되었다.

본 발간은 중지되었다. 『국민보』와 『태평양주보』는 각기 협동 이전의 간행 방식으로 되돌아갔으며, 『국민보』 영문판은 한인 2세와 한국어를 모르는 이들을 위해 1945년 1월 31일까지 유지되었다.

1961년 12월 14일자로 결정된 「국민회 회칙」(제14장 〈국민회의 변신〉 참조)에 의하면 『국민보』의 영어 제호 *Korean National Herald*가 *Korean Community Herald*로 바뀌었다. 『국민보』는 1963년 12월 25일에 발행인 겸 편집인으로 John Whan Chang이 임명되었고, 1968년 12월 25일까지 존속한 것 같다.[94] 1963년 12월 25일 이후에 발행된 것으로는 1965년 7월 14일(no.3765), 7월 21일(no.3766), 8월 11일(no.3769), 8월 18일(no.3770)분이 보존되어 있다.[95] 당시 사장은 김영내(Edward Y. N. Kim), 편집인은 홍성화(S. W. Hong), 인쇄인은 김복순이었다. 1969년 1월 국민회는 『국민보』 대신 한글과 영어로 된 『국민회뉴스』를 발간했는데,[96] 아직까지 한 부도 찾지 못했다.

역대 『국민보』 발행인과 주필 혹은 편집인의 명단은 아래와 같다.

1913년 8월 13일~1914년 8월 1일 : 발행 및 편집 박용만
1915년 10월 초순 : 발행 중단
1916년 7월 2일 : 속간, 주필 : 박용만
1918년 4월 이후 : 주필 이승만
1919년 : 주필 이승만
1920년 : 주필 이종관
1931년 1월~? : 편집 김원용

94) Arthur Gardner, *The Koreans in Hawaii: An Annotated Bibliography*, University of Hawaii, Social Science Research Institute, 1970, p. 30.
95) 하와이대학 한국학연구소 소장본.
96) Gardner, 앞의 책, p. 30.

1936년 1월~1936년 12월 : 주필 김원용
1936년 12월 30일~1937년 2월 3일 : 발행 조병요, 편집 황인환
1937년 2월 10일~1945년 1월 24일 : 발행 조병요, 편집 김현구
1942년 1월 21일~1944년 8월 30일 : 영문 편집 Jacob Dunn(전경무)
1944년 9월 13일~1945년 1월 31일 : 영문 편집 Donald Kang
1945년 2월 14일~1946년 1월 2일 : 발행 안원규, 주필 유진석, 편집 이명우
1946년 1월 16일~1946년 12월 25일 : 발행 안원규, 주필 이명우, 편집 최영기
1947년 1월 9일~1947년 10월 1일 : 발행 조병요, 주필 백일규, 편집 최영기
1947년 10월 8일~1949년 2월 2일 : 발행 조병요, 주필 백일규
1949년 2월 9일 : 발행 서상순, 주필 백일규
1949년 2월 16일~1950년 1월 4일 : 발행 겸 편집 서상순
1950년 1월 18일~1951년 1월 25일 : 발행 서상순, 주필 김현구
1951년 2월 7일~1952년 1월 23일 : 발행 겸 주필 김현구, 편집 차병수
1952년 1월 30일~1953년 5월 6일 : 발행 김현구, 주필 이운경, 편집 차병수
1953년 5월 13일~1953년 7월 29일 : 발행 김현구, 주필협조 이운경,
1953년 8월 5일~1953년 8월 19일 : 발행 김현구, 주필협조 이운경, 편집 차병수
1953년 8월 26일~1954년 2월 3일 : 발행 김현구, 주필협조 겸 편집 이운경
1953년 2월 10일~1957년 1월 23일 : 발행 임성우, 주필 겸 편집 이운경
1957년 1월 30일~1959년 2월 4일 : 발행 이윤호, 주필 겸 편집 이운경, 주필협조 안(이)정송[97]

97) 『국민보』의 유일한 여성기자인 안(이)정송이 자신을 '국민보 사회면 기자였다'고 기술한 것으로 미루어 '주필 협조'가 기자였음을 알 수 있다. 「안정송 이력서」, 독립기념관 자료실 소장본, #1-4907-005. 안정송에 앞서 1944년 3월 『태평양주보』 주필을 지낸 전수산도 1912년에 이화학당을 졸업하였다. 1916년에 딸과 함께 호놀룰루에 와서 남편 유경상(Kingsley K. S. Lyu)과 합류하였다. 전수산에 관하여는 이덕희, 『한인기독교회・한인기독학원・대한인동지회』, 356쪽의 각주 참조.

1959년 2월 11일~1961년 2월 1일 : 발행 박관두, 주필 겸 편집 이운경, 주필협조 안정송

1961년 2월 8일~1961년 12월 6일 : 발행 Joe Kim, 주필 겸 편집 이운경, 주필협조 안정송

1961년 12월 13일~1962년 1월 2일 : 발행 Joe Kim, 주필 김홍주, 주필협조 안정송

1962년 1월 17일~1963년 12월 18일 : 발행 Joe Kim, 주필 겸 편집 김홍주

1963년 12월 25일~1963년 12월 25일 : 발행 김영래, 주필 겸 편집 김홍주

1964년 1월~? : 발행 및 편집 John Whan Chang

안원규
『국민보』 편집인 (1945~1946), 국민회 총회장 (1910, 1945~1946 재임),

안(이)정송
『국민보』 여기자 (안원규 부인, 1957~1959)

김현구
『국민보』 편집인(1937~1945), 국민회 총회장(1951~1953)

서상순
『국민보』 편집인 (1949~1950), 국민회 총회장(1947~1950)

임성우
『국민보』 발행인 (1953~1957), 국민회 총회장(1935, 1954~1956)

이윤호
『국민보』 발행인 (1957~1959), 국민회 총회장(1957~1958)

『국민보』의 초창기 발행 부수는 알려져 있지 않다. 그러나 1937년 10월에 1,000부의 『국민보』가 발행된 것[98]으로 미루어 발간 초에 구독자가 1,000~1,500명 정도였을 것으로 추측할 수 있다. 1941년 1월부터 『태평양주보』와 합본으로 발행됐을 때는 발행 부수가 2,000부로 증가했다가[99] 합본 기간이 끝난 뒤 다시 1,000부로 줄었다. 그 후 1945년부터 1세 이민자 수의 감소와 함께 발행 부수는 계속 줄어들었다. 1946년에 750부, 1949년에 550부, 1951년에 500부, 1958년에 240부, 1960년에 200부가 발행되었다.[100]

신문대금은 1909년에 1부에 $0.05이었고, 구독료가 월 $0.20, 6개월 $1.10, 12개월에 $2이었다. 구독료는 신문대금이라기보다는 우송료였다. 1913년 1월부터 구독료가 1년에 $3으로 인상되었는데, 일본, 한국 및 원동은 $4이었다. 한국뿐만 아니라 일본과 원동에 있는 한인들도 구독하고 있었음을 알 수 있다. 1943년 10월부터 연간 구독료가 $4, 1943년 2월 18일부터 $5, 1952년 1월부터 $7.50, 1958년 1월부터 1963년 12월 폐간될 때까지 $10으로 인상되었다.

신문대금과 광고료 수입만으로는 신문사가 적자로 운영되었다. 1909년 3/4분기의 『신한국보』 재정보고에 의하면, 신문대금, 광고료, 연조금 등을 포함하여 총 $338.30의 수입이 있었고, 신문 용지 대금, 임원 월급 등의 총경비 $322.82를 지출하고, 잔액 $15.98이 있었다. 그러나 총수입에다가 연조금 $50.60을 포함하지 않으면, 실질적으로는 3개월 동안 약

---

98) 발행 부수는 미 연방정부의 법에 의해 보고하기로 되어 있었다. 『국민보』, "Ownership Statement," 1937년 10월 17일.

99) 『태평양주보』는 1939년 7월에 1,000부를, 그리고 1940년 10월에 500부를 발행하였다.

100) 『국민보』, 1946년 10월 30일, 1949년 10월 12일, 1951년 10월 3일, 1958년 9월 30일, 1960년 1월 13일.

$35의 적자 운영이었다. 1915년에는 국민회가 신문사 경비보조금으로 $1,600의 예산을 책정하였다. 1935년「하와이 대한인국민회 헌장」제66조는 의무금(연간 남자회원 $10과 여자회원 $5)과 신문사 수입은 총회와 신문사 경비로만 사용할 수 있다고 명시하였다. 그러나 한인들의 특별연조금과 국민회 자체의 경비보조금으로도 부족하여 하와이 국민회의 기관지인『국민보』는 정간되는 때가 종종 있었다. 이런 현상은 북미주 국민회의『신한민보』와 하와이 동지회의 기관지인『태평양잡지』와『태평양주보』운영에서도 마찬가지였다.

신문 발간 이외에 신한국보사와 국민보사에서는 이승만의『한국교회핍박』(1913.4)과 박은식의『한국통사(韓國痛史)』(1917.6)를 출판하였다. 또한 국민회와 교민단이 간행한 한글 교과서도 국민보사에서 출판되었다.『초등국어 교과서』, 상·하 2권(1911.6),『국민국어 교과서』, 상·중·하 3권(1917.2),『국민독본』, 상·중·하 3권(1923.8)이다.

국민보사는 1937년 5월 29일 토요일 오후 3시 45분에 유지들의 성금으로 한미조약 55주년을 기념하는 특별 한국어 프로그램을 방송하였다.[101] 당시 국민보사의 사원이었던 한길수의 〈한미조약 55주년 기념〉이라는 연설이 있었고, 안숙자(안원규와 안정송의 딸, 소프라노 성악가)의 '영어창가'와 최또라의 '한어창가'가 있었다. 이 방송은 단 한번으로 끝났다. 약 11년 후인 1948년 2월 4일 토요일에 다시 한국어 방송이 시작되었다. 그러나 이 방송은 호놀룰루 한인들이 단체를 초월하여 한국문화와 예술을 발전시키려는 취지에서 시작된 것이며, 국민회나 국민보사가 주최한 것은 아니었다.[102] 이 프로그램이 방송된 후 곧 방송위원이

101)『국민보』, "데2차 우레듸오 방송," 1937년 6월 3일. 기사는 이 방송이 두 번째 한국어 방송이라고 했는데, 첫 번째 한국어 방송이 언제 있었는지는 아직까지 찾지 못하였다.

102)『국민보』, "國內外時事, 우래디오에 국어방송," 1948년 2월 18일. 이날 방

다음과 같이 선정되었고,[103] 이 방송은 적어도 1951년 10월까지 3년 동안 계속되었다.[104]

총무주원 : 민의식, Joe Kim
순서 위원부 : 이상국, 안정송
재정위원부 : Joe Kim, 정경억, 민필립, 이대제

이 한국어 방송은 어느 특정 단체의 후원이나 주관의 방송이 아니고 범교포적인 방송이었다. 하지만 안정송, Joe Kim[105] 등이 국민회의 주요 회원이었기 때문에 이 방송은 이른바 국민회 측의 방송으로 인정되었던 것 같다. 동지회도 1949년 9월부터 한국어 방송을 시작하여 적어도 1956년 4월까지 계속하였다.[106)]

송에서 안정송이 "조선말 방송에 대하여"라는 취지를 밝혔다. 저자가 『한인기독교회·한인기독학원·대한인동지회』, 361쪽에서 국민회가 이 방송을 시작하였고, 방송이 중단되었다가 1963년 1월에 다시 재개되었다고 기술한 것은 오류이다.

103) 『국민보』, "우래디오 방송 임원," 1948년 3월 3일.

104) 『국민보』, "우리말 방송," 1951년 10월 14일.

105) Joe Kim은 1961~62년도 국민회 총회장이었고, 1961년 12월 13일부터 1963년 12월 18일까지 『국민보』 발행인이었다.

106) 동지회의 방송활동에 관하여는 이덕희, 『한인기독교회·한인기독학원·대한인동지회』, 360-361쪽. 다만 앞의 주) 103에서 정정하였듯이 국민회가 방송을 주관했다는 것은 오류이다.

제 6 장
국민회의 교육활동과 이승만

국민회 북미지방총회와 하와이지방총회가 1909년에 제정한 「국민회 장정」에 국민회의 목석 중 하나가 "교육과 실업을 진발하는 것"이라고 명시되어 있다. 또한 1913년 6월에 국민회 하와이지방총회를 법인으로 등록한 서류에도 국민회의 주요 목적을 "교육을 장려하는 것"으로 명시하였다. 실질적으로 1909년 「국민회 장정」 제8장 재정, 제65조에 교육 장려를 위하여 회원 각자가 매년 $0.5~$1의 기금을 납부하도록 하였다.

하와이 국민회는 결성된 지 4개월 후인 1909년 5월에 교육에 대한 한인사회의 갈망에 부응하여 카우아이섬 콜로아(Koloa)에 한글학교를 설립하도록 $9를 지원하였다.[107] 이것이 국민회의 첫 공식 교육사업이었다. 한글학교는 정규학교 방과가 끝난 후나 주말에 모였으며, 부모들이 내는 학비로 교사 봉급을 지불하였다.[108] 교사 봉급 이외에도 학교 운영에 필요한 경비는 국민회가 매달 도와주었다. 1914년 5월에 국민회는 13개 한글학교에 지원금을 지급했는데, 이것을 보도한 신문기사는 13개 학교 명단을 제시하였다.[109] 그러면서 한인중앙학교와 스잔나 웨슬리홈은 자체

---

107) 『신한국보』, "학교설립의 준비," 1909년 5월 25일.

108) 1918년도 감리교 연회(3.14~3.17)에서 감리사 프라이(William H. Fry: 1914~1946년 재임)는 여러 한인 농장의 미션(준 교회)이 목사의 월급을 위해서는 $2~$5를 내면서, 한글교사 월급으로 $15~$20을 지불한다고 불평조로 보고하였다. *Methodist Journal*, 1918, p. 65.

109) 『국민보』, "한인 소학교에 대한 보조," 1914년 5월 2일. 13개 학교는 하와

예산이 있는 까닭에 지원하지 않았으며, 한인여자기숙사를 위해서는 기지를 기부하기로 결정하였기 때문에 따로 지원하지 않는다고 설명하였다.

국민회의 초청으로[110] 1913년 2월 3일에 하와이에 도착한 38세의 이승만은 호놀룰루 한인감리교회가 소유한 푸우누이(Puunui) 애배뉴 2453번지[111] 집에 여장을 풀었다. 이승만은 이 집에서 『한국교회핍박』을 집필하여 4월에 신한국보사에서 발행하였다. 이승만은 이 책을 집필하던 중 2월 27일부터 3월 2일까지 열린 하와이감리교 연회에 참석한 한인

이섬의 코나학교, 근영학교, 파팔로아학교, 힐로학교, 마우이섬의 동명학교, 카우아이섬의 동신학교, 신한의숙, 신흥학교, 육영학교, 청년학원, 오아후섬의 배영의숙, 신민학교, 에바학교였다.

110) 박용만이 이승만에게 보낸 서신, 1912년 9월 30일, 10월 2일, 11월 1일, 유영익・송병기・이명래・오영섭 편, 『李承晩 東文 書翰集』 中, 연세대 출판부, 2009, 294-300쪽. 한편, 하와이 감리교선교부 와드맨 감리사의 초청으로 하와이에 왔다는 기사가 *Advertiser,* 1913년 2월 6일자 1면에 실렸다. 이 기사는 이승만을 목사(The Rev. Rhee)라고 잘못 지칭하면서, 2월 5일에 저녁에 600명의 한인들이 모여 이승만 목사 환영 리셉션을 가졌음을 알렸다. 이승만의 투옥 이유와 옥중 전도활동을 소개했으며, 기사 끝에 이승만 목사가 호놀룰루에 오게 된 것은 'Wadman 감리사의 초청'이라고 적었다. 아마도 와드맨이 한인들에게서 '친일파'로 불신을 받고 있는 어려운 처지에서 이승만과의 관계를 강조하려는 의미로 자신이 초청하였다고 신문기자에게 알렸을 수 있다. 저자가 『한인기독교회・한인기독학원・대한인동지회』, 19쪽에서 이승만이 박용만의 초청으로 하와이에 왔다고 한 것은 오류이다.

111) 호놀룰루 한인감리교회가 1912년 10월 17일에 구입했다가 1920년에 매각하였다. Bureau of Conveyances, Book 388, p. 410. Book 575, p. 95, Oct. 16, 1920. 이 기록에 한인감리교회가 Korean Christian Church라고 되어 있는데, 이는 1918년에 설립된 한인기독교회 Korean Christian Church가 아니다. 흥미로운 것은 1914년 *Directory of Honolulu* 에 박용만의 주거지가 이 주소로 기록되어 있다. 1913년 8월 말에 이승만이 중앙학교 교장이 되어 학교 기숙사로 이사한 후, 박용만이 Punchbowl Street 1300번지 lodging(하숙집)에서 이 집으로 이사한 것이다.

감리교회 교역자들과 평신도 지도자들을 모아놓고 성경공부와 감리교 교역에 관한 훈련 집회를 주관하였다. 이 집회를 통하여 이승만은 감리교 교역자 훈련의 모범적 지도자로 부각되었다. 당시 친일파로 불신을 받고 있던 와드맨이 1913년 8월 26일에 이승만을 한인기숙학교의 교장으로 임명했다. 이로써 이승만은 25년에 걸친 하와이에서의 삶을 교육자로서 시작하였다.

이승만은 곧 학교 이름을 한인중앙학교(흔히 한인중앙학원으로 불렸다)로 바꾸고 5명의 여학생이 입학하도록 하였다. 남학생 수도 전년도에 비해 약 3배로 증가하여 110명이 되었다. 학교에 여학생기숙사가 없었기 때문에 여학생들은 감리교본부 여선교회가 운영하는 웨슬리홈에 머물면서 통학하였다. 그러나 감리교 여선교회는 한인중앙학교에 한인 여학생들이 다니는 것을 반대하였다. 1914년 봄 학기에 더 많은 여학생이 등록하였고, 웨슬리홈과의 관계는 더욱 나빠졌다. 이유는 1906년에 하와이 감리교선교부가 학교를 세울 당시, 감리교 이사부(Board of Home Missions and Church Extension)가 재정후원을 해 준 감리교본부 여선교회에게 한인중앙학교가 여학생 교육에 관여하지 않겠다는 약속을 했기 때문이었다.[112] 그런데 와드맨 감리사가 이 사실을 알리지 않고 1913년 11월에 퇴임하였고, 이승만과 1914년 6월에 새로 부임한 감리교 감리사 프라이(William H. Fry)는 이 사실을 몰랐었다. 이승만은 학교 근처에 조그마한 집을 빌려 24명의 여학생과 보모가 함께 살도록 하였다. 집이 좁고 불편하였기 때문에 이승만은 여학생기숙사를 따로 지으려고 한인들에게 도움을 청하였다. 한인들의 성금으로 이승만은 푸우누이 지역에 여학생 기숙사를 구입하였다.

112) 이승만의 교장취임과 그 후의 사항에 관해서는 이덕희, 『한인기독교회 · 한인기독학원 · 대한인동지회』, 제2부 한인기독학원사, 제1장과 제2장 참조.

그러나 여학생기숙사는 학교와 멀리 떨어져 있어서 학생들이 통학하기에 불편하였다. 이에 이승만은 1915년 여름 이 기숙사 옆에 3.5 에이커의 땅을 사고, $1,800을 들여 교사를 위한 방 2개를 포함한 단층의 학교 건물을 지었다. 가을 학기부터 이 학교를 한인여학원(Korean Girls' Seminary)이라 부르고 자신이 교장직을 맡았다. (학교 이름의 Seminary라는 단어는 당시 기독교 교파에서 운영하는 정규 여학교 이름에 흔히 사용되었다. 지금의 성경학원이나 신학교가 아니다.) 이승만은 한인여학원을 개교하기 전 6월에 한인중앙학교 교장직에서 사임하였다. 한인여학원 주소는 푸우누이 애배뉴 2486로, 이승만이 하와이에 도착하여 살았던 집 길 건너편이다.

이승만이 한인중앙학교 여학생기숙사를 마련하기 위한 기금을 모집하고 있을 때 국민회는 1914년 1월 12일에 열린 대의원회에서 1913년 5월 7일에 구입한 (제4장 〈국민회 총회관 건축과 국민회 5주년 행사〉 참조) 에마기지를 여학생기숙사를 위하여 기부하기로 결정하였다.[113] 그렇기 때문에 앞에서 언급한 바와 같이 국민회가 1914년 5월에 여러 한글학교에 재정지원을 할 때 한인중앙학교는 재정지원을 받지 못하였다. 이승만이 에마기지 기부를 요청했는지, 아니면 국민회가 자발적으로 교육 목적 달성의 일원으로 이승만이 주관하고 있는 여학생기숙사 확장을 위해 기부하기로 하였는지는 분명하지 않다. 당시의 『국민보』에서는 이 사실을 확인할 수 없다. 김원용은 그의 책에 "시국소감(연합회 공고서 참조) 1918년 3월 19일 박용만 기서(寄書)"[114]라는 제목 하에 다음과 같은 내용이 있다고 인용하였다.

113) 『국민보』, "한인 소학교에 대한 보조금," 1914년 5월 2일.

114) 김원용, 『재미한인오십년사』, 152-154쪽.

> 처음에 이승만이 국민회 소유 엠마기지를 가져가려는 욕심으로 시비를 시작하여서 국민회를 전복하는 작난까지 하였는데, 그 기지는 국민회가 교회사업을 위하여 좋은 목적으로 매입하였던 것이며, 그것을 인하여 단체가 분열될 줄은 뜻하지 못한 바이다. (중략) 이승만의 요구가 그 기지를 교회에 주지 말고 자기에게 주어서 학교 사업에 쓰게 하라 하였고 국민회가 그것을 허락하였다. 그러나 이승만이 그 기지를 자기의 명의로 넘기어 달라 함으로 국민회가 학교 명의로 넘기겠다고 고집하였으니 그것이 공유물인 까닭이다. 이승만이 그것에 대한 감정으로 각 지방에 다니면서 글과 말을 돌리며 국민회 임원들을 비난하여 인심을 선동한 결과로 1915년 5월에 풍파를 일으키어서 염치없고 비열한 수단으로 국민회를 전복한 이후에 독재 행동으로 매사를 임의 처단하였는데 지금에 그 기지는 어디 갔고 국민회 현상은 어떠한가. 목전의 사실을 관찰하여 보면 알 것이다.

"시국소감"이 실렸다는 「연합회 공고서」는 현존하지 않는다. 1914년 1월 28일자 1면 "참의원들은 기숙사 건축과 내지(본국) 전도를 전체로 반대"라는 제목의 글에서 『국민보』는 국민회 참의원들이 기숙사 건축과 내지 전도를 반대한 이유가 '다만 이 일들이 국민회가 할 일이 아니기 때문'이라고 보도하였다. 또한 1914년 2월 4일자 4면에서 『국민보』는 "의회에 제의되었던 여자기숙사 사건"이라는 제목 아래 "여자기숙사 건축 문제가 참의회에서 통과되지 못했는데, 이승만은 동포의 모든 정형을 참조하여 총회관 건축과 기숙사 건축의 두 가지 큰일을 금년에 실행키 어려울까 하여 의회에서 기부하는 기지를 퇴각한 고로, 그 기지는 특별히 한인여자기숙사 기지라 명칭하여 (국민회) 교육부로 하여금 보관케 결안하였다"고 보도하였다. 즉 이승만이 에마기지 인수를 보류했다는 것이다. 박용만이 당시 『국민보』 발행인 겸 주필로 상황을 잘 파악하고 기사화했을 것으로 보이는데, 1918년 3월 19일자 "박용만의 기서"라고 김원용이 인용한 기사의 내용과 다르다. 박용만이 4년 전의 일을 잘못 기억하였거나, 김원용이 인용한 내용이 잘못되었을 것이다.

한편 국민회는 1914년 2월과 3월에 이 기지를 위해 매달 갚아야 하는 $120의 담보대출 금리를 갚지 못하게 되었다. 담보대출자 관계자는 2월부터 7월까지 6개월의 지불 금액을 탕감해 주는 대신, 연간 이자를 7%에서 8%로 올리는 조치를 취하였다.[115] 그러나 국민회는 1915년에 또다시 금리를 갚지 못하게 되었고, 담보대출자는 이 기지를 매각하려고 하였다. 그래서 국민회 임원들은 이승만과 합의하여 한인여학원이 기지를 인수하도록 하고, 국민회 측에서 매달 납부할 금액을 한인여학원에 주면 한인여학원이 그 금액을 부동산 담보대출의 이자로 사용하도록 조처했다.[116] 왜 이런 방법을 택하였는지 알 수 없으나, 교육에 관한 사항 모두를 이승만에게 일임했기 때문이 아닌가 생각할 수 있다.[117] 국민회가 1915년에 한인여학원에 준 $500 중에서 이승만은 일부를 부동산 융자회사에 갚고 일부를 1915년에 구입한 한인여학원 기지 전당금과 건축빚을 갚는데 사용하였다. 아마도 이 $500 사용에 대한 시비가 있었던 것 같으며, 이에 관하여 이승만은 한인여학원의 재무 매터슨(R. O. Matheson, *Advertiser* 신문사 사장)이 정확하게 회계장부를 기록하고 있어 남용은 있을 수 없고, 한인여학원이 경비를 어떻게 사용하는지는 시비의 대상이 될 수 없다고 주장하였다.[118] 이런 상황 속에서 드디어 에마기지는 1915년 7월에 법적으로 한인여학원에 양도되었다.

---

115) Bureau of Conveyances, Book 406, pp. 74-75, April 3, 1914.

116) 『호항 한인여학원 재정보단』 제4호, "서문," 1916년 12월, 41쪽.

117) 실제로 이승만은 "이 일(호항 한인여자기숙사, 후에 한인여학원)을 착수할 때에 특별히 청구한 것이 있으니, 이는 출판과 학교 일절을 통히 내게 맡겨서 나의 임의로 하도록 두어 달라 함이라"고 기록하였다. 『태평양잡지』, 제1권 제7호, "호항 한인여자기숙사," 1914.3, 82쪽.

118) 『호항 한인여학원 재정보단』, "서문," 40-41쪽.

에마기지 양도증서는 1915년 7월 5일에 국민회 회장 홍한식, 서기 이종홍, 회계 안현경이 날인하고 1915년 7월 27일에 하와이정부 기록관에 등록을 마쳤다.[119] 이 양도증서에는 양도자 국민회가 1913년 5월 7일에 구입한 토지를 피양도자 한인여학원 이사 이승만에게 양도한다고 명시하였다. 이 기지양도서에는 "한인여학원 이사인 피양도자나 그의 후계자가 이 토지를 순전히 한인여학원의 사용과 이익만을 위하여 보관하는 것"이라고 명백히 기록되었다 또한 "피양도자나 그의 후계자는 이 땅을 판매, 임대, 차관하여 발생된 돈은 학교를 위하여 가장 적절하게 처분할 수 있다"고 하여 한인여학원 이사에게 토지 처분권을 주었다. 다시 말하면, 에마기지를 이승만 개인에게 양도한 것이 아니라 한인여학원 이사 이승만에게 양도한 것이며, 이승만은 학원의 이사로서 학원을 위하여 토지 사용 내지 처분권을 확보한 것이다.

에마기지 양도에 관하여 김원용은 '박용만의 기서'라고 인용한 "시국소감"의 내용을 반복하면서 "국민회가 엠마기지를 한인여자학원 설립에 기부하기로 허락하였을 때 이승만은 그 기지를 자기의 명의로 양도하여 주고 마음대로 처리하게 하라고 요구하였고, 국민회는 공유물을 개인의 명의로 양도하지 않겠다고 한 까닭에 이승만이 국민회를 반대하기 시작하였다"라고 서술하였다.[120] 위에 언급한 것과 같이, 당시 『국민보』의 주필은 박용만이었는데, 『국민보』에 이승만이 자기 개인에게 양도하라고 했기 때문에 문제가 생겼다고 보도한 기사는 하나도 없다.

국민회 회관과 한인여자기숙사 건축이 동시에 이루어질 때의 상황을 김원용은 그의 책에 "성명서 이승만(『태평양잡지』 제2권 제5호 · 제6호 참조)"이라는 소제목을 달아 이승만의 글이라면서 장문의 글을 기술하였

119) Bureau of Conveyances, Book 415, pp. 379-380, July 27, 1915.

120) 김원용, 『재미한인오십년사』, 138쪽.

다.[121] 그가 지적한 『태평양잡지』 제2권 제5호・제6호는 현존하지 않지만, 이 호수의 잡지는 1915년 1월호와 2월호일 것으로 추측된다. 이승만의 "호항 한인여자기숙사"라는 글이 실린 『태평양잡지』 1914년 3월호의 권수가 제1권 제7호이며, 제1권 제5호는 1914년 1월호, 제6호는 2월호이기 때문이다. 현존하는 1914년 3월호의 이승만의 글은 김원용이 인용한 글보다 1년 전 쯤에 쓴 것인데, 이 글의 내용은 김원용이 이승만의 글이라고 인용한 글의 내용과 전혀 다르다.[122] 이승만은 한인여자기숙사 건축 당시의 사정을 아래와 같이 설명하였다.

> 중간에 국민회관 짓는 일이 생겼나니 이는 우리 한인 전체에 공동히 긴절한 일이라. 이것을 내가 조금이라도 불니히 여기는 것은 아니나, 회관 짓는 것도 한인의 처지로 한 두 사람의 힘을 가지고 될 수 없는 일인즉 하와이 한인 전체의 힘을 가져야 될 일이라. 어려운 한인의 공동한 힘을 합하여 가지고 될 일을 두세 가지를 병발하면, 이는 백성의 정형도 삶힘이 아니요 일도 다 완전히 성취되기 어려운지라. 회관이나 학교나 한 가지씩 성취한 후에 또 한 가지를 시작하면 힘도 덜리고 사업도 진취가 잘 될 것이어늘.[123]

한인여학원 이사 이승만이 에마기지의 담보 대출금 $2,549를 1918년

---

121) 김원용, 『재미한인오십년사』, 139-143쪽.

122) 방선주는 김원용이 인용했다는 글에 관하여 "이 인용문은 원문의 충실한 轉載가 아니라 略한 부분이 있는 것을 『신한민보』의 인용 구절과 비교하여 알 수 있다"라고 평했다. 방선주, 「박용만 평전」, 주)125, 84쪽. 더구나 방선주는 김원용이 김현구・유경상과 함께 이승만을 싫어한 사람 중의 한 명이었기 때문에 김원용의 저서가 "비교적 정확하고 유용하지만 조심해야 할 점들이 하나 둘이 아니다"라고 주의를 요하였다. 방선주, 앞의 글, 주)152, 96쪽.

123) 『태평양잡지』, 제1권 제7호, "호항한인여자기숙사," 1914.3, 81쪽.

4월 26일에 갚음으로써[124] 한인여학원이 그 땅의 완전한 소유주가 되었다. 그리고 이사 이승만은 4월 26일에 택지 #12(2,109 평방 피트)를 $750에 매각하고,[125] 5월 18일에 남은 택지 #13과 #14를 $2,700에 매각하였다.[126]

한편 국민회가 언제부터 남학생기숙사를 운영하였는지 당시의 『국민보』가 남아 있지 않아 알 수 없다. 하지만 국민회가 국민회관 건축을 위해 1913년에 밀러 스트리트의 택지를 매입할 때에 기숙사 용도를 포함한 것으로 미루어, 국민회가 기숙사를 지으려고 계획하였고, 기금 $7,000도 마련해 놓았음을 알 수 있다.[127] 1916년 11월에 국민회는 이승만을

---

124) Bureau of Conveyances, Book 461, pp. 455-457, Dec. 14, 1916.

125) Bureau of Conveyances, Book 490, p. 482, Oct. 25, 1918.

126) Bureau of Conveyances, Book 488, p. 240, May 17, 1918; "Korean Institute To Build School," *Advertiser*, May 23, 1918, p. 2. 이 기금은 국민회가 고등(중)학교를 세울 목적으로 $90,000을 목표로 조성한 기금의 일부인 것 같다. 아마도 목표액에 못 미치는 금액이 조성되었고, 그 중의 일부($2,000~3,000)를 이승만이 1913년 9월에 『태평양잡지』를 발간하기 시작하였을 때 주고, 남은 것이 이 $7,000인 것 같다. 국민회의 학교 설립 기금에 관하여는, 정두옥, 「재미한족독립운동실기」, 『한국학연구』 3, 별집, 인하대학교 한국학연구소, 1990, 53쪽. 손세일, 『이승만과 김구』, 1-2, 232쪽; Robert T. Olilver, *Syngman Rhee, The Man Behind the Myth*, New York, 1954, p. 122 참조.

127) "Korean Institute To Build School," Advertiser, May 23, 1918, p. 2. 이 기금은 국민회가 고등(중)학교를 세울 목적으로 $90,000을 목표로 조성한 기금의 일부인 것 같다. 아마도 목표액에 못 미치는 금액이 조성되었고, 그 중의 일부($2,000~3,000)를 이승만이 1913년 9월에 『태평양잡지』를 발간하기 시작하였을 때 주고, 남은 것이 이 $7,000인 것 같다. 국민회의 학교 설립 기금에 관하여, 정두옥, 「재미한족 독립운동실기」, 『한국학연구』 3, 53쪽. 손세일, 『이승만과 김구』, 1-2, 232쪽; Robert T. Olilver, *Syngman Rhee, The Man Behind the Myth*, New York, 1954, p. 122 참조.

한인남학생 기숙사(Korean Boy's Dormitory) 이사로 임명하고, 이 기금과 남학생기숙사 관련 사무 일체를 이승만에게 맡겼다. 또한 국민회는 총회관을 짓고 남은 부지, 즉 택지번호 #19와 #21을 1916년 11월 8일에 한인남학생 기숙사의 이사 이승만에게 $2,580으로 팔았다.[128] 이승만은 1918년 1월부터 한인여학원에 남학생들을 받았고, 이 남학생들은 한인여학원에서 한 골목 떨어진 라나이 스트리트(Lanai Street) 2438 번지에 소재한 국민회가 운영한 기숙사에서 살았다.[129]

이승만은 1918년 5월 17일에 국민회로부터 구입한 땅을 $2,400에 팔고,[130] 레아히(Leahi) 지역에 있는 호놀룰루 사관학교(Honolulu Military Academy: 초등학교부터 고등학교 학생들을 교육한 사립학교) 부근의 오슌 뷰 애배뉴(Ocean View Avenue)에 있는 레아히농장(Leahi Farm: 현 Kapiolani Community College 부근)에 9.5 에이커의 기지를 매입하였다.[131] 이승만은 그동안 남학생기숙사 경비로 쓴 약 $1,000을 제하고 남은 $6,000과 한인들의 특별 모금을 보태어 7~80명을 수용할 수 있는 새 기숙사를 짓기로 하였으나[132] 이 기숙사 건축은 실행되지 않았다.

한편 이승만은 1918년 가을학기에 한인여학원을 8년제 남녀공학으로 재조직하고 한인기독학원(Korean Christian Institute, 흔히 줄여서 KCI라고 불렀음)이라 불렀다. 한인여학원이 있는 푸우누이 부지는 경사가 심

---

128) Bureau of Conveyances, Book 448, p. 451, Nov. 8, 1916.

129) "Korean Institute To Build School," *Directory of Honolulu*, 1918에 남학생 기숙사(Korean Boys' Dormitory)의 주소와 이승만이 기숙사 사감이라는 사실이 명시되어 있다.

130) Bureau of Conveyances, Book 490, p. 482, Oct. 25, 1918.

131) "Korean Institute To Build School."

132) 우남이승만문서편찬위원회 편, 『우남이승만문서: 동문편』(이하 『우남문서』), 제12권, 연세대 현대한국학연구소, 1998, 12-16, 19-20쪽에 남학생기숙사 건축에 관한 여러 문서가 포함되어 있다.

하고 넓은 평지가 없어 이곳에 학교 시설을 더 확장할 수 없었다. 그리하여 9.5 에이커의 레아히농장 부지에 $20,000을 들여 남학생기숙사, 여학생기숙사, 교사 등 건물 세 채와 세탁 설비 등을 지을 계획으로 Ripley and Davis 건축설계회사에 맡겨 설계도를 준비케 하였다. 여학생기숙사와 교사 건물은 한인여학원이 맡아서 짓고, 남학생기숙사는 국민회에서 짓기로 계획하였다.[133] 그러나 이 계획도 실행되지 못하였다. 이에 이승만은 와이알레아(Waialae) 애배뉴 3320번지 구 알리이올라니 학교(Aliiolani College: 당시 'College'는 고등학교를 지칭)를 임대하고,[134] 이곳에서 9월 학기부터 개교하였다. 국민회는 이곳에서 1919년 4월 12일에 '독립경축일' 기념식을 거행했다. (제10장 〈국민회의 정치활동〉 참조). 한인기독학원은 이승만 개인이 설립한 교육기관이 아니라 국민회 내지 한인 전체가 설립한 교육기관이었다.

이승만은 1922년 9월경에 레아히 농장부지를 $11,600에 팔고, 칼리히(Kalihi) 지역에 36.53 에이커의 땅을 $15,000에 구입하였다. 1923년 7월 15일부터 이곳에 학교 건축을 시작하여 두 달 후인 9월 19일에 한인기독학원 교사와 남녀기숙사 낙성식을 거행하였다. 낙성식에는 700여 명의 한인들이 참석하여, 한인기독학원이 자체 교사를 갖게 된 것을 축하하였

---

133) "Korean Institute To Build School." 한편『신한민보』에 실린 이승만의 글을 보면 남학생 기숙사 건축을 위하여 1917~1918년도 국민회 회장 안현경이 '충성스럽게' 일을 추진하였음이 잘 나와 있다.『신한민보』, "이박사의 선언," 1918년 3월 14일.

134) 민근호, "하와이 한인이민 50주년 기념사,"『태평양주보』, 1953년 11월 20일. 현 Aliiolani 초등학교 부지. Aliiolani College는 사립 남학생 기숙고등학교로 폐교된 상태였다. 그래서 한인기독학원 사진에 Aliiolani 간판이 붙어있다. 임대료는 한 달에 $60이었다. 이승만이 건물주로 추정되는 Mrs. Mary E. Foster에게 보낸 편지, Oct. 16, 1918. 김원용이『재미한인오십년사』244쪽에서 이 학교부지를 매입한 것으로 기록한 것은 오류이다.

다. 한인기독학원의 새 교사가 건축되기까지 하와이 한인들은 이승만의 교육활동을 성심껏 지원하였다. 한인여학원 부지 매입, 한인여학원 교사 건축, 한인기독학원 칼리히 부지 매입, 그리고 새 교사 건축 등 모든 사업이 한인들의 성원과 한인여학원에 양도되었던 에마기지를 포함한 국민회의 교육기금으로 이루어졌다. 이승만은 이런 사실들을 잊지 않았다.

이승만은 1953년에 한인기독학원의 부지를 판매한 기금으로 "대학교를 건설해서 인하대학[135]이라 하여 오래 전에 하와이 이민으로 들어간 동포들이 희생적 공헌으로 그 자녀들의 교육을 위해서 기독학원을 세웠던 그 역사를 영원히 기념케 함과 동시에 옛적에 감리교 목사 조지 히버 존스(George Heber Jones)가 인천에 있을 때에 이민을 열어 놓아 인천에서 배를 타고서 여러분이 하와이 갔던 것을 또 기념할 것이로대…"라고 하였다. 이승만이 하와이 한인의 성금, 즉 국민회의 교육기금으로 마련한 한인기독학원 부지의 판매금이 인하공과대학으로 이어진 것이다.

개인 주택단지로 개발된 한인기독학원 부지에는 Kula('학교'라는 뜻의 하와이말) Kolea('Korea'의 하와이말)라는 이름의 길이 있어 한인학교가 있었음을 기념하고 있다. 이 길 이름은 개발업자가 한인학교가 있었음을 기념하여 부친 것이다. 한인기독학원 교사 자리에는 칼리히초등학교가 있는데, 주소가 2471 Kula Kolea Drive이다.

이상이 1914년에 에마기지 양도를 둘러싸고 국민회 소유지를 사유화한다는 오해와 비난을 받았던 이승만의 교육활동의 행적이다. 이승만은 국민회의 교육사업 책임자로 교육사업을 이끌어 가면서 많은 오해를 받았다. 이런 오해에 대하여 이승만은 1916년 12월에 아래와 같이 그의 심정을 토로하였다.

---

135) 처음에는 한하(한국과 하와이의 첫 글자)대학이라 하였다가, 곧 이어 인하(인천과 하와이의 첫 글자)대학으로 이름을 바꾸었다. 『태평양주보』, "기독학원 찬성회 모임에 광고하나이다," 1951년 8월 3일.

> 또 어떤 이들은 말하기를 이박사가 국민회를 헐고 학교를 이루려 한다 하는지라. 이 사람들은 무슨 증거를 가지고 이런 말을 하며, 무슨 이유로 이런 생각을 내는지 모르지만은 대저 이런 말하는 사람들의 언론대로 보건대 이박사란 사람은 헐어 없이 하는 것이 어찌 그리 많은고. 얼마 전에는 웨슬리홈을 헐더니, 국민군단을 헐더니, 미이미교회를 헐더니, 중앙학원을 헐더니 지금 국민회를 또 허는가.[136]

하와이 땅에서 한인의 교육을 주요 목적으로 삼았던 초기 국민회는 교육 일체를 이승만에게 맡겼고, 1918년 이후 교과서 출판 이외에는 다른 교육활동을 하지 않았다. 교육활동을 이끌어 갈 인재가 달리 없었다 해도 과언이 아니다. 교육자 이승만은 많은 오해에도 불구하고 한인여학원과 한인기독학원을 설립하였다. 물론 이 학교 설립에는 국민회를 통한 한인들의 지원이 바탕이 되었다. 그 후 이승만이 감리교를 떠나 1918년 12월 독립교파인 한인기독교회를 설립하고 또 1921년에는 자치단체인 동지회를 조직하면서, 국민회와 감리교인들의 협조와 성원이 줄었다. 대신 이승만은 주로 동지회와 한인기독교회 교인들, 그리고 백인 친지들의 성원으로 한인기독학원의 살림을 꾸려갈 수 있었다. 한인기독학원은 1947년까지 존속되었다가 인하공과대학으로 이어졌다.

---

136) 『호항 한인여학원 재정보단 제4호』, p. 42.

제 7 장
1915년과 1918년 소송 사건

이승만이 국민회의 교육을 전적으로 담당하여 여학생기숙사를 마련하고 한인여학원을 설립하는 등 국민교육을 위한 활동을 이끌어가면서 두 가지 부정적인 결과를 가져오게 되었다. 하나는 국민회 소유의 땅이 한인여학원으로 양도되면서 불거진 박용만 측의 오해였다. 다른 하나는 같은 해에 박용만이 대조선국민군단 병학교를 설립·운영하기 때문에 교육활동에 투입되어야 할 재정이 잘못 사용되었다는 이승만의 불만이었다. 이로써 교육위선(敎育爲先)을 주장한 이승만과 무력위선(武力爲先)[137]을 주장한 박용만의 갈등과 알력이 시작되었다. 국민회는 1914년 말부터 이승만을 지지하는 파와 반대하는 파로 나뉘어졌다.

1914년 12월 7일로 예정된 1915년도 총회장 선거가 이승만을 지지하는 대의원들의 항의로 무산되었다. 이유는 김종학 회장이 대의회가 천거한 후보자들을 임의로 교체한 것은 국민회의 자치규정을 위반했다는 것이었다. 호놀룰루 대의원 함삼여가 총회장의 권리남용을 규탄할 것을 발의했고, 여러 지방 대의원들은 정식투표를 거부하였다.[138] 따라서 김종학을 비롯한 임원 전원이 사퇴하였다.[139]

---

137) 교육위선과 무력위선이라는 비교 표현은 방선주가 사용한 것이다. 방선주, 「李承晩과 委任統治案」, 195쪽. 1918년까지 하와이에서의 이승만의 활동 핵심은 교육이었다.

138) 『신한민보』, "하와이지방총회 명년도 총선거의 실패," 1914년 12월 24일.

139) 『신한민보』, "하와이총회 임원의 총사임," 1914년 12월 24일.

1915년 1월 15일에 열린 대의회에서 1914년도 회관 건축비 보고서를 조사하면서 수전위원 박상하와 재무 홍인표의 재정범용이 발견되었다. 박상하와 홍인표가 잘못을 인정하고 일정 기한 내에 환납하기로 함으로써 대의원들은 박상하와 홍인표를 용서하기로 하였다. 그렇지 않아도 국민회의 재정이 군인양성에 사용되어 온 것을 못마땅하게 여기고 있던 이승만은 총회관 건축 관련 재정 남용과 범용을 용서할 수 없었다. 더구나 1915년 2월 1일에 열린 새 해 임원 선거에서 1915년도 총회장에 김종학(Kim Chong Hak)이 재선되었다.[140] 김원용에 의하면, 불의를 참을 수 없었던 이승만이 그의 심정을 1915년 2월호 『태평양잡지』에 아래와 같이 발표하였다.[141]

> 국민회 당국이 대의회 입안을 준행하지 않고 몇 사람의 마음대로 하는데 지나간 2년 동안의 재정 출납을 보면, 쓰라는 것은 쓰지 않았고 쓰지 말라는 것을 쓴 것이 많았고, 문부가 분명하지 못하여 대의회에 문제가 일어나면 '묵허이니 용서이니' 하는 언사로 흐지부지하여 타협하니, 일을 이렇게

140) 부회장에 심홍근(Shim Hong Keun), 총무(manager)에 박원결(Park Won Kul), 서기 겸 회계에 한재명(Han Chai Myong), 감사(critic)에 황성모(Whang Sung Mo), 구제부 부장에 하일정(Ha Ell Chung)이 선출되었다. "Petition for Quo Warranto," Honolulu First Circuit Court에 접수시킨 고소장, June 29, 1915, 『대한인국민회와 이승만(1915~36년간 하와이 법정자료)』(이하 『법정자료』), 국사편찬위원회, 1999, 5쪽. 신홍균의 이름이 심홍근으로 잘못 기록되었다.

141) 김원용, 『재미한인오십년사』, "(이승만) 성명서," 141쪽. 이 글이 기재되었다는 『태평양잡지』, 제2권 제5호와 제6호(1915년 2월호와 3월호)는 현존하지 않는다. 그러나 샌프란시스코 북미지방총회 회장이며 『신한민보』 주필 이대위는 4월 1일부터 계속하여 하와이지방총회와 이승만의 행보 및 그의 글에 관하여 『신한민보』에 논설과 기사를 실었다. 이대위가 『태평양잡지』 2월호와 3월호의 기사를 언급한 것에 비추어, 이승만의 글이 실렸음은 사실인 것 같다.

할진댄 각 지방에서 대의원을 파송할 필요가 없는 것이다.

김원용은 계속하여 이승만이 다음과 같은 4가지 '해결방안'을 제시하였다고 인용하였다.[142)]

1) 국민회 회원 다수의 공의를 따른 것이 당연한 일인즉 무슨 관계로든지 우리의 일을 반대하는 개인은 국민회를 반대하는 것으로 인정할 것.
2) 금년에 일이 중대하여 나의 주견을 버리고 동포들이 세워주는 공동 규모를 준행하고자 하는데 호항(湖港)에 대의회를 열게 할 필요가 없으니 방법을 달리하되 이곳저곳의 지방마다 모여서 문제를 공결하여 나에게 보내면 그것을 받아 가지고 다수 의사를 따라 일을 결정할 것.
3) 지나간 2년 동안에 국민회가 의무금을 받아서 교육 사업에 쓰지 않고 소모하였으니 금년에는 무슨 재정이나 전부를 교육사업 책임자에게 보내어 교육사업을 성취할 것.
4) 나의 의견을 실행하면 국민회 사무와 『국민보』 발행을 계속할 수 없겠다는 말이 있으니 이는 나의 뜻을 아지 못하는 말이라. 금년의 의무금과 모든 공금을 교육 사업에 쓰라고 나에게 보내더라도 국민회의 필요한 경비와 임원들의 월급을 모른다고 하지 않을 것이며 이것이 국민회의 기초를 공고하게 하는 것이니 염려할 것이 아니라.

김원용이 정확히 전재(轉載)한 것이라면, 이 글은 이승만이 「대한인국민회 헌장」이나 「대한인국민회 하와이지방총회 자치규정」에 위배되는 방안을 제시한 것이다. 이승만은 국민회의 우선 사업인 교육을 책임지고 있었다. 그러나 그가 국민회 의무금과 모든 공금을 자신이 맡아서 책임지겠으며, 또 그렇게 하는 것이 국민회의 기초를 공고케 하는 것이라고 발표하였다면, 그의 교육위선 주의에 동조하는 사람들은 그의 성명서를

---

142) 김원용, 『재미한인오십년사』, "(이승만) 성명서," 142-143쪽.

통쾌한 것으로 받아들였을 것이다. 하지만 이승만을 지지하지 않는 사람들은 이 성명서를 이승만의 독선과 오만의 표현이라고 받아들였을 것이다.

국민회는 1915년 5월 1일에 특별 대의회를 소집하였다. 76개 지방 중 31개 지방 대의원만이 참석하여 정원수 미달이었으나 회의는 진행되었다. 대의원 중의 이승만 반대파와 이승만 지지파 사이에 분쟁이 일어나면서 의장이 정회를 선포하고 퇴장하였다. 지지파는 그대로 남아서 회의를 진행하고, 정인수를 임시 총회장으로 선출하였다. 5월 14일에 임시 총회장 정인수는 김종학을 공금 $1,345.60을 횡령하였다고 고소하여 김종학이 체포되었다. 이 사건을 보도한 *Star-Bulletin* 지는 호놀룰루 한인들은 공금횡령사건을 '국가적 체면의 손상(a national disgrace)'이라고 생각한다고 보도하였다.[143)]

김종학 소송사건이 진행되고 있던 5월 31일에 임시 총회장 정인수는 새 회장단을 선출하려고 대의회를 소집하였다. 그러나 기존 임원 및 관계자 20여 명이 회의장에 난입하여 회의를 제대로 진행할 수 없었다. 6월 15일에 다시 국민회 임시 대의회를 소집하고 새 회장단을 선출하였다. 회장 홍한식(Hong Han Sik), 부회장 정인수(Chung In Soo), 총무 안현경(Ahn Heun Kyung), 구제부 부장 주영환(Choo Young Whan), 감사 이종후(Lee Chong Hoo)가 선출되었다.[144)] 새로 선출된 회장단은 이른바 이승만 측근들이었다. 이보다 4개월 앞서 2월에 선출되었던 김종학 회장단은 6월 30일에 지난 6월 15일 행해진 회장단 선출이 무효라고 홍한식 회장을 상대로 소송을 제기하였다.[145)]

---

143) "Graft Chargers Against Former Head Stirs Korean Association," *Star-Bulletin*, May, 15 1915, p. 5.

144) "Petition for Quo Warranto," p. 5.

145) 위의 고소장. 이 소송과 관련된 "김종학 대 홍한식 사건(1915.6.25)"의 법정

이 와중에 6월 6일 저녁에는 카우아이섬 케카하 대의원 이홍기가 호놀룰루에서 이승만 지지자들에 의해 심하게 맞는 사건이 일어났다.[146)] 이 사건으로 안현경(『태평양잡지』 주필), 고석주(한인중앙학교 교사), 홍한식(한인감리교회 목사)[147)] 등 19명이 호놀룰루 경찰에 체포되었다. *Advertiser*와 *Star-Bulletin*지는 국민회의 파쟁을 연일 보도함으로써 국민회의 파쟁은 전 하와이 사회의 큰 화젯거리가 되었다.[148)]

미주의 국민회 중앙총회 총회장 안창호가 하와이지방의 분규를 중재한다는 목적으로 8월 31일에 호놀룰루에 도착하였다. 안창호는 8월 25일에 하와이로 떠나기 전에 이승만에게 전보를 쳤다.[149)] 그러나 이승만은 안창호가 도착하기 3일 전인 8월 28일에 하와이섬의 힐로로 가고 없었다. 이승만은 1915년 초부터 한인여학원 개교를 위한 의연금 모금을 위해 아래와 같은 일정으로 여러 섬을 순방하는 중이었다.[150)] 이승만이 안창호를 피하려고 의도적으로 다른 섬으로 갔다고 해석할 수 있다.

자료가 『법정자료』, 1-10쪽에 실려 있다. 그런데 이 사건에 대한 해제(pp. i-iii)에 오류가 있고, 한어 번역이 정확하지 않다.

146) "Warrants out for Nineteen High Koreans," *Star-Bulletin,* June 7, 1915, p. 1.

147) 홍한식은 서울 정동교회 전도사로 1911년에 하와이로 와서 1913년까지 하와이섬의 감리교회에서 목회하였다. 그는 1914년부터 1916년까지 이승만과 함께 호놀룰루에서 감리교선교부가 발행한 『포와한인교보』의 주필이었다. 이덕희 편, 'Korean Ministerial Appointments To Hawaii Methodist Churches," 2001, www.korean-studies.info에서 볼 수 있다.

148) *Advertiser,* June 8, June 17, June 25, July 3, 1915; *Star-Bulletin,* May 15, May 18, June 7, June 8, June 16, June 17, June 25, July 20, July 30, 1915.

149) 『신한민보』, "재외 한인사회의 비운," 1915년 10월 14일.

150) *Log Book of S.R.*, 1915년분.

2월 3일~2월 11일 : 마우이섬(한인여자기숙사 사감 Starks 여사 동행)
3월 6일~3월 20일 : 하와이섬(Starks 동행)
3월 26일~4월 31일 : 카우아이섬(Starks 동행; 여학생 2명 데리고 옴)
8월 28일~9월 18일 : 하와이섬(여러 아이들을 데리고 옴)
9월 25일~10월 5일 : 카우아이섬
12월 8일~12월 23일 : 마우이섬

안창호는 하와이에 온지 2개월 된 시점에 드디어 이승만과 만날 수 있었다.[151] 이승만이 설립한 한인여학원 개원식이 1915년 10월 30일에 거행되었는데, 이승만은 하와이 감리교 선교부의 전, 현직 감리사 이외에 박용만과 안창호를 초청하고 그들에게 축사를 부탁하였다. 안창호는 "여자교육의 급무"라는 주제로, 박용만은 "조국에 대한 정신과 국어"라는 주제로 연설하였다.[152] 안창호는 4개월 동안 오아후섬의 와히아와와 에바 농장, 여자기숙사와 여러 한글학교, 그리고 마우이섬, 카우아이섬, 하와이섬에 있는 한인들의 정상을 둘러본 후 12월 22일에 돌아갔다. 이승만은 1916년 2월 22일에 안창호에게 아래와 같은 편지를 보냈다.

> 헤어진 후 날로 깊어가는 그리움에 이렇게 편지를 써서 순항을 바랍니다. 가시기 전에 하신 모든 일에 감사드립니다. 제가 날마다 뛰어다니면서 시간을 보내서 형께서 오셨을 때 제대로 돌보지 못했습니다. 형께서 양해하시기 바랍니다. 그리고 동포들의 소원대로 나라를 위하여 형께서 스스로 몸을 아끼시고 신중하시기 바랍니다. 때때로 가르침을 주시면 감사하겠습니다. 이에 편지 올립니다. 아우 이승만 올림.[153]

---

151) 방선주가 이승만이 안창호를 만나주지 않았다고 기술한 것은 오류이다. 방선주, 「박용만 평전」, 90쪽.

152) 손세일, 『이승만과 김구』, 1-2, 329쪽.

153) 독립기념관 소장자료, 자료번호 1-A00006-012.

하와이에서 잠깐 만난 이승만과 안창호의 관계가 어떠했는지 추측하기 쉽지 않다. 이 여행에서 안창호가 국민회 회장 홍한식 및 총무 안현경과 함께 찍은 사진과 또 다른 간부들과 함께 찍은 사진이 남아있다. 그런데

하와이를 방문한 안창호 (1918) / 왼쪽부터 안현경, 안창호, 홍한식

하와이를 방문한 안창호 (1918) / 앞줄 왼쪽부터 홍인표, 안창호, 정원명 / 뒷줄 왼쪽부터 안원규, 이내수, 성명 미상

김종학 총회장 (1914~1915)

이승만과도 사진을 찍었음을 보여주는 사진은 없다.

김종학 소송사건은 9월 중순에 김종학의 무죄로 판결이 내려졌고,[154] 홍한식 회장단에 대한 소송사건은 9월 29일에 김종학 회장단이 소송을 취하함으로써 일단락되었다. 그리하여 홍한식이 회장직을 계속 유지하다가 1916년에 재선되었다. 이 두 건의 소송사건은 국민회의 재정 문제와 조직의 지도권을 둘러싸고 벌어진 국민회 내부의 법적 분쟁이었다. 김원용은 이 사건을 '풍파'라고 하면서, 국민회를 장악하던 이승만의 책동에서 일어난 것이라고 기술하였다.[155]

1915~1916년간 홍한식 총회장에 이어 1917~1918년간에는 안현경이 총회장으로 선출되었다. 이승만은 겸임으로 서기와 재무를 맡았으나 실질적으로 안현경이 재정 관리를 하였다. 총회장 안현경은 1917년 1년 동안 한 번도 대의회를 열지 않았고, 1917년 6월 이후 재정 보고도 하지 않았다. 1918년 1월 15일에 열린 국민회 대의회에서 재정 문부를 조사하면서 $1,800의 오차를 발견하였고, 대의원 1/3이 이에 대한 해명을 요구하였다.[156] 이 액수에는 1917년 10월 29일 뉴욕에서 열릴 소약국동맹회에 박용만을 보내기 위하여 모금하고 남은 돈,[157] 회관 방세 $4, 국민회

---

154) 김종학은 법정판결을 기다리다가 9월 15일에 유서를 남기고 자살을 기도했으나 미수에 그쳤다. 『신한민보』, "재외 한인사회의 비운," 1915년 10월 14일.

155) 김원용, 『재미한인오십년사』, 146쪽.

156) 『신한민보』, "금년 하와이총회 대의회의 대풍파, 의원 유동면씨를 잡아 가두고, 하와이국민회의 분립을 창언," 1918년 3월 7일.

157) 소약국동맹회에 박용만을 보내기 위하여 모금한 돈에 관하여는, 이승만의

의무금,[158] 도미유학생을 위하여 본토에서 보내온 약 $400 등이 포함되어 있었는데, 이 모두를 안현경이 관리하였다. 재정문제를 토의하다가 안현경 지지파와 반대판 간에 난투가 벌어졌다.[159] 이에 총회장 안현경이 재정 문부조사를 강력하게 주장한 유동면·김성률·김한경·이찬숙[160] 등 4명을 지목하여 호놀룰루 경찰로 하여금 체포하게 하였다. 1918년 2월 17일에 고등법원 재판이 시작되고, 3월 8일에 4명 모두가 무죄판결을 받았다.[161]

---

*Log Book of S. R.*에서 볼 수 있다. 이승만이 1919년 1월 6일 파리강화회의에 참석하기 위하여 미주 본토로 가는 도중에, 1월 22일에 로스엔젤레스에서 안창호를 만나 $2,000에서 남은 $1,119.50을 전달했다고 기록하였다. 소약국동맹회의에 관하여 제13장 〈국민회의 정치활동〉 참조.

158) 박용만 등 국민보사 직원 4명이 내야 할 의무금은 그들의 월급에서 제하도록 되어 있었는데, 장부상으로는 이들이 의무금을 납부한 것으로 되어 있어 의혹이 일어났다. 『법정자료』, "Korean National Herald, No. 368, Feb. 13, 1918," 79쪽. 이 글은 『국민보』 기사를 번역한 것으로서 증거자료로 채택되었던 것이다. (당시 『국민보』는 결본). 이 글은 박용만의 국민회 의무금 납부(월급에서 제한 것)에 관한 유일한 기록이다. 박용만의 국민회 회원증이나 회원증 사진은 남아있지 않다.

159) "Meeting of Koreans Turned Into Riot," *Advertiser*, Feb. 16, 1918, p. 5. "Factional Row Splits Korean; Arrests Result," *Star-Bulletin*, Feb. 16, 1918, p. 1.

160) 『법정자료』, 37-75쪽에는 이창숙(Chang Sook Lee)으로 되어 있으나, 『신한민보』에는 이찬숙으로 나와 있어서 이찬숙이 맞는 이름임을 알 수 있다. 『신한민보』, "하와이연합회 공고서," 1918년 3월 21일.

161) 『법정자료』, 37-104쪽에 포함된 "하와이準州 대 유동면 등(1918.3.18)"은 1918년 소송사건에 관한 완전한 법정자료가 아닌 것 같으며, 특히 소송사건에 대한 해제(pp. iv-v) 자체와 한어 번역에 오류가 있다. 김원용은 『재미한인오십년사』, 151쪽에서 이승만이 이 소송사건에서 살인 미수범 증인으로서 박용만과 일본군함 출운호에 관하여 증언했다고 하였으나 이는 『법정자료』

第八四號

大韓人國民會荷哇伊地方總會義務金証書

五 地方 氏 圓

四二五一年度所納

建國紀元四二五一年二月四日 財務 리승만

이승만 재무 당시 국민회 의무금 증서 (1918)

재판이 진행되고 있는 동안 이승만은 『국민보』에 글을 기재하고,162) 안현경과 관련된 재정문제를 조목조목 해명하였다. 그러면서 자기가 안현경을 받드는 이유는 "안씨 만한 인격이 없어서 그러함도 아니며, 안씨의 하는 일이 다 옳아서 그러함도 아니며, 다만 5천 동포의 다수 투표로 공천을 얻어 피선되었으니, 공회를 존중히 하는 자 마땅히 그 지위를 높일 것이며"라고 설명하였다. 또한 그동안 자신이 박용만을 해하려 한다는 소문에 관하여도 언급하면서, 이런 근거 없는 소문은 박용만에게 도

에 포함되어 있지 않다. 일본 순양함 이즈모(出運)호에 관하여는 방선주, 「박용만 평전」, 103-104쪽 참조.

162) 『신한민보』, "하와이 대풍파 중 이박사의 선언," 1918년 3월 14일. 이른바 '이박사의 선언'은 무죄 판결이 있기 전에 『국민보』에 실렸던 것을 요약한 것이다. 『법정자료』, 79-80쪽에는 *Korean National Herald,* No. 368, 1918년 2월 13일자에 실린 '선동(Agitation)'이라는 기사의 영문 번역이 실려 있다. 또한 102-104쪽에는 *Korean National Herald,* 365호, 1918년 2월 6일자에 실렸던 "소약국동맹회와 재정(The League of Small Nationalities and Its Finance)"이라는 영문으로 번역된 기사가 포함되어 있다. 이 글은 소약국동맹회에 박용만을 보내기 위한 기금모집 과정과 결과, 잔여경비 액수와 관리 등에 관하여 설명한 것이다.

안현경 국민회 총회장
(1917~1918)

움이 되지 않는다고 하였다. 동시에 이승만은 박용만 측근들을 비판하면서, 박용만이 직접 이들과 관련이 없다고 하더라도 박용만이 그런 자들과 한덩어리가 되어 피차 떨어지지 못하는 것은 한인사회의 책망을 면치 못한다고 지적하였다.

한편 유동면 등이 체포됨에 따라 오아후섬의 여러 지방 대표들이 국민회 총회의 현상을 바로잡을 수 없음을 탄식하고 국민회에서 분립하여 '임시연합회'라는 조직을 결성하였다.[163] 임시연합회의 임원진은 김진호(회장)・이종홍(부회장)・유진영(총무)・차병수(서기)・송진은(재무), 위원 이내수・신홍균・한재명・남세윤・김석률・김현구・안영칠・김규섭 등이었다. 임시연합회는 유동면 등을 위하여 변호사를 기용하고 재판을 준비하였다. 또한 국민회 의무금은 은행에 적립하였다가 사태가 해결된 후에 총회로 보내기로 하였다. 그리고 이들은 『국민보』가 "국민회 기관지인 관계로 안현경을 옹호하고 공리를 죽이고 공론을 압박하기 때문에, 공리를 보호하고 공론을 유지하기 위하여" 『연합회공고서』를 간행하였다.[164]

『연합회공고서』에 박용만의 "시국소감"이라는 제목의 글이 기재되었는데,[165] 이승만이 한 일을 박용만이 신랄하게 질책한 내용이었다. 박용만의 "시국소감"은 『국민보』에 실린 이승만의 "선언"(2월 6일, 2월 13일)

163) 『신한민보』, "금년 하와이총회대의원회의 대풍파, 의원 유동면씨를 잡아 가두고, 하와이국민회의 분립을 창언," 1918년 3월 7일.

164) 『신한민보』, "하와이 연합회 공고서," 1918년 3월 7일.

165) 이 글이 앞에 언급한 김원용이 인용한 글이다. 『재미한인오십년사』, 152-154쪽에 "박용만 기서"의 전문이 실려 있다.

등의 글에 대한 답인 것 같다. 이 글로 한인사회가 '소란해졌으며'166) 이승만과 박용만의 관계는 돌이킬 수 없게 되었다. 이것이 1918년 소송사건의 결과였고, 이로써 1914년 말부터 표출되기 시작한 국민회 내부의 파쟁과 분열은 절정에 이르렀다.

이승만과 박용만의 관계가 이렇게 단절되었지만, 이승만은 1921년 정초에 상해에서 아래와 같은 내용의 편지를 박용만에게 보내면서 그와 화해하고 함께 일할 것을 제의했다.

우성(又醒) 현제(賢弟) 친전(親展)

내가 상해에 도착하면서부터 땅은 가까워졌으나 사람은 멀어졌다는 느낌을 잠시도 잊어본 적이 없었네. (중략) 생각건대 우리 두 사람의 옛날 정의(情誼)는 사실 어떠했으며 동포들이 우리 두 사람에게서 기대했던 바는 또 어떠했던가. 하물며 내지의 국민들이 우리 두 사람에게 무거운 소임을 맡겨주었으니, 어찌 손을 잡고 함께 나아가 충성을 극히 다하여 중인들의 두터운 소망에 보답하고 평소의 지극한 뜻을 이루지 않을 수 있겠는가? 그러나 만일 한번 문호를 달리 하고 각각 따로 기치를 세워 마침내 둘이 서로 화합할 수 없는 형세를 이룬다면 국가에나 일신으로나 도움됨이 없을 것일세. 간절히 바라건대 특별히 여러 번 생각을 더하여 한번 만나보세나.

민국 3년 1월 8일 우남(雩南) 우형(愚兄) 근(謹)167)

이승만과 박용만이 하와이에서 키워간 경쟁 및 애증의 관계는 1913년 이승만이 『태평양잡지』를 발간한 때부터 엿볼 수 있다. 1913년 가을 학기에 한인중앙학교의 교장으로 임명된 이승만은 자신이 감리교회 활동 전반에 관여하게 되면서 한인 감리교인들을 위해 출판하던 『포와한인교보』가 1911년부터 재정적으로 어려움을 겪고 있음을 알게 되었다. 이승

166) 김원용, 『재미한인오십년사』, 154쪽.

167) 『이승만 동문 서한집』 상, 38쪽.

만은 1905년 11월부터 출간되기 시작한 이 월간지를 계속한다는 취지에서 그 내용을 둘로 나누어 『포와한인교보』는 주일 성경공과를 위한 교회보로 발간하고, 이와 별도로 1913년 9월부터 주일공과 이외의 기사를 실은 『태평양잡지』를 발간하기 시작했다.[168] 박용만이 『국민보』의 발행인 겸 주필로서 이승만의 글도 실었지만, 이승만은 이에 만족하지 않고 자신이 주관하는 매체를 원했을 것이다. 『포와한인교보』가 바로 그 기회를 제공했고, 이승만은 『포와한인교보』(1914~1916년 주필 홍한식)와 『태평양잡지』를 같이 발간하였다.

더욱 흥미로운 것은 제8장 〈국민회와 박용만〉에서 알 수 있듯이, 박용만이 1918년 7월에 국민회를 떠나 칼리히연합회를 조직하고 연합회 회보를 발간하였을 때, 회보 제호를 『태평양시사(*The Pacific Times*)』라고 한 사실이다. 이번에는 박용만이 이승만의 『태평양잡지』와 경쟁하고자 한 것 같다. 물론 태평양 한 가운데 있는 하와이라는 섬에서 태평양이라는 이름을 쓴다는 것은 자연스러운 것이기도 하다.

박용만과 이승만의 관계, 그리고 하와이 한인사회와 이 두 지도자와의 관계는 어쩌면 1912년에 이미 하와이 한인들이 예측하였다고 할 수 있다. 박용만이 1912년 9월 30일에 이승만에게 보낸 편지를 보면, 하와이 한인들이 자신과 이승만을 하와이에 오라고 한다면서 아래와 같이 덧붙인 설명에서 엿볼 수 있다.

---

168) 『신한민보』(주필 이대위)의 사설, "재외 한인사회의 비운"에 국민회가 교과서 출판을 위하여 몇 천원(달러)의 기금을 모아 놓았던 것을 이승만이 월간 『태평양잡지』를 발간하면서 사용하고도 재정보고를 하지 않았다고 비판하였다. 제12장 〈국민회 재정〉에서 볼 수 있는 바와 같이 1913년까지 국민회가 교과서 출판을 위하여 몇 천 달러를 모금하여 놓았을 수가 없다. 국민회는 1911년 6월에 국민보사를 통하여 『초등국어 교과서』 상, 하 2권을 출판하였다. 제6장 〈국민회의 교육활동과 이승만〉의 각주 125)의 설명 즉 학교 설립을 위해 모금해 놓았던 기금이라는 것이 더 신빙성이 있다.

1) 저들도 모두 우리들이 왕복할 비용을 자신들이 담당해야 할 것을 알고 있기 때문에 의논한 바가 있었던 걸로 제(弟)는 알고 있습니다.
2) 저들은 다만 우리에게 4, 5개월의 시일만을 바랄 뿐 우리를 하와이섬에 오래 머물게 하고 싶어 하지는 않습니다. 그것은 저들도 이미 말하기를 소인(小人)은 군자(君子)가 멀리 떨어져 있을 때는 공경하지만 가까이 있으면 불손해진다. 그 때문에 누구누구라고 명성이 알려진 사람이 하와이에 오래 머물게 되면 하와이 사람의 무지와 몰이해로 장차 불공불손해 질 것이다. 그 때문에 명성이 알려진 사람을 한때 방문하게 한 뒤에는 다른 곳으로 돌아가게 하여 여론을 환기시키는 것이 낫다고 여기는 것입니다.
3) 저들의 말로는 이(李)·박(朴) 양씨가 비록 식견이 있고 지명도도 있는 사람이지만 지금과 같은 시기에는 그들 역시 오늘 일을 꾸면서 내일 성과를 거둘 도리가 없을 터라 하니 다만 한번 만나서 그 말이나 들어볼 뿐이라고 합니다.[169]

169) 『이승만 동문 서한집』 중, 294-295쪽.

제 8 장
국민회와 박용만

1912년 11월 8일부터 29일까지 샌프란시스코에서 열린 국민회 중앙총회 제1차 대표회의에 참가했던 하와이 대표 박상하가 하와이로 돌아올 때 박용만을 데리고 왔다. 둘은 샌프란시스코에서 국민회 장정 수정위원으로 함께 일하면서 가까워진 것 같다. 박상하는 『신한국보』 주필 이항우[170]가 1911년 12월 27일에 자살한[171] 후 이 신문의 주필로 있었는데, 자신이 『신한국보』의 영업부와 한인농상주식회사 일에 전념하기 위하여 박용만을 새 주필로 초빙한 것이다. 박용만의 하와이 도착은 *Advertiser*

170) 1910년 9월 27일부터 1911년 1월 3일까지 발행인 겸 편집인 노재호 이후 1913년 8월 13일 이전까지의 신문은 결본으로서 발행인과 편집인을 정확하게 알 수 없다. 그러나 1911년 5월 4일자 *Advertiser* 지의 기사, "Koreans Attack Mr. Wadman In Columns of Paper for Injudicious Statements"에서 주필 이름으로 B.(V의 오타) H. Nhee로 표기된 이항우가 나오고 있다. 또한 앞의 *Directory of Honolulu*, 1911에 V. H. Nhee, United Korean News, editor로 명기되어 있다. 이항우(Victor H. Nhee)는 런던에 체류하다가 1910년 4월 2일에 상항에 도착하여 『신한민보』 편집인으로 영문판을 출간하였다. 1911년 3월 15일에 호놀룰루로 와서 『신한국보』 편집인으로 있다가 12월 초에 사임하였다. 박원걸이 잠시 임시편집인이었다. 『신한민보』, 1911년 12월 18일.

171) "Korean Sues To Clear His Name," *Advertiser*, Jan. 30, 1912, p. 11. 이 기사에 이항우의 자살 날자가 나와 있지 않지만, 오아후묘지(Oahu Cemetery)에 있는 그의 무덤 비석에는 1885년 5월 5일에 태어나 1911년 12월 27일에 죽은 것으로 되어 있다. 방선주는 이항우의 자살 시기가 1912년이며, 승용환의 중상 때문이었다고 언급하였다. 「박용만 평전」, 89쪽.

지에 사진과 함께 『신한민보』 주필 경력, 또한 네브라스카주 헤이스팅스의 한인소년병학교 설립자로 소개되었다.[172)]

박상하 국민회 총회장 (1913)

박상하가 1913년 하와이지방 총회장으로 선출되고 「대한인국민회 하와이지방총회 자치규정」이 제정되자, 박용만은 정칠래·홍인표·박승준·박원걸과 함께 하와이정부에 국민회 법인 인가를 신청하여 6월 9일에 법인 관허를 받았다. 그 후 박상하는 박용만을 『신한국보』 주필 겸 발행인으로 임명하고 신문 발행에 관한 모든 권한을 주었다. 박용만은 1913년 7월부터[173)] 박종수·안원규 등과 군인양성사업을 추진할 것을 의논하고 준비하면서,[174)] 8월 13일부터 『신한국보』 제호를 『국민보』로 바꾸어 발행하였

---

172) "Talented Korean Editor," *Advertiser*, Dec. 6, 1912, 2nd Section p. 1.

173) 『국민보』, "산넘어 일에 대하여 알고자 하는 동포에게 설명," 1914년 2월 28일. 한편 Kingsley K. Lyu는 1913년 12월에 Nuuanu YMCA에서 이승만 등 제씨와 회의를 갖고 1914년 4월에 병학교(military academy)를 열기로 결정했다고 기록하였다. Lyu, "Korean Nationalist Activities in Hawaii and the Continental United States, 1900~1945, Part I: 1900~1919," p. 68. 그러나 Nuuanu YMCA는 1917년에 설립되었기 때문에 Lyu가 기술한 날자와 회의 장소 모두가 잘못된 것이다. 호놀룰루 YMCA 이사회가 1914년 1월에 한인 YMCA를 조직하고, 1914년 3월에 총무 최상호가 일본으로부터 도착하여 한인 YMCA 사무실을 『국민보』 편집실 옆방으로 정하고 활동을 시작하였다. Nuuanu YMCA는 1917년에 여러 곳에 흩어져 있던 여러 민족, 즉 일본인, 중국인, 한인 등의 YMCA를 한 곳으로 집결하려고 누아누 지역에 새 건물을 지으면서, 지명을 따서 Nuuanu YMCA라고 한 것이다. 한인 YMCA에 관하여, 이덕희, 『미주 한인 감리교 100년사』, 167-172쪽 참조.

174) 최영호는 박종수의 자필수기를 인용하여 대조선국민군단 조직이 박용만·박종수·안원규 세 사람의 합작품이라고 기술하였다. Young-ho Choe,

다.[175)]

박종수는 1910년부터 파인애플농장을 운영하던 리비회사(Libby & McNeill Ltd.)로부터 1913년 말경에 카할루우 지역에서 리비빌(Libbyville) 내의 400여 에이커의 파인애플 경작지를 5년 계약으로 도급받았고,[176)] 또한 카할루우 한인감리교회를 시작하였다.[177)] 1914년 2월 국민회 창립 5주년 기념행사에 카할루우 지방의 40여 명의 대한제국군인이 행진에 참여한 것으로 미루어 볼 때 이미 카할루우 지방에 대한제국군인들이 집결해 살고 있었던 것 같다. 박종수는 이들을 기반으로 교회를 시작하였고,

---

"Syngman Rhee in Hawaii, His Activities in the Early Years, 1913~1915," Yong-ho Choe (ed.) *From the Land of Hibiscus, Korean in Hawaii, 1903~1950*, University of Hawaii Press, 2007, p. 78.

175) 박용만은 제호 변경에 총회장 박상하와 총서기 홍인표의 승인을 받았음을 밝혔다. 앞의 "신한국보를 대신하여 국민보로 발행" 참조.

176) 『국민보』, "박, 안 양씨의 실업," 1913년 12월 3일(12월 13일은 오타이다. 밝혀진 영문 일자는 December 3으로 되어 있다). 이 기사는 박종수가 카할루의 파인애플농장 400여 에이커를 5년 계약으로 도급받았다고 했다. 한편 김원용이 『재미한인오십년사』, 345쪽에 "1,500 에이커의 파인애플 경작 도급"이라고 잘못 기록한 것을 윤병석은 그의 논문에 그대로 1,500 에이커라고 인용하고 있다. 윤병석, 「1910년대 미주지역에서의 조국독립운동」, 『국외 한인사회와 민족운동』, 415쪽. 한편 방선주는 「박용만 평전」, 80쪽에서 출처를 밝히지 않고 1,360 에이커의 크기라고 하였고, 그 후 여러 논문은 이 크기를 인용하고 있다. 1 에이커는 1,224평이며, 골프장의 평균 크기가 180 에이커인 것을 고려할 때, 파인애플 경작이 아직 기계화되지 않았던 1910년도에 400여 에이커라는 땅은 엄청난 크기이다. 더구나 1,500 에이커의 땅이라면 개인이 도급을 받을 수 있는 크기의 땅이 아니었다. 김원용은 960 에이커의 동지촌 땅 크기를 9,900 에이커라고 잘못 기록하기도 하였다. 『재미한인오십년사』 204쪽.

177) *Methodist Journal*, 1914, p. 18. 박종수는 1914년 2월 19-22일에 열린 감리교 연회에서 정식으로 카할루우 교회의 담임목사(전도사)로 파송받았다. 박종수는 1915년에 하와이섬의 파파알로아(Papaaloa) 교회로 옮겨갔다.

또 이들을 고용할 것을 생각하고 파인애플 경작지 계약을 맺었던 것이다. 그리하여 1914년 4월 12일부터 100여 명의 남자들이 파인애플 경작지에서 일을 시작함으로써[178] 대조선국민군단이 창립되었다.

대조선국민군단이 창립될 때에 이미 1910년에 군인양성에 열심이었고 호놀룰루에 양복점 등을 운영하여 경제적 여유가 있던 안원규가 군막사 건축비로 $1,200을 기증하였다.[179] 인근 와이아홀레(Waiahole) 지역에서 파인애플농장을 운영하던 이치경도 재정적으로 후원하였다. 와히아와에서 파인애플 자작농을 하던 임응전 · 한태경 · 한치운 등은 자기네 전장(田庄)을 기부하겠다고 하였는데, 카할루우와 거리가 멀어 결정을 내리지 못하였다.[180]

한편 카할루우 파인애플농장 지배인 맥팔레인(F. Walter Macfarlane)이 대조선국민군단 병학교 교사로 사용할 건물 수리에 필요한 목재와 물품을 선납해 주었다.[181] 기존의 건물을 수리 · 개조하여 막사로 사용하였다. 드디어 1914년 8월 29일에 국민군단 막사와 군문(軍門) 낙성식을 거행했는데, 국민군단 180여 명[182]이 500여 명의 군중 앞에서 사열식을 가지는 등 대성황을 이루었다. 이 병학교는 코올라우(Koolau)산 넘어 카할루우 지역에 있었기 때문에 '산넘어 병학교'로 불렸다.

대조선독립군단은 둔전병제(屯田兵制)를 채택하여 단원들이 군단에 기

---

178) 『국민보』, "산넘어 일을 시작," 1914년 4월 15일.

179) Young-ho Choe, "Syngman Rhee in Hawaii, His Activities in the Early Years, 1913-1915" 참조.

180) 『신한민보』, "산넘어 일의 발전," 1914년 5월 16일.

181) 『신한민보』, "산넘어 일의 발전," 이 글에 맥팔레인을 농장주라고 한 것은 오기이며, 그는 농장 지배인이었다.

182) 이 날 참석한 대조선국민군단 군인수는 이에 관한 글의 저자에 따라 103명부터 300여명까지 다양하다.

숙하면서 조를 편성하여 파인애플을 재배하고[183] 목총훈련과 학습을 하였다. 박용만도 1914년 낙성식 이후에 이곳에 들어와 산 것 같다. 그의 거주지가 1914년도 *Directory of Honolulu* 에는 푸우누이 2453번지로 나오며, 1915년에는 "카할루우, 리비빌 우편함"으로 되어있다.[184] 이 파인애플농장은 사유지인데, 미국 영토 하와이에서 어떻게 이와 같은 군사훈련이 공식적으로 가능했는가는 앞으로 연구되어야 할 과제이다.

하와이정부가 한인의 특수한 정치적 입장과 민족 활동을 고려하여 묵인해 주었을 것이라고 추측하기도 하지만,[185] 과장된 면이 있다. 반면에 하와이정부가 대조선국민군단의 활동을 적어도 초기에는 군사훈련으로 취급하지 않았을 수도 있다.[186] 왜냐하면 파인애플농장 노동자들의 숙소를 수리 혹은 개조하거나 새로 짓는 것은 문제가 될 수 없었고, 또한 농장 노동자들이 작물 재배 이후에 어떤 활동을 하는가도 문제가 될 수 없었을 것이다. 그렇기 때문에 하와이정부가 정치적 입장에서 묵인한 것이 아니라, 이 일을 군사훈련으로 간주하지 않았다고 보는 것이 더 적절한 것 같다.

---

183) 박용만은 파인애플 경작 사업과 시세에 관하여 1913년 12월 17일자 『국민보』 논설에 상세히 기술하였다. 그는 백인과 일본인 재배자의 관계를 소상히 밝히면서 파인애플이 모자라서 걱정이라고까지 하였다. 그리고 한인들도 파인애플 경작에 전진하라고 조언하였다.

184) *Directory of Honolulu*, 1915. 박용만의 새 주거지에 관해서는 손세일, 『이승만과 김구』, 1-2, 333쪽 참조. 그런데 손세일이 박용만이 카후쿠의 농장으로 갔다고 한 것은 오류이다.

185) 윤병석, 「1910년대 미주지역에서의 조국독립운동」, 415쪽.

186) 하와이령 주둔군 정보참모가 작성한 박용만의 신상조사서에 의하면, "박(용만)이 처음 주둔군의 주의를 끈 것은 1917년에서 1919년 사이의 일이며, 그 발단은 오아후섬 동남의 파인애플농장에서 고용한 노동자들에게 군사훈련을 실시하고 있었던 것을 저지하였음에서 비롯하였다"라고 되어 있다. 이로 미루어 국민군단 초창기에는 하와이정부의 주의를 받지 않았음을 알 수 있다. 방선주, 「박용만 평전」, 109쪽.

당시의 건축허가 기록과 하와이정부가 농장 노동자들의 활동에 대하여 어떠한 제제와 허가를 주었는지 조사해야 한다. 하지만 1914년 8월부터 1917년 말까지의 *Advertiser*지나 *Star-Bulletin*지 어디에도 대조선국민군단에 관한 기사가 없다는 사실에 유의할 필요가 있다. 박용만이 대조선국민군단의 활동이 기사화되는 것을 원하지 않아 영자신문 매체에 알리지 않았을 수도 있다. '군인' '군인양성' '군단' 등 단어가 민감하게 느껴졌을 수 있고, 또 그 사실을 인지하였을 수도 있다. 이를 증명하는 것이 위에 언급한 논설 "산넘어 일의 발전"이 실린 1914년 5월 16일자『국민보』기사 중 '군단' '군대' '군인' '군단장' 등의 단어는 모두 까맣게 지워져있다. (영인본만이 아니라, 하와이대학교 도서관에 소장되어 있는 원본

國民報

大韓建國紀元四千二百四十七年 五月十六日 (二)

西曆一千九百十四年 五月十六日 (2)

論說

산너머 일의 발뎐

『국민보』(1914년 5월 16일, p. 2)

자체가 지워진 것을 확인하였다.) 약 1년 동안 준비해 온 대조선국민군단에 관한 글에서 왜 갑자기 그런 단어들을 지워야 했는지는 앞으로 연구되어야 할 것이다. 한편 하와이에서 발행된 일본어 신문에는 대조선국민군단의 활동이 보고되었다.187)

대조선국민군단은 국민회 연무부 사업을 계승·확장하였기 때문에 국민회 연무부는 중단되었다. 그러나 대조선국민군단이 국민회 자체의 활동은 아니었다. 그러나 박용만이 아직 『국민보』 사장 겸 주필 자리를 유지하고 있었기 때문에 박용만, 국민회, 그리고 대조선국민군단의 관계는 뚜렷하게 구분되지 않았고, 또 구분 지을 필요도 없었을 것이다. 국민회 회원들도 대조선국민군단을 위한 성원을 아끼지 않았다.

박용만은 1912년 중앙총회의 「대한인국민회 헌장」 작성위원이었고 외교원이었다. 또한 『국민보』의 사장 겸 주필로서 국민회 활동에 관여했지만 하와이지방총회의 임원은 아니었다. 박용만은 1914년도 회장에 재선된 박상하가 갑작스럽게 사퇴한 후에도 새로 선출된 김종학 총회장의 측근으로서 국민회 활동에 관여하는 입장에 있었다. 그러다가 1915년 2월에 미주 본토 중앙총회의 부회장(총회장은 안창호)으로 선출되었다.

박상하와 김종학 회장의 측근으로서, 또 『국민보』의 사장 겸 주필로서 박용만이 국민회의 임원이 되려면 하와이지방총회보다는 중앙총회의 임원이 되는 것이 유리했을 것이다. 그러나 중앙총회의 부회장 직위는 하와이에서 별다른 위력을 발휘하지 못했다. 박용만의 네브라스카대학 학위와 그의 활동 경력과 위상은 박상하 및 김종학 국민회 회장보다 높았다. 그러나 박용만의 위상과 위력은 한인중앙학교 교장으로서 하와이 감리교단 내지 현지 사회에서 교육자로 알려졌고, 또 국민회의 교육활동 책임자로 확고한 위치를 차지한 프린스턴대학 박사 이승만을 대적하기에

187) 『국민보』, "일인의 신문상에 가할루 동포의 소식," 1914년 4월 18일.

는 역부족이었다.

더구나 박용만은 하와이에서 교회 배경을 갖지 못한 약점이 있었다. 하와이에서는 국민회 뿐만 아니라 모든 지도자가 감리교, 성공회 혹은 자유교회 교인이었고, 그들의 활동에는 교인의 협조와 후원이 보장되어 있었다. 그러나 박용만은 예외였다. 박용만은 1905년 2월 19일에 샌프란시스코에 도착하여 새크라멘토(Sacramento)와 바카빌(Vacaville) 지역에서 전도사로 활동하고 있던 안정수를 몇 달 간 도왔다. 9월 8일부터 11일까지 샌프란시스코에서 열린 북감리교 연회(年會)에서는 안정수(C. S. Ahn), 박용만(Y. M. Park), 문경호(K. H. Moon)를 공식 전도사로 임명하였다.[188] 그 후 곧 박용만은 샌프란시스코를 떠났는데[189] 그가 어느 곳에 가던 교회에 출석하였다는 기록을 찾을 수 없다.

이승만이 1913년부터 1918년 12월 한인기독교회를 설립할 때까지 감리교회에 출석하고 감리교회 지도자로서 활약하는 동안에 박용만이 감리교회에 출석했다거나 감리교회와 관계를 유지했다는 기록은 없다. 단지 그는 1914년에 앞에서 언급한 것과 같이 호놀룰루 한인감리교회가 소유한 푸우누이 2453번지 집에 살았을 뿐이다. 또한 박상하는 감독교(성공회) 지도자였는데, 박용만이 성공회 교인이었다는 기록도 없다. 1914년과 1915년 초에 국민회 회장이었던 김종학은 감리교회에서 탈퇴하여 설립된 무교파 자유교회의 교인이었다.[190] 박용만이 1919년 3월 3일에 대

188) *Official Journal of the Sixth Annual Session of the Pacific Japanese Mission of the Methodist Episcopal Church*, 1905, pp. 19-20, 27.

189) *Official Journal of the Seventh Annual Session of the Pacific Japanese Mission of the Methodist Episcopal Church*, 1906, p. 20.

190) 방선주가 「박용만 평전」, 83쪽에서 김종학이 다닌 자유교회가 장로교 일파라고 한 것은 오류이다. 자유교회는 1909년 3월에 감리교 목회자 신홍균(후에 그의 딸 매리 신이 이원순과 결혼하였다)이 감리교에서 탈퇴하여 설립한 무교파 교회였다. 하와이에 장로교 교파가 들어온 것은 1957년이고, 한인의

조선독립단 발단식을 이 자유교회(펀치보울 스트리트 1300번지)에서 가졌으나,[191] 김종학과 함께 이 교회에 출석했다는 기록도 없다. 그가 기독교 신앙을 가졌었는지, 또는 그가 주장한 무력위선 노선과 기독교 신앙 여부와는 어떤 관계가 있었는지는 앞으로 별도로 연구되어야 할 과제인지도 모른다.

1915년 10월 초에 박용만은『국민보』주필직을 사임하였다. 아마도 그는 에마기지가 한인여학원에 양도된 것과 또 9월에 결말이 난 소송사건 등의 복잡한 상황을 떠나 대조선국민군단에 전념하려 한 것 같다. 따라서『국민보』는 정간되었다가 박용만이 다시 주필로 복귀함에 따라 1916년 7월 2일부터 속간되었다.

그러나 1916년 10월 리비회사와 체결한 '산넘어 병학교' 군단 기지에 대한 경작계약 기간이 만기되고,[192] 리비회사가 그 곳의 토질이 좋지 않

장로교회는 1970년대 이후에 설립되었다. 신홍균은 1915년 초에 국민회의 김종학 회장과 함께 부회장으로 당선되었다.

191) 김원용,『재미한인오십년사』, 187쪽.

192) 김원용,『재미한인오십년사』, 348쪽. 그러나 앞에 인용한 "박, 안 양씨의 실업"이라는 기사(1913.12)에 박종수가 5년 계약을 했다고 했는데, 1916년 10월에 계약이 완료되었다는 것은 이상하다. 리비회사가 현존하지 않기 때문에 계약 기록을 확인할 수 없지만, 토질이 좋지 않아 농사를 폐지하면서 계약을 단축했을 가능성이 있다. 한편, 방선주의 주장대로 미국정부의 압력을 받은 리비회사가 취한 조치일 수도 있다. 방선주는 하와이영토 주둔군 정보참모가 작성한 박용만의 신상조사 보고서를 해석하여 "1915년 일본공관이 박용만에 대하여 항의한 사건이 결국 하와이 정보당국이 그를 주목하게 만든 계기가 된 것이고, 농장주에 압력을 넣어 계약연장을 허락하지 않아 병학교를 말라죽게 만든 것"이라고 기록하였다. 방선주,『박용만 평전』, 110쪽. 하와이 고문서 도서관에는 E. T. W. (Department of the Interior 직원 같음)가 Secretary of the Department of the Interior에게 보낸 국민회 그리고 박용만과 대조선국민군단에 관한 보고문(2장), Acting Secretary of the

아 농사를 포기하면서 대조선국민군단은 다른 곳으로 옮겨가야만 했다. 대조선국민군단은 점차 쇠퇴하여 1917년경에 해체되었다.[193] 대조선국민군단이 해체된 이유는 복합적이다. 이승만의 질투설, 국민군단 내의 장교들에 대한 병사들의 질투설, 지도부의 군단재정 범용설 등이 있고,[194] 미국정부 FBI(Federal Bureau of Investigation)의 개입설도 있다.[195] 또한 신문사 주필과 군단장직을 겸했던 박용만의 지도력 한계도 작용했다고 볼 수 있다.[196] 위에서 언급한 것과 같이 박용만을 정신적으로나 재정적으로 지지하여 줄 교회 기반이 없었던 것도 한 가지 이유일 수 있다.

박용만은 1917년 10월 17일에 뉴욕으로 떠났다. 이승만이 그를 1917년 10월 29일 뉴욕에서 열린 소약·속국동맹(The League of Small and Subject Nationalities; 한인들은 소약국동맹회라고 불렀다)회의에 한인사회의 대표로 참석토록 하였기 때문이다. (제10장 〈국민회의 정치활동〉 참조. 박용만과 사이가 껄끄럽기는 했지만, 이승만이 박용만의 자질을 인정하고 있었던 것이다. 이때가 아마도 대조선국민군단이 해체된 직후

Department of the Interior가 하와이 지사(L. E. Pinkham)에게 보낸 서한 등이 소장되어 있다. 보고문은 일본대사관의 Secretary of the Japanese Embassy Matsuoka가 전한 내용을 보고한 것이다. 일본정부는 '일본 지배를 전복하고 한국의 독립을 회복하려고 조직된 국민회(Ta Han Kuo Ming Tang, or Korean Nationalist Society라고 잘못 기재됨)와 국민회의 박용만이 조직한 200명의 군사학교에 우려를 표명한다는 것이다. 이 보고문에 실린 내용이 정확한 것은 아니지만, 미국정부의 태도가 "일본 국민으로 하여금 미국이 일본에 적개심을 가지고 있다는 것을 믿게 한다"라는 협박조인 글이다.

193) 김원용, 『재미한인오십년사』, 348쪽.

194) Kingsley K. Lyu, 앞의 논문, pp. 69-70. 여러 가지 설이 있다고 기술하였지만 구체적으로 어떤 것인지는 밝히지 않았다.

195) 방선주, 「박용만 평전」, 88-89쪽.

196) 유영익, 『이승만의 삶과 꿈－대통령이 되기까지』, 중앙일보사, 1996, 132쪽.

이거나, 해체 바로 직전이었을 것이다.

박용만은 유동면 등에 대해 무죄판결이 내려진 4개월 후인 1918년 7월에 김현구(Henry Cu Kim) · 이내수 · 정두옥 등 26명의 발기인과 함께 칼리히연합회를 조직하였다.[197] 이 칼리히연합회는 유동면 등의 체포와 재판 기간(1918년 2~3월)에 임시로 조직되었던 임시연합회를 계승한 것이다. 임시연합회의 부회장이었던 이종홍이 칼리히연합회의 회장이 되었다. "국민회의 풍파로 인하여 파손된 동포의 화목을 증진하기 위하여 국민회가 정돈될 때까지 임시적으로 존재할 것"이라면서 "국민회 당국과 간격이 막혀서 원망하며 활동이 없이 있느니보다 사회부흥 사업에 노력할 것"이라고 창립 이유를 밝혔다. 또한 "『국민보』는 우리의 신문이나 지금 이승만을 두호하여 공리를 죽이며 공론을 멸시하고 있으니 본회를 존속할 때까지는 연합회보를 발행하여 공리를 밝힐 것"[198]이라고 하면서 1918년 11월 28일에 연합회의 회보로서 주 2회의 『태평양시사(*The Pacific Times*)』를 창간하였다. (『태평양시사』는 아직까지 1부도 찾지 못했다. 1919년도 *Directory of Honolulu*에 『태평양시사』 사무실은 칼리히 지역이 아닌 59 N. Kukui Street으로 되어 있다.

칼리히연합회는 미주의 모든 단체가 통합하여 조직한 국민회 이외에 별도로 조직된 첫 단체이다. 1913년에 박상하 등이 기초위원이 되어 제정한 「대한인국민회 하와이지방총회 자치규정」 제2장 제50조 총회장의 권리 중 하나가 '각 사회의 단체조직을 하는 것을 의회에 물어 인허하는 권리'라고 하여, 국민회 이외의 단체조직은 국민회의 허락을 받도록 되어 있었다. 물론 칼리히연합회는 국민회 총회장 안현경의 허락을 받지 않고 조직되었다.

---

197) 김원용, 『재미한인오십년사』, 156쪽. 왜 칼리히(Kalihi: "가장자리 edge"라는 뜻의 하와이 말)라는 지역 이름을 사용했는지 이유를 찾지 못했다.

198) 김원용이 인용한 "연합회 발기문," 『재미한인오십년사』, 156쪽.

국민회 중앙총회장 안창호는 국민회를 수호할 명목으로 조직된 연합회가 사실은 국민회를 파괴한다며 연합회의 해산을 촉구했다. 『신한민보』 1918년 11월 7일자 제2면에는 안창호가 하와이에 보낸 공문에 관한 기사와 함께 안창호가 칼리히연합회 중앙회장 이종홍 앞으로 보낸 아래의 권고문이 기재되었다.

> 하와이 국민회 풍파는 연래 천지가 진동하는 형세를 계속하더니, 특히 작년에 이르러는 구타와 송사를 못할 일이 없이 다하고, 종판에는 연합회를 분립하여 10여년 통일의 판국을 찢어 놓았으니, 화! 진실로 참혹하도다. 슬프다.…서로 가라대 '헌장을 보호하며 국민회를 유지라' 하니 그 의기가 진실로 느낄만 하도다. 그러나 총회장국은 의회를 멸시하여 헌장을 파괴하였고, 연합회 제공은 한 깃대를 따로 세워 국민회 단결체를 분열하였으니, 알지 못게라. 이러한 거동이 무슨 헌장에 빙거하였느뇨.…총히 말하면, 하와이총회는 하나는 가하고 둘은 불가한지라. 다음 의회를 소집하기 전에 먼저 연합회를 해산하여 하와이 총회의 온전한 구슬을 진중히 보호하여 가지고, 그러한 연후에 나아가 당국자의 불법을 탄핵함이 곧 국민회 회원 된 제공의 의부요 천직이라 하노라.[199]

안창호의 권고는 받아들여지지 않았다. 그리고 6개월 후인 1919년 3월 3일에 박용만은 칼리히연합회를 확장하여 대조선독립단을 창설하고 발단식을 자유교회에서 가졌다.[200] 그리고 『태평양시사』를 기관지로 만들었다. 이로써 박용만은 국민회가 조직된 이후 처음으로 한인사회에 국

199) 『신한민보』, "연합회 당국에 권고한 글," 1918년 11월 7일.

200) 김원용, 『재미한인오십년사』, 187쪽. 자유교회(영문 이름은 Korean Christian Church임. 1918년에 설립되어 현존하는 한인기독교회[Korean Christian Church]와는 다른 교회임)의 목사는 H. K. Shin(신홍균)이며, 1918년도 *Directory of Honolulu*에 주소가 1300 Punchbowl 로 기록되어 있다.

민회가 아닌 다른 단체를 조직한, 더구나 「대한인국민회 하와이지방총회 자치규정」에 위반하여 국민회의 허락을 받지 않고 단체를 조직한 장본인이 되었다. 이로써 1912년 말부터 6년 반 동안 박용만이 하와이 국민회와 유지해온 관계도 단절되었다.

제 9 장
국민회와 대한인교민단

1909년 2월에 조직된 국민회는 그동안 한인교포들뿐만 아니라 하와이 현지인들에게도 하와이의 한인 사회를 대표하는 기구로 대우를 받아 왔다. 특히 한인들에게 교육은 소중한 과제였기 때문에 국민회는 교육 장려를 주요 목적으로 삼았다. 그리고 국민회는 실질적으로 교육에 많은 투자를 하였다. 그렇기 때문에 하와이 한인들은 국민회를 조국을 대신하는 정부이자 장래를 보장해 주는 소중한 기관으로 여기고 이를 아껴왔다.[201]

그런데 하와이, 북미, 멕시코, 시베리아, 만주 5개 지역 지방총회를 통합·조정하던 국민회 중앙총회의 위상은 1914년 6월 제1차 세계대전이 일어난 뒤 시베리아와 만주 지방총회와의 연락이 끊기면서 추락하기 시작했다. 그리고 1915년 6월부터 이른바 이승만 지지파들이 득세한 하와이지방총회도 중앙총회의 관할에서 벗어나려는 움직임을 보이기 시작했다. 하와이지방총회 총회장에 선출된 후에 홍한식은 1915년도 예산을 수정하여 중앙총회에 납부하기로 한 $2,000 예산을 삭감하였다. (제12장 〈국민회 재정〉 참조). 그러나 하와이지방총회가 분쟁에 휩싸였을 때 중앙총회장 안창호가 중재를 목적으로 1915년 8월 31일부터 12월 22일 사

201) 하와이 한인들이 국민회를 어떻게 받들어 왔는가는 1920년도 국민회 총회장 이종관이 1921년 2월 9일에 발표한 『우남이승만문서 : 동문편』 12, 「僑民團代表會 召集佈告書」, 554쪽.

이에 하와이를 방문한 사실, 또 칼리히연합회가 조직되었을 때 안창호가 1918년 11월 초에 공문을 보낸 사실 등으로 미루어 중앙총회가 아직까지 하와이지방총회에 관여하고 있었음을 알 수 있다. 그 후 국민회 중앙총회는 상해임정이 애국금수합위원제를 폐지하고 공채표 발행에 따르는 전권을 구미위원부에 일임함에 따라 존속할 명분이 없어졌다. 드디어 중앙총회장 윤병구는 1920년 7월 5일부터 중앙총회 사무를 정지하였고,[202] 1921년 2월 14일에 중앙총회는 폐지되었다.

국민회 중앙총회의 사무가 정지된 상황에서 하와이 국민회는 상해임정으로부터 1920년 10월 7일자 내무부령(내무총장 이동녕) 제4호「임시교민단제」에 의거하여 대한인 하와이교민단(이하 교민단)을 조직하라는 특전(特電)을 받았다.[203] 내무부령 제4호「임시교민단제」 제1조는 "외국에 교거(僑居)하는 민국 인민의 청원 우(又)는 상태에 의하야 내무총장이 광복사업에 필요로 인(認)할 시는 일정한 구역 내에 교거하는 민국 인민으로 조직하는 교민단(僑民團)을 치(置)함"이라고 명시하고 있다. 따라서 하와이뿐만 아니라 해외 각지에 거주하는 모든 한인을 상대로 교민단을 설치한다는 법령이 내려졌음을 알 수 있다.

상해임정의 조치에 대해 하와이 국민회 대의원들은 주저하였다. 그러다가 1921년 2월 9일에 1921년도 하와이 국민회총회장으로 새로 선출된 안현경과 부회장 김성기가 사임서를 제출하고, 1920년도 국민회 총회장이었던 이종관이 임시 교민단장으로 시무하게 되었다.[204] 한 달 후인 1921년 3월 3일에 개최된 (국민회) 의사회 (대의회)에서 한인기독교회

---

202) 국민회중앙총회 사무 정지와 1921년 2월 14일 사무소 폐지에 관하여는, 고정휴,『1920년대 이후 미주·유럽지역의 독립운동』, 독립기념관 한국독립운동사연구소, 2009, 68-71쪽 참조.

203) 국가보훈처 편,『미주한인 민족운동자료』, 1999, 465-470쪽.

204)『우남이승만문서: 동문편』12,「僑民團代表會 召集佈告書」.

목사이며, 한인기독학원 교장인 민찬호를 초대 단장으로, 그리고 1910년도 국민회 총회장이었고, 제일한인감리교회 교인이며 사업가인 안원규를 부단장으로 선출함으로써 교민단 조직이 완료되었다.

고정휴 교수는 내무부령 제4호 「임시교민단제」가 발포되었을 때 상해에서 대통령직을 수행하고 있던 이승만이 하와이 국민회를 미주 본토의 국민회로부터 분리시켜 장악하려는 의도에서 교민단 제도를 만들었다고 해석하였다.[205] 이승만이 상해로 가기 위해 호놀룰루를 출발한 것은 내무부령 제4호가 하와이에 도착한 후인 1920년 11월 6일이었다. 이승만은 12월 5일 상해에 도착하여[206] 1921년 1월 1일 신년축하식을 계기로 임시대통령 공무를 정식으로 집행하기 시작했다.[207] 앞서 밝혔듯이, 김원용은 1915년에 홍한식이 총회장으로 선출되었을 때, 이미 이승만이 국민회를 장악하였다고 기록했었다. 그리고 1915년 소송사건 후 원래 2,300명이던 국민회 회원수가 740명으로 줄고 그들이 낸 의무금이 $10,000 이상에서 1/3로 줄어든 형편이었다.[208] 그런데 1920년에 이승만이 국민회를 다시 '장악'하려는 의도에서 이동녕과 교민단제를 구상하여 하와이 국민회를 교민단으로 개편했다고 해석하기에는 무리가 있다. 대신 이승만이 하와이 한인 인구가 미주 본토의 한인 인구보다 훨씬 많다는 점을 고려하여 그런 하와이를 확실하게 관리할 목적으로 국민회라는 이름이 아닌 다른 기관 내지 제도를 원했을 수는 있다.

1920년도 미국 인구조사에 의하면, 하와이에는 4,950명의 한인이 있었던 반면, 미주 대륙에는 1,224명의 한인이 29개 주에 흩어져 있었다. 총

---

205) 고정휴, 『이승만과 한국독립운동』, 188쪽.

206) *Log Book of S. R.* 1920년 12월 5일.

207) 유영익, 『이승만의 삶과 꿈』, 154쪽.

208) 김원용, 『재미한인오십년사』, 138, 148쪽. 1915년부터 1937년까지 재정관련 자료 부족으로 정확한 액수는 알 수 없다. 〈제12장 국민회 재정〉 참조.

임시 교민단 단장 이종관(1920)

교민단 단장 민찬호(1921~1922)

미주한인 6,174명의 80%가 하와이에 살고 있었던 것이다. 다음으로 한인 인구가 가장 많은 곳은 캘리포니아주로서 755명이 샌프란시스코, 리들리(Reedley), 로스앤젤레스 지역에 살고 있었다. 참고로 1920년 11월에 상해임정의 내무부령에 의하여 하와이 대한인 인구조사를 실시했는데, 그때 전영택이 기입한 조사표가 남아 있다. 그의 조사표에 '제8권 26호'라고 적혀 있는 것으로 보아, 조사표를 분류하여 모아 놓았던 것 같다. 기입 사항은 1911년에 국민회가 실시한 인구조사표의 사항과 유사하며, 신장 · 체중 · 연무(鍊武) · 신앙 등 사항이 추가로 기재되었다. 불행하게도 통합 보고서나 집계표가 남아 있지 않다.

1920년 10월 7일자로 「대한인 하와이교민단 자치규정」(총 11장 95조)이 발표되었는데(부록 5), 이 규정을 누가 작성했는지 알 수는 없다. 이에 의하면, 교민단의 목적은 "조국의 독립광복에 전력하며 교육을 장려하고 실업을 발전하며 동포의 영예를 증진케 함"이었다. 이것은 1913년 2월 1일에 작성된 「대한인국민회 하와이지방총회 자치규정」에 제시된 목적과 대동소이하다. 한 가지 특이한 것은 제9장 제81조에 교민단은 "다만 광복사업에 전력하기 위하여…본 단 외에 정치적 단체를 불허함"이라고 명시하여 교민단이 하와이 한인들의 광복사업을 관리하는 정치단체임을 밝힌 것이다.

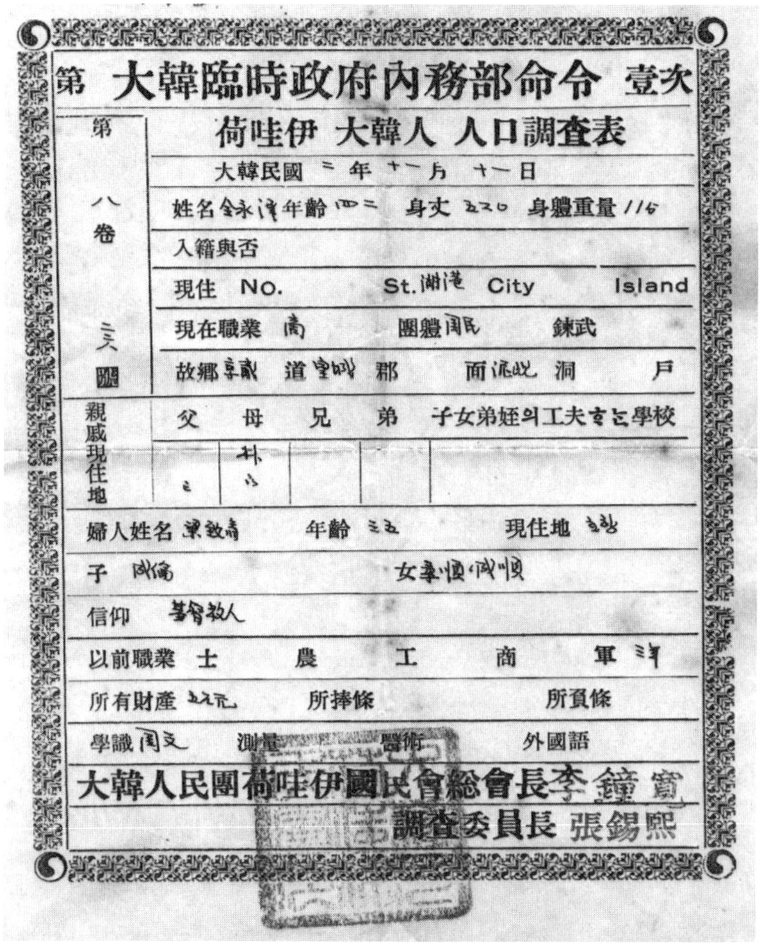

第 大韓臨時政府內務部命令 壹次

第 八卷 號

荷哇伊 大韓人 人口調査表

大韓民國 二年 十一月 十一日

姓名 年齡 四二 身丈 身體重量

入籍與否

現住 No. St. City Island

現在職業 商 團體 國民 鍊武

故鄕 道 郡 面 洞 戶

親戚現住地 父 母 兄 弟 子女弟姪의工夫ᄒᆞᄂᆞᆫ學校

婦人姓名 年齡 現住地

子 女

信仰 基督教人

以前職業 士 農 工 商 軍

所有財產 所捧條 所負條

學識 國文 測量 醫術 外國語

大韓人民團荷哇伊國民會總會長 李鍾寬

調査委員長 張錫熙

『국민회』 인구조사표 (1920)

조직으로는 중앙에 총단이 있고, 그 밑에 구역과 지방단을 두었다. 총단은 의결기구인 의사회와 집행기구인 임원회로 구성되었다. 의사회는 거류민의 공선한 의원으로 조직하고, 임원회는 총단의 임원으로 조직하였다. 임원 중 총단장과 부단장은 선출직이었고, 총무·서기·재무·학무원·법무원·군무원·구제원·상무원 등은 임명직이었다. 국민회의 자치규정과 다른 점은 각 임명직의 임무를 설명한 것이다(제5장, 49조~56조). "총무는 단장의 지휘를 받아 사무를 정리하며, 임원을 통솔하고, 총계 조사에 관한 사항을 장리; 서기는 왕복 서류와 기록 존안에 관한 사항을 장리; 재무는 재정 출납과 물품 보관과 문부 회계에 관한 사항을 장리; 학무는 교육에 관한 사항을 장리; 법무는 임원과 단원의 과실을 감찰하고 단중 질서를 정돈하며 처벌에 관한 사항을 장리; 군무는 군사상 준비에 관한 일절 사항을 주관; 구제는 동포의 환란이나 사망이 있는 때에 그 처지와 정형을 분간하여 구제와 장례 등 상항을 주관; 상무는 동포의 실업 발전과 상업 권장에 종사함"이라고 규정지었다.

교민단은 1923년 1월 23일에 열린 임시의사회에서 자치규정에 다음과 같은 2개 조항을 첨가함으로써 교민단이 상해임정이 아니라 구미위원부[209)]의 지휘를 받게 만들었다.

1. 본 민단은 하와이 교민을 통할·보호키로 구미위원부에 치(置)하여 정부기관으로 정할 사.
2. 민단의 명칭과 장정은 현행대로 쓰되 다만 (교민단) 총부단장은 (구미위원부) 위원부장의 인준을 얻어서 행공케 함.

이러한 관할 기관의 변화는 당시 상해에서 반이승만, 반임정 세력의 주도로 열린 국민대표회의 결과로 임정의 지도체제가 바뀌거나 임정을 대체할 새로운 조직이 생길 가능성에 대비하여 이승만이 취한 조치라고

---

209) 구미위원부(The Korean Commission to America and Europe for the Republic of Korea)는 이승만이 한성 임정의 집정관총재 명의로 1919년 8월 25일 워싱턴에 설치하여 외교 및 선정활동을 전개하고, 미주 한인들로부터 독립운동에 필요한 자금을 거둔 조직체이다. 구미위원부에 관해서는 유영익, 『이승만의 삶과 꿈』, 142-149쪽; 고정휴, 『이승만과 한국독립운동』, 101-107쪽.

해석되고 있다.[210] 한편 김원용은 "교민단은 대한인국민회 하와이지방총회를 해체하고 대한민국임시정부 교민단령을 준수하여 설립한 것인데, 구미위원부에 예속되어서 이승만의 세력 부식을 후원하였다"고 해석하였다.[211]

1920년 7월 5일 국민회 중앙총회 사무가 정지되었는데, 아직 중앙총회 자체가 폐지되지 않은 1921년 2월 14일에 발포된 1920년 10월 7일자 내무부령 제4호가 대한인국민회 북미주지방총회에 하달되었는지는 분명치 않다. 그러나 국민회 중앙총회가 폐지된 후 북미주지방총회가 1922년 1월 4일 국민회 멕시코와 큐바지방회만으로 국민회를 재편성하고, 명칭을 북미대한인국민회로 변경한 것으로 미루어, 북미주지방총회는 내무부령 제4호를 받지 않았던 것 같다.

북미대한인국민회가 계속 샌프란시스코에 사무실을 유지하고 있을 때, 로스앤젤레스와 뉴욕 두 곳에 교민단이 조직되었다. 로스앤젤레스 교민단은 1924년 9월에 조직되었다가 1929년에 해체되었고,[212] 뉴욕 교민단은 1924년 12월에 조직되어 10년 동안 유지되었다.[213] 1925년 7월 10일자 『구미위원부 통신』 제9~7호에 '북미교민총단'을 설치하려는 계획이 발표되었다. 1921년 2월에 폐지된 대한인국민회 중앙총회를 대신하는 북미교민단총단을 통하여 대한민족의 절대독립을 주장하며 재류동포의 안녕과 행복의 증진을 도모하려 한 것이다. 그러나 이 계획은 실현되지 않았다. 따라서 로스앤젤레스 교민단, 뉴욕 교민단 및 하와이 교민단 간에 서로 연락은 있었으나, 구미위원부 관할 하에 있는 이들 3개 교민단을 총괄하는 중앙총본부는 조직되지 않았다.[214]

---

210) 고정휴, 『이승만과 한국독립운동』, 189쪽.

211) 김원용, 『재미한인오십년사』, 157-158쪽.

212) 위의 책, 212쪽.

213) 위의 책, 214쪽.

국민회가 교민단으로 개편되었지만, 교민단이라는 법인체는 하와이정부에 등록되지 않았고, 1913년 5월 하와이정부에 등록된 영문 법인체인 Korean National Association으로 존속하였다. 다시 말하면, 교민단은 직역 영문 명칭인 Korean Residents' League of Hawaii로 법적 변경이 되지 않았고,[215] 국민회의 영문 명칭인 Korean National Association (KNA)을 계속 사용하였다. 국민회 총회관의 소유권도 그대로 KNA라는 이름으로 남아 있었지만 교민총회관이라 불려졌다. 그리고 『국민보』는 제호는 그대로 유지하면서 교민단 기관지가 되었다.[216]

국민회가 교민단으로 '개칭'된 지 3개월 후인 1921년 6월 29일에 상해에서 호놀룰루로 돌아온 이승만을 환영하기 위하여 회장 최재덕과 서기 김태희를 위시한 하와이 4개 섬의 지도자 39명이 '위하회'[217]라는 이름으로 7월 7일에 교민단 총회관에 모였다. 이들은 국민통일에 관한 중요한 문제를 토의하고, 대한인동지회(大韓人同志會: 이하 동지회)를 조직하였다.[218] 동지회의 목적은 임시정부를 옹호하며, 교포들의 대동단결을 도

---

214) 고정휴는 "이 지역(미주본토)에는 안창호를 지지하는 국민회가 뿌리를 내리고 있었기 때문이다"라고 해석하였다. 『1920년대 이후 미주 · 유럽지역의 독립운동』, 75쪽.

215) 1931년 2월에 교민단 회장 손덕인이 김정현을 상대로 제기한 소송에 손덕인이 "President Korean National Association or Korean Residents' League of Hawaii(국민회 혹은 교민단 회장)"으로 명기되어 있다. 이 소송과 관련된 다른 문건에서는 모두 Korean National Association of Hawaii를 사용하였다. 『법정자료』, 267쪽.

216) 김원용, 『재미한인오십년사』, 159쪽.

217) 『태평양주보』, "동지회 설립 이유," 1950년 1월 7일, 2쪽. 글은 성명 미상의 필자가 1949년 12월 24일에 발표한 글의 계속으로서 동지회 설립 이유와 과정을 밝혔으나, 위하회라는 이름의 뜻은 설명하지 않았다. '이 글은 민국 3년 7월 20일에 동지회를 창설한 역사적 회록'이라고 적혀있다, 당시 『태평양주보』의 주필은 안시흡 목사였다.

모하는 데 있었다. 민찬호·안현경·이종관의 명의로 15조개의 「동지회 규정」을 7월 14일에 선포하였다. 민찬호는 교민단 단장이었고, 안현경은 1917~1918년도 국민회 총회장, 이종관은 국민회가 교민단으로 개편되었을 당시 국민회 총회장(재임: 1919~1920)이었다. 동지회가 설립되면서 사무실은 교민단 총회관에 두었다.

「대한인 하와이교민단 자치규정」 제5장 제81조에, 교민단 이외의 다른 정치적 단체를 불허한다고 명시되어 있음에도 불구하고 새로이 조직된 동지회가 교민단 총회관에 사무실을 두었다는 사실은 이 두 조직의 관계가 어떠했는가를 가늠하기 어렵게 한다. 교민단 임원과 동지회 임원 모두가 이승만 측근이었기 때문에 교민단이 동지회이고, 동시에 동지회가 교민단으로 간주되었을 수도 있다.[219] 동지회가 사무실 임대료를 냈는지

---

218) 『태평양주보』, "창립 동지회," 1955년 5월 20일, 4쪽. 이 글은 1955년 7월 7일에 동지회 창립 후 34년 만에 처음으로 창립 기념일을 축하하는 행사에 맞추어 동지회 중앙부장 민근호가 쓴 것이다. 설립 당시의 기사는 1921년 7월 28일자 『신한민보』, "하와이 동지회 설립"이라는 기사이다. 이 기사는 "본사에 도달한 하와이에서 설립된 동지회의 이유서를 의한즉 동지회가 설립되기는 본월 7일에 리대통령을 심방키 위하여 호항에 모인 인사들이 임시정부를 옹호할 목적으로 설립한 회인데 그 회의 임원은 민찬호·안현경·이종관 3씨요"라고 기술하면서 15개조의 동지회 규정을 소개하였다. 동지회의 역사에 관하여는 이덕희, 『한인기독교회·한인기독학원·대한인동지회』 참조.

219) John K. Hyun은 동지회가 1929년까지 국민회에 소속되어 있었기 때문에 사무실을 같이 썼다고 기술했는데, '국민회에 소속'은 오류이지만, 이 두 단체의 관계를 시사하는 것일 수도 있다. John K. Hyun, *Condensed History of the Gungminhoe, The Korean National Association (1903~1945)* (『국민회약사』), The Korean Cultural Research Center, Korea University, 1985, p. 32. 동지회의 주소가 1929년과 1930년 *Directory of Honolulu*에 622 N. School Street으로 되어 있는 것으로 미루어, 이유는 알 수 없지만 동지회가 1929년에 교민단 총회관에서 이사한 것 같다. 동지회 사무실의 새 주소는 1927년의 동지식산회사(Dongji Investment Company Limited) 사무실(616

아니면 무료로 사용했는지 알 길이 없다.

동지회가 설립되면서 교민단 회원이나 지방대표 대의원 중에서 동지회 회원이 된 사람이 많았다. 그러나 국민회가 교민단으로 개편된 시기에 한인사회에는 뚜렷한 활동 목표가 없었고 뛰어난 지도자도 없었다. 이런 현상은 하와이만이 아니라, 미주 본토의 한인사회도 마찬가지였다. 1919년 3·1운동 직후 활발했던 미주한인의 독립운동이 소강상태에 들어갔기 때문이다. 그런 가운데 1926년 1월 동지회의 동지식산회사 설립과 동지촌 개발 사업이[220] 시작되었지만 하와이 한인사회는 동지촌 개발에 적극적으로 참여할 수 없었다. 미국의 경제공황 이외에, 1919년 3·1운동 이후 몇 년간 이런저런 명목의 독립기금을 바친 한인들의 경제력이 위축된 것이 주요 원인이었지만, 이승만에 대한 불신도 작용하였을 것이다. 왜냐하면 이승만이 동지촌을 설립한 시기는 그가 1925년 3월 18일 상해임정의 임시의정원으로부터 탄핵을 당하고 대통령직에서 면직된 때였다. 결국 1930년 말에 동지식산회사의 동지촌은 자본 부족으로 파산 상태에 이르렀고 드디어 1931년 4월경에 파산하였다.

한편 1930년에 선출된 교민단의 2년차 임원진은 아래와 같다. 이들은 이른바 반이승만측 사람들이었다.

회장 : Shon Duk Yin (손덕인)

N. School Street)의 바로 옆집이다. 김원용은 『재미한인오십년사』, 207-208쪽에서 "동지회는 일즈기 회관 설비가 없다가 1930년 8월 1일에 하와이 호놀룰루 구아키늬 스추릿에 집을 월세로 얻어서 회관으로 사용한 것이 처음 회관이었으며"라고 기술했는데, 이 주소는 동지회가 1930년 8월 이후에 다시 이사한 주소이다. 『태평양잡지』, 1930년 9월호는 1306 Miller Street의 교민단 총회관에서, 그리고 10월호는 121 S. Kuakini Street에서 발간되었다.

220) 동지촌의 경제활동에 대해서는 이덕희, 『한인기독교회 · 한인기독학원 · 대한인동지회』, 309-326쪽 참조.

부회장 : Ahn Young Chan (안영찬)

총무 : Kim Kyung Choon (김경춘)

서기/회계 : Henry Kim (김현구)

이사 : Park Yerngho (박영호)

이사 : Char Shinho (차신호)

이사 : Lee Chung Kun (이정건)

이사 : Park Sung Koon (박성군)

이사 : Cho Moon Chil (조문칠)

교민단 임원 (1930)

하와이 교민단은 이들 임원진을 앞세우고 1931년도 의사회를 1월 12일에 총회관에서 개최하였다.[221] 의사회 참석 자격 조건을 놓고 논쟁이

221) 1931년도 교민단 이사회를 둘러싸고 시작된 풍파에 관하여, 김도형, 「1930

벌어졌다. 결과는 동지회측 지방 대표 의사원들이 총회관을 점령하고, 임시회장에 김정현(Kim Chung Hyun), 서기에 최백렬(Choy Baik Yul), 총무에 정태화(Chung Tai Hwa)를 선출하였다. 이때는 창립 당시에 총회관을 함께 사용하던 동지회가 1929년 522 N. School Street로 이사하여 독자적으로 회관을 유지하던 때이다. 총회관을 점령하는 과정에서 반이승만 측과 동지회 측간에 물리적 충돌이 있어 소송이 제기되었다. 또한 동지식산회사 회계 감사와 관련하여 실질적으로 동지식산회사의 총책임을 맡고 있는 이승만에 대한 회계감사를 요구하는 소송도 있었다. 또한 이 여러 사건의 후유증으로 난투사건까지 일어났다. 이들 일련의 사건들은 법정 고소와 맞고소로 이어졌다. 그리하여 한인들이 '하와이사회가 원치 않는 외국인(undesirable aliens)'으로 인식되어 추방까지 당할 수 있다는 치욕적 기사들이 영자 신문이 계속하여 보도되었다.[222)]

1931년 4월 16일에 순회재판소(고등법원)가 1930년에 선출된 교민단 임원이 정식 임원이라고 판결을 내림으로써 이른바 '교민단총회관 점령사건'은 반이승만 측의 승리로 끝이 났다. 교민단은 1933년 1월 16일에 개최된 대의회에서 2월 1일부터 다시 그 이름을 '국민회'로 복구하기로 결정하였다. (제10장 〈국민회의 정치활동〉 참조). 1914년부터 이승만이 전적으로 국민회의 교육사업을 총괄하였고, 1915년부터 이승만 지지자들이 국민회와 교민단의 주축을 이루어 왔다. 교민단이 국민회로 복구되면서 1914년부터 만 19년 동안 지속해온 이승만과 그의 측근의 지배는 끝이 났다. 복구된 국민회는 1933년도 회장에 이정건을 그리고 부회장에 강영효를 선출하였다. 물론 교민단 총회관도 다시 국민회 총회관으로 불

년대 초반 하와이 한인사회의 동향－소위 '교민총단관 점령사건'을 통하여－」, 『한국근현대사연구』 9, 1998, 216-236쪽.

222) *Advertiser*, Jan. 16, Jan. 26, Jan. 28, Jan. 30, Feb. 6,1931; *Star-Bulletin*, Feb. 20, Feb. 28, 1931.

이정건 교민단 단장(1932),
국민회 총회장(1933)

김윤배 국민회 총회장(1934)

려졌다.

복구된 국민회는 1935년 7월 15일에 「하와이 대한인국민회 헌장」을 반포하였다(부록 6). "하와이 대한인 국민회 법인 관허장 적요"라는 문구로 시작되는 이 국민회 헌장은 국민회가 1913년 관허를 받은 국민회임을 강조하였다. 특이한 것은 제67조 의무금이라는 제목의 조항에 "국민회원의 자격은 연령 18세 이상 회원의게 수봉하되 1월로 7월까지 납부기한을 정하고, 무정부주의자 · 파괴주의자 · 공산주의자는 본 국민회에서 용납지 아니함"이라는 자격 요건을 명시한 것이다. 국민회에서 처음으로 회원 조건으로 사상적 이념을 고려하였음을 알 수 있다.

또 다른 특기할 점은 헌장과는 별도로 첨부된 '국민회 호상부 조례'이다. 국민회의 호상부에 관련하여 제11장 〈국민회의 사회복지활동〉에서 언급되겠지만, 이 호상부 조례는 「하와이 대한인국민회 헌장」을 반포한 1935년 7월 15일 이후에 삽입되어 인쇄된 것 같다.

제 10 장
국민회의 정치활동

국민회는 1909년 창립 당시 조국의 국권회복을 돕기 위해 교민들의 교육진흥을 최우선의 목적으로 삼았다. 그리고 한인을 보호해 줄 수 있는 정부기관이 없는 상황에서 국민회는 한인사회 전반을 보호 내지 대표하는 단체임을 자처하였다. 그런데 지리적으로 멀리 떨어져 있는 조국을 위하여 하와이 국민회 회원들이 전개할 수 있었던 국권회복 (당시 하와이 한인들은 '독립운동'이 아니라 '국권회복'이라는 단어를 사용하였다.) 활동의 핵심은 국민회를 통하여 모금한 후원금으로 원동(遠東)과 구미 각지의 활동을 지원하는 것이었다.

하와이 한인들의 첫 번째 모금활동은 국민회가 조직된 지 2주 만에 있었다. 아직 국민회 조직이 완전히 자리잡지 못한 상항이었기 때문에 국민회 임원이 된 지도자들이 주동이 되어 공동회를 열었다. 공동회는 회원들만이 아니라 회원이 아닌 사람도 참석할 수 있는 열린 모임을 지향하는 것이었다. 1909년 2월 19일에 한일병합이 될 것이라는 소식이 하와이에 전해지자 그 날 곧 호놀룰루에서 공동회를 열고 송병준과 이완용, 그리고 일본 천황에게 전보를 보내기로 결정하면서 첫 번째 모금이 이루어졌다. 곧 이어 각 지방 동포들에게서도 의연금을 모집하였다. 호항(호놀룰루)공동회 재무 이내수(1909년도 국민회 부회장)의 총결산 보고가 1909년 6월 8일에 발표되었는데,[223] 모인 의연금은 $333.90이었고

223) 『신한국보』, "공동회 의연금 총결산 공고서," 1909년 6월 8일.

총 경비는 $113.15이었다. 잔액 $220.75을 국민회 하와이지방총회에 위탁했다가 필요할 때 쓰기로 하였다.224) 각 섬에서 모금한 의연금의 액수와 경비 내역은 다음과 같다.

모금액:	호놀룰루	$104.15	
	오아후섬	7.15	
	하와이섬	130.25	
	마우이섬	86.85	
	카우아이섬	5.50	총 의연금 $333.90

비 용:	송병준 전보	$21.10	
	이완용 전보	23.00	
	일황 전보	44.15	
	우표, 영수증	3.15	
	수전위원 전차비	0.75	
	통지서 인쇄비	6.00	
	결산공고서 출판비	15.00	총 비용 $113.15

한인들의 두 번째 모금은 1909년 10월 26일 안중근이 이토 히로부미(伊藤博文)를 사살한 후 일본정부의 재판을 받게 되었을 때 재판비용을 조달하기 위한 것이었다. 다시 임시공동회를 통하여 1909년 12월부터 1910년 3월까지 4개월 동안 $2,916을 모금하였다. 1,595명의 하와이 한인들이 적게는 $0.25부터 많게는 $15를 냈다. 1910년 3월 29일에 국민회 총회관에서 안중근 의사 추도식을 가진 후에 모금 재정보고가 있었다.225) 1911년 8월에 신한국보사에서 출판된 『대동위인 안중근전』을 통

224) 『신한국보』, "공동회보," 1909년 6월 8일. 그러나 이 잔액은 국민회의 1909년도 재정보고에 포함되지 않은 것 같다. 제12장 〈국민회 재정〉 참조.

해 모금 규모와 성금자의 이름을 확인할 수 있다. 이 책은 6.5×9.5 인치의 작은 책자로서 앞의 16쪽은 『신한국보』 주필 홍종표가 쓴 안중근 전기이고, 뒤의 9쪽에는 임시공동회 회계 안원규(1910년도 국민회 부회장)가 작성한 성금자 명단이 각 섬의 농장 별로 첨부되어 있다.226) 이 성금

조선 국가

225) 『신한국보』, "안씨 추도," 1910년 4월 5일.

226) 영자화한 이 명단은 "Hawaii Contributors to the Defense of An Chunggun, 1909~1910"으로 http://www.Korean-studies.info에서 볼 수 있다.

이 어떻게 누구에게 전달되었는지는 자료부족으로 알 수 없다.

국민회가 주관한 조국과 관련된 첫 행사는 1909년 3월 25일 순종황제 탄신 제36회 생일로 순종황제가 보위에 오른 후 두 번째 맞는 건원절[227] 기념행사이다. "국민회관에 3, 4척 되는 태극국기를 걸고, 황금 대자로 건원절이라 표를 걸고, 무궁화곡을 부르고, 40여 명 학생이 국가를 부르고, 이내수가 한국의 광복사업을 격려하고, 신홍균이 대한의 국혼을 크게 불러 만좌가 감개하였다"라는 신문기사와[228] 사진이 남아 있다.

건원절 현수막 앞의 국민회 임원 (1909)
(앞줄 왼쪽부터 박상하, 정원명, 강영소 / 뒷줄 왼쪽부터 안원규, 홍인표, 이내수, 승용환, 정칠래)

---

227) 건원절(乾元節)은 1907년 조선조 최후의 황제 순종이 즉위한 후 8월에 궁내부대신 이윤용이 황제폐하의 탄신일을 건원절이라 개칭하자고 상주하여 실시되었다. 건원절은 처음에는 음력 2월 8일이었던 것을 1908년에 양력 3월 25일로 확정지었다. 하와이 한인들은 변경된 일자를 알고 있었다.

228) 『신한국보』, "건원절 경축 성황," 1909년 3월 30일.

순종황제 탄신 기념행사는 1907년에 에바농장에서 행해진 고종황제 탄신일인 만수성절(萬壽聖節) 기념행사[229]의 연속이었다. 이역만리에서 주권을 훼손당한 조국의 황제 탄신일에 한인들이 모여 태극기를 걸고, 무궁화곡과 국가를 부르고, 조국의 광복사업을 격려하고 "국혼을 크게 부른"[230] 것은 민족운동과 조국의 국권회복의 밑받침이 되는 정서 함양에 기여하였다. 1910년 3월 25일에도 순종황제 탄일 기념행사를 와이키키공원에서 가졌으나[231] 경술국치 이후에는 더 이상 기념행사 기록을 찾을 수 없다.

1911년부터 영자 신문에 감리교 감리사 와드맨과 한인들 사이의 불편한 관계가 다시 보도되기 시작했다. (와드맨과 한인들의 관계에 관해서는, 제1장 〈국민회가 조직되기까지〉 참조.) 1911년 5월 4일 *Advertiser* 지는 『신한국보』가 1908년 해리스 감독의 발언을 다시 상기시키며, 또한 와드맨 감리사도 그때 일본이 한국을 합병했기 때문에 한인들은 일본인이라고 발언했다고 보도한 것을 기사화하였다.[232] 물론 다음 날 와드맨은 정정문을 *Advertiser* 지에 보내어 그 동안에 일어난 사건의 자초지종을 설명했다.[233]

---

229) 하와이 한인이민 90주년 기념사업위원회 편, 『그들의 발자취(*Their Footsteps*)』, 1993, 41쪽의 사진 참조.

230) 1925년 오아후섬의 와히아와 지역에서 조직된 한인클럽(Korean-American Club)이 출판한 국가(조선국가) 악보가 남아 있다. 한편 "국혼을 크게 불렀다"는 것이 정확하게 무엇을 뜻하는지 알 수 없지만, 만세 삼창의 유형이 아닐까 추측한다.

231) 『신한국보』, "특별공고," 1910년 3월 22일.

232) "Koreans Attack Mr. Wadman in Columns of Paper for Injudicious Statements," *Advertiser,* May 4, 1911, p. 1.

233) "Neither Bishop Harris Nor Dr. Wadman Used Expressions Quoted in Korean Attack," *Advertiser,* May 5, 1911, p. 1.

와드맨에 대한 반감이 가라앉아 가는 1913년 2월 1일에 *Advertiser*지에 한인들이 또 다시 와드맨에게 화가 났다는 기사가 실렸다.[234] 이 기사에 의하면, 와드맨 감리사가 한인기숙학교를 운영하고 한인들을 위한 자선사업을 하면서 일본영사관으로부터 $200을 받은 사실을 일본신문 『닙푸지지(日布時事)』가 기사화했기 때문에 한인들이 화가 났다는 것이다. 이틀 후인 2월 3일에 *Advertiser*지는 "격분한 한인들 와드맨에게 협박"이라는 머리기사[235]에서 한인들이 와드맨 감리사를 하와이에서 내쫓으려 한다는 얘기와 감리사가 이에 대해 해명한 기사를 크게 보도하였다. *Advertiser*지가 다음 날 박용만 주필의 말을 인용하면서, "한인들 문제가 있음을 부정"이라는 제목의 기사를 실었다.[236] 박용만은 "국민회가 와드맨에게 하와이를 떠나라고 협박한 적이 없으며, 와드맨은 한인들을 위하여 열심히 일했다. 한인들이 화가 난 것은 한인 자선단체가 없는데 와드맨이 자선사업을 위해 일본 돈을 받았다고 일본어 신문에 기사화되었기 때문이라고 해명"했던 것이다.

박용만의 해명에 다소 오류가 있어 여기에서 밝혀두려 한다. 앞서 기술한 바와 같이 (〈제1장 국민회가 조직되기까지〉와 주) 20 참조) 한인자선회는 1905년 9월 21일에 교육부와 함께 조직되었다. 그 동안에 한인들이 직접적으로 이 모임을 통하여 활동한 것은 없으나, 와드맨은 여러 곳에서 필요한 경비를 받아 한인들을 위한 구제활동을 펼쳐 왔다. 박용만이 1912년 12월에 호놀룰루에 도착하였기 때문에 이전의 일을 잘 모

---

234) "Korean Colony is Stirred by Cash," *Advertiser*, Feb. 1, 1913, p. 5.

235) "Angry Koreans Threaten Wadman, Members of Hermit Colony Said to Have Ordered Minister to Leave the Islands: Pastor Makes a Statement; Explains Supposed Discrepancy…Japanese Donation is the Cause of Trouble," *Advertiser,* Feb. 3, 1913. p. 9.

236) "Koreans Deny That Any Trouble Exists," *Advertiser,* Feb.4, 1913, p. 2.

르고 있었다.

이렇듯 26년간 일본 선교사로 활동했던 하와이 감리교 선교부 와드맨 감리사는 한일병합이라는 국치를 당하여 울분에 쌓인 한인들로부터 일거수일투족을 감시받는 입장에 놓여 있었다. 그렇기 때문에 마침 1913년 2월 3일에 호놀룰루에 도착한 이승만에 대한 그의 기대가 큰 것은 당연했다. 와드맨은 일찍이 1904년 11월 29일에 이승만과 함께 에바감리교회를 방문하면서 그의 인품을 확인했었다.[237] 이렇게 한인들과 어려운 관계에 놓여 있던 와드맨은 1913년 8월 말에 이승만을 한인기숙학교 교장으로 임명하였고, 이승만은 교육자로 활동을 시작할 수 있었다.

1917년 여름에 이승만은 그해 10월 29일에 뉴욕에서 소약국동맹회 회의가 개최되는 것을 알게 되었다. 그는 박용만을 한인의 대표로 참석하도록 조치하였다. 박용만의 경비로 최소 $500을 마련하기 위하여 이승만은 국민회 총회장 안현경과 공동 명의로 자금조달 요청 편지를 보냈다.[238] 모금에 동참한 사람들의 이름은 알려지지 않지만, 1918년 국민회 대의회에서 재정문부 조사를 하면서 이 기금 액수를 포함한 재정 보고에 관하여 문제를 삼았다 (제7장 〈1915년과 1918년 소송 사건〉 참조). 여하간 이승만은 박용만을 하와이지방총회의 대표가 아니라 전 미주 한인사회의 대표로[239] 소약국동맹회에 참석토록 하였고,[240] 이를 계기로 하

---

237) 이승만의 첫 번째 하와이 방문에 관해서는, 이덕희, 『한인기독교회・한인기독학원・대한인동지회』, 13-15쪽 참조.

238) 『법정자료』, 99쪽.

239) 『신한민보』, "소약국동맹회에 한인대표 보내는 사," 1917년 10월 25일. 1918년 12월 14일에 열린 제2차 소약국동맹회에는 미주 본토의 민찬호와 정한경이 참석하였다.

240) 김원용은 박용만의 소약국동맹회에 참석한 것에 대하여, "우리의 대표를 선택하는 데 각 단체 연합행사로 공선하여 하와이에 있던 박용만을 보내게 되니, 이승만이 대표파송을 동의하지 않으며, 하와이 대한인국민회의 위임장을

와이에 소약국동맹회를 조직하고자 하였다. 그러나 이승만의 이런 소망은 이루어지지 않았다. 여기서 유의해야 할 점은 박용만의 경비로 $500이 필요할 것으로 예상했는데, $2,000이 모금되었고, 경비를 빼고 남은 $1,119.50을 이승만이 1919년 1월에 안창호에게 전달했다는 사실이다. 안창호가 그 돈을 어떻게 사용했는지 알 수 없지만, 그 무렵 이승만은 하와이 한인들로부터 아낌없는 재정적 후원을 받아낼 수 있는 인물이었음을 알 수 있다.

1919년 독립만세운동 후 4월에 임시정부가 수립되자 국민회는 4월 12일을 '독립경축일'로 정하고 각처에서 축하식을 가졌다. 호놀룰루에서는 1,200명[241]이 한인기독학원[242]에 모여 축하식을 가졌다. 흥미로운 것은 *Star-Bulletin* 지 첫 면에 한인들이 공화국의 탄생을 축하했다는 기사를 게재하면서, 같은 날 사설란에는 다민족 사회에서 문제가 생길 것을 우려하여 "한인들의 독립시위를 권장해서는 안된다"고 주장한 사실이다.[243] 호놀룰루 시의원들도 같은 우려를 했기 때문에, 한인들이 카피올라니공원에서 축하식을 갖겠다고 신청했을 때 허가를 내주지 않았다. 그래서 한인들은 한인기독학원에서 축하식을 가졌던 것이다. 기념식에서 방화중 목사를 비롯한 한인지도자들의 연설이 있었고, 호놀룰루시의 제2 치안판

주지 아니하므로 박용만이 미주에 와서 북미 대한인국민회 위임장을 가지고 소약국동맹회에 참석하였다"라고 하였다. 『재미한인오십년사』 356쪽. 이 기술은 오류이다.

241) 『신한민보』, "1천 2백명의 독립경축, 하와이 한인의 시위운동," 1919년 4월 17일.

242) "Local Koreans Meet To Celebrate Birth of Infant Republic," *Star-Bulletin,* April 12, 1919, p. 1. *Star-Bulletin* 지는 축하식에 모인 한인이 800명이 넘었다고 보고하였다. "Independence of Korea Observed," *Star-Bulletin,* April 14, 1919, p. 7.

243) *Star-Bulletin,* Editorial, April 14, 1919, p. 6.

사 Alexander D. Larnach[244]도 연설을 하였다. 또한 이 축하식에서 필라델피아에 있는 이승만에게 보내는 축하결의문을 채택하였다. 결의문에는 "국민회가 독립운동을 지속해 나갈 것이며, 한인대표자가 평화회의에 참석할 수 있도록 국무장관에게 요청하며, 미국은 일본이 한국에서 저지른 만행을 알아야 하며, 한국이 동양의 평화를 위해 미국과 같은 공화국 체제를 조직한다"라는 내용이 담겨 있었다.[245]

1919년 4월 25일 *Star-Bulletin* 지는 사설에서 한인들이 일본제품을 모

한인기독학원에서 열린 '독립경축일' 행사 (1919)

244) 1910년에 Kim You라는 사람이 'Larnach 판사의 서기(clerk)'라고 *Directory of Honolulu* 에 실려 있다. Kim You가 한인이라면, 이 사람을 통해 한인들에 대한 높은 관심을 가진 Larnach 판사가 이 축하식에 초청을 받지 않았나 생각된다.

245) "Independence of Korea Observed," *Star-Bulletin,* April 14, 1919, p. 7.

아놓고 불 지르는 것 같은 파괴행동을 자제해야 한다고 하였다.[246] 이로 미루어 독립축하식이 끝난 다음 한인들이 일본제품을 불사른 사건이 발생했음을 알 수 있다. 이 사설의 논조는 하와이정부는 한일관계로 인하여 과격한 상태가 일어날 것을 방지해야 한다는 것이었다.

당시 하와이의 다민족 분포현상을 살펴보면 아래 표와 같다. 1910년에 일본인이 79,675명으로 하와이 총인구 191,909의 41.5%를 차지하였고, 1920년에는 109,274명으로 총인구 255,912의 42.7%를 차지했었다. 일본인이 대다수의 인구를 점하는 하와이에서 한일관계가 쟁점일 수밖에 없었다.

하와이 인구 분포

	1910	1920
하와이 원주민	26,041(13.6%)	23,723(9.3%)
혼혈 원주민	12,506(6.5)	18,027(7.0)
백인*	44,048(23.0)	54,742(21.4)
중국인	21,674(11.3)	23,507(9.2)
일본인	79,675(41.5)	109,274(42.7)
한국인	4,533(2.4)	4,950(1.9)
기타	1,071(0.5)	658(0.3)
총인구	191,909(100%)	255,912(100%)

* 백인에는 폴토리카, 스페인, 폴르투갈, 그리고 '그외 백인'이 포함되었다. '그외 백인'을 미국과 영국 국적의 백인으로 추정하면 1910년에 14,867명(총인구의 7.7%)이고, 1920년에는 19,708명(총인구의 7.7%)이다. 〈출처〉 미국 인구조사

그 후 2개월이 지난 1919년 6월 15일(일요일) 하와이 국민회가 독립운동 추진을 계획하려 했을 때 25명의 국민회 대표가 총회관에서 회의를

246) Editorials, *Star-Bulletin*, April 25, 1919, p. 6.

가졌다. 하와이 각 섬의 대표들 이외에 북미주와 멕시코를 대표하여 황사용과 강영소도 참석하였다. 하와이 총회장 이종관, 『국민보』 주필 승용환, 그리고 황사용과 강영소 등이 의견을 발표하였다. 이 회의에서 대표들은 이승만의 대통령 취임을 경축하는 행사를 계획하였다. 경축행사 계획을 알리는 *Star-Bulletin* 지 기사는 4월에 있었던 행사에서 참가자들이 반일감정을 노출할 것을 우려하여 시의회가 카피올라니공원에서의 행사를 허락하지 않았던 것을 상기시키면서, 이승만의 취임 축하식도 공립공원이 아닌 다른 장소에서 행할 것이라고 보도하였다.[247] 국민회는 8월 17일에 이승만의 임정 대통령 취임 경축행사를 자유극장(Liberty Theatre, 1179 Nuuanu Avenue)에서 개최하였다. 이승만에게 축하 특전을 보내면서 하와이 한인들은 성심껏 조국의 독립정부가 국제연맹의 인정을 받도록 노력할 것을 약속하였다.[248]

그 후 국민회가 할 수 있는 일은 3·1절 경축 모임 등 이외에는 별로 없었다. 『국민보』가 낙질이 되어 1919년 이후부터 1935년까지의 국민회의 활동을 자세히 알 수 없기 때문에 국민회가 별로 활동을 벌이지 않았다고 단정 짓는 것은 잘못일 수도 있다. 그러나 미주 본토에서 발행된 『신한민보』에도 하와이 국민회의 활동 기사를 별로 찾을 수 없다. 비단 하와이 국민회 뿐만 아니라, 하와이 동지회와 북미주를 포함한 재미한인사회 전체가 정치적으로 침체되어 있었다.

1937년 7월 7일 중일전쟁이 발발하자 국민회는 활발히 움직였다. 8월 7일에 하와이 국민회는 총 임원회를 갖고, 임정의 경상비 일부를 부담하라는 요구에 응하여 인구세와 애국금을 모금하기로 결정하였다.[249] 또한

---

247) "Koreans Rally Sunday to Plan Independence," *Star-Bulletin,* June 14, 1919, p. 2.

248) "President Rhee's Friends Celebrate Appointment," *Star-Bulletin,* August 18, 1919, p. 7.

교민단 주최 3 · 1절 경축모임(1931)

임정 군무부 내에 군사위원회를 조직하여 독립군의 활동을 개시한다[250]는 소식에 '독립전쟁'이 끝날 때까지 혈성금(血誠金)을 걷기로 결정하였다.[251] 8월 27일에는 국민회 행정 임원과 참의원 및 유지 인사들과 더불어 '비상시에 비상한 일을 도모하기 위하여' 찬무부(贊務部)를 조직하였다.[252] 찬무부에는 재무부(권도인 · 고덕화 · 임성우 · 정운서), 선전부(정두옥 · 한길수 · 홍한걸 · 김원용), 그리고 기밀부(박상하 · 김진호 · 정봉관 · 김현구)의 3부를 두었다. 12월 1일 임시 대의원회에서 임정의 군사운동을 후원하기 위하여 국민회의 경상사무 이외에 일반사업을 모두 정지하기로 결정하고,[253] 액수는 알려져 있지 않았지만 인구세 · 애국금 · 혈성금을 거두어 임시정부로 보냈다.

한편, 8월 15일에 소집된 동지회 공동회에서 국민회와 합동하여 민족

249) 『국민보』, "총임원회록," 1937년 8월 11일.

250) 『국민보』, "대한민국 임시정부 공고 제62호," 1937년 8월 18일.

251) 위의 신문, "공문 제15호."

252) 『국민보』, "찬무회 조직," 1937년 9월 1일.

253) 『국민보』, "임시대회의록 제6일," 1937년 12월 15일.

사업을 펼칠 것을 결정하고 국민회에 통보하였다.[254] 국민회는 8월 21일에 총임원회를 갖고 동지회 대표들과 합석회의를 갖기로 결정하고,[255] 10월 11일에 두 단체가 합동회의를 가졌다. 국민회에서는 박종수·정인수·박상하, 그리고 동지회에서는 안현경·차신호·이종관이 참석하여 두 단체의 합동을 위해 두 단체를 해체하자고 결정하였다. 국민회 측에서는 "순전한 희생적 정신으로 무조건적인 절대합동"을 원했고, 동지회는 합동의 필요성을 인정하면서도 "그것은 졸연히 하기 어려운즉 우선 독립운동을 추진할 연합기관을 두자"고 제의하였다. 그 후 두 단체 대표들이 여러 번의 회의를 가졌으나 합의를 이루지 못하다가 1938년 12월 7일에 개최된 제13차 회의를 끝으로 두 단체의 합동운동 시도는 무산되었다.[256]

1940년 5월 26일 루즈벨트(Franklin D. Roosevelt) 대통령이 시국연설에서 현 전쟁(유럽에서 발발한 제2차 세계대전)에 참여할 준비를 해야 한다고 역설하고 국방력 건설과 전쟁 난민을 위한 적십자 구제금 기부를 미 국민에게 요청함에 따라,[257] 하와이 단체들 간에도 미국 국방을 후원해야 한다는 여론이 형성되었다.[258] 그리하여 1940년 10월 13일 동지회·국민회·대조선독립단[259]·중한민중동맹단·(동지회측)부인구제회·(국민회측)부인구제회 등 6개 단체 대표 24명(각 단체에서 4명씩)이 모여

254) 하와이대학교 한국학연구소 소장, 「대한민국 19년도(1937) 중앙부 임원회록」, 동지회 컬렉션, A-11, p. 7.

255) 『국민보』, "총임원회록," 1937년 10월 17일.

256) 『태평양주보』, "통지서," 1938년 2월 5일, 11쪽과 2월 12일, 1쪽.

257) 『태평양주보』, "국방에 대한 대통령 연설," 1940년 6월 1일, 10-11쪽.

258) 이원순, "이때 한인은 어떻게 할까?," 『태평양주보』, 1940년 10월 12일, 17-18쪽.

259) 1934년 10월 21일에 국민회와 합쳐진다고 하였으나 이루어지지 않은 것 같다.

연합한인위원회(聯合韓人委員會: The United Korean Association of America)를 결성하였다. 국민회 대표는 안원규·김원용·김태원·김현구였고, (국민회측)부인구제회 대표는 심영신·곽명숙·김차순·김매들린이었다.[260] 이 연합위원회는 「연합한인위원회선언서」에서 위원회의 목적이 미국 국방 후원뿐만 아니라 한국의 독립과 전 인류의 해방을 위한 것임을 밝혔다.[261]

이에 앞서 하와이를 포함한 미주 한인사회는 1940년 1월 22일자 임시정부 공함[262]과 김구의 5월 23일자 및 9월 17일자 공함, 그리고 9월 23일자 「특전(特電)」을 통해서 광복군이 조직되었음을 알게 되었다. 그리하여 미주 한인사회는 광복군 후원문제에 관심을 갖게 되었다. 이런 가운데 1940년 10월 13일에 결성된 연합한인위원회 등 17개의 한인사회단체가 연합하여 1941년 3월 1일에 3·1운동 기념식을 거행하였다.[263]

3·1운동 기념식에서 광복군후원회를 조직하기로 결의하고 '선언문'과 함께 '결의문'을 발표하고, 약 $2,000의 대한광복군후원금을 모금하였다.[264] 3·1절 경축위원회 위원장 안원규는 3월 10일에 각 단체에 보낸 「윤첩」에서 이번 행사를 상설화하여 추진할 것을 건의하였다.[265] 3월 13일에 국민회와 동지회가 연합한 대한광복군 후원금관리위원회를 조직하고, 위원장에 안원규(국민회), 재무에 손승운(동지회)·조병요(국민회), 그리고 위원에 김원용(국민회)·도진호(동지회)가 선출되었다.[266] 이러한

---

260) 『태평양주보』, 1940년 10월 29일, 15쪽.

261) 『태평양주보』, 1940년 10월 29일, 13-15쪽.

262) 『신한민보』, "임시정부의 광복군 조직," 1940년 2월 15일.

263) 『태평양주보』, "3·1절 경축순서," 1941년 3월 1일, 17-18쪽.

264) 『태평양주보』, "대한광복군 후원금 청연," 1941년 3월 29일, 6-7쪽.

265) 위의 글.

266) 『신한민보』, "한국광복군 후원회 조직," 1941년 4월 3일.

분위기는 국민회와 동지회가 다시금 독립운동을 연합으로 진행하도록 만들었다.

국민회와 동지회 양 단체는 재정권과 외교권의 분리라는 원칙하에 국민회가 미주교민들로부터 독립금을 걷는 권한을 갖고, 동지회는 총재 이승만을 주미외교부의 책임자로 선임하기로 타협을 이루었다. 그리고 1941년 4월 19일부터 29일까지 호놀룰루에서 해외한족대회(海外韓族大會: The All-Korean Overseas Convention)를 개최하였다. 북미국민회 · 하와이국민회 · 동지회 · 중한민중동맹단 · 대조선독립단 · 한국독립당 하와이총지부 · 조선의용대 미주후원회연합회 · (국민회측)대한부인회 · (동지회측)대한부인회 등 9개 단체가 참석한 이 대회에서 재미 한인의 통일기관인 재미한족연합위원회(在美韓族聯合委員會)와 주미외교부를 출범시켜 미주에서 독립운동과 외교활동을 연합으로 진행하기로 하였다.[267)]

재미한족연합위원회는 한인 약 6,900명이 거주하는 하와이에 의사부(議事部)를 두고 약 1,700여 명이 거주하는 본토에 집행부를 두었다. 그러나 재미한족연합위원회 외교위원부가 외교위원장 이승만과 상의 없이 외교위원부 위원 2명(북미국민회의 김호와 정한경)[268)]을 천거하면서 갈등이 시작되었고, 급기야는 국민회와 동지회의 갈등으로 표면화되었다. 드디어 1943년 1월 2일에 열린 북미국민회 대의회에서 북미국민회는 이승만의 외교실패, 권리남용, 인심소란을 이유로 들며 이승만을 외교위원부 위원장직에서 소환해야 한다는 것을 재미한족연합위원회가 임정에 요청하라고 제시하였다. 따라서 이승만과 그 지지자들의 불만이 증대되고

267) 재미한족연합위원회에 관해서는 재미한족연합위원회 편, 『해방조선』, 미주 로스앤젤레스와 하와이, 1948, 166-179쪽; 홍선표, 『재미한인의 꿈과 도전』, 연세대 출판부, 2011 참조.

268) 정한경이 외교위원부 위원으로 부임할 수 없게 되자 전경무로 대치되었다. 홍선표, 『재미한인의 꿈과 도전』, 330-358쪽.

국민회와 동지회 간의 분쟁은 증폭되었다. 드디어 1943년 12월 5일에 열린 동지대표회의에서 동지회가 12월 23일로 재미한족연합위원회를 탈퇴하기로 결정하였다. 아울러 1942년 1월 19일부터 함께 발행해 왔던 『태평양주보』도 『국민보』와 분리하여 발행하기로 하였다.[269] 탈퇴 결정 후 동지회 회원들은 이승만 지지파와 국민회 지지파로 나뉘었다. 동지회 대표로 재미한족연합위원회에 참여해 온 김영기·안현경·도진호·민함나·정영옥 등 5명이 동지회를 떠나 국민회에 가입하였다.[270]

이처럼 1930년도부터 40년도 초에 하와이를 비롯한 미주 한인사회의 여러 단체들이 연합하여 단일화된 정치활동을 전개하려고 하였다. 그러나 국민회를 비롯하여 각 단체들은 서로의 이해관계를 완전히 청산하지 못하였기 때문에 완전한 연합을 이루지 못하였다. 또 일부 연합된 단체와 임정과의 관계도 원만하지 못하였다.

대한민국 수립 후 국민회는 이승만과의 옛 갈등 때문에 대한민국정부 즉 이승만정부를 봉대치 않고 방관하고 있었다.[271] 때문에 국민회 회원들은 1949년 10월에 동지회 회원들이 주동이 되어 영사관 건물 구입기금을 마련할 때에 참여하지 않았다.[272] 국민회는 1960년 8월에 이르러

---

269) "Dong Ji Hoi Withdraws from UKC and Recalls Pacific Weekly Publication," *The Korean National Herald-Pacific Weekly*, Dec. 29, 1943. 이 두 신문은 1944년 2월 2일까지 계속 공동 발행되었다.

270) Kingsley K. Lyu, "Korean Nationalist Activities in Hawaii and the Continental United States, Part II: 1919~1945," *Amerasia*, 4 : 2(1977), pp. 85-87.

271) 『국민보』, "사설, 국민회원 여러분 앞에," 1961년 1월 11일. 주필 겸 편집인 이운경의 글. 옛 갈등이라는 것은 이승만과 그의 측근이 만 19년 동안 국민회-교민단을 지배한 것과 그 후 동지회와 국민회와의 견제 및 갈등을 지칭한 것 같다.

272) 1942년 4월에 대한민국 총영사가 부임하여 한 가옥을 임대하고 영사관으로

비로소 윤보선 대통령과 장면 총리에게 축하 전보를 발송하고 호놀룰루 총영사관과도 연락을 취하기 시작하였다. 동시에 동지회와 융화하려고 시도하였다.273)

1965년 7월 19일 이승만 전 대통령의 서거 소식을 접한 국민회 총회장 김영내(Edward Kim)가 『국민보』에 실은 글에서 국민회의 이승만 대통령에 대한 정서를 읽을 수 있다.

> 1965년 7월 19일 돌아간 이승만 씨의 서거는 하와이 한인사회에 심각한 의미를 던져주고 있습니다. 이승만 씨는 본 국민회가 그의 자선사업과 교육사업 목적을 추진시키기 위하여 프린스톤대학에서 초빙하였던 사람인 것입니다. 그 후에 일어났던 사건들은 너무나도 뚜렷이 우리들 마음속에 자리 잡고 있기 때문에 더 이상 아무 말도 할 필요가 없는 것 같습니다. 하와이 한인사회에서의 그의 행위와 업적에 대해서는 앞으로도 오래 동안 논의되고 또 논쟁이 계속될 것입니다. 1세노인들 간에 당파를 이루었던 직접적인 동기는 이승만 씨였다고도 할 수 있겠습니다.
>
> 한국의 독립을 위하여 투쟁하시던 여러분들은 독립투쟁에 있어서의 이승만 씨의 역할과 그의 일방성과 외고집 그리고 그의 다른 개인적 특성들을 (흔히는 한인사회의 공통 성격이나 목적에는 위배되는 것들이었습니다) 쓰디쓸 정도로 잘 아시고 계실 것입니다. 많은 사람들의 마음속에 아직도 그 상처가 뿌리 깊히 자리잡고 있는 것입니다. 그러나 최근 몇해 동안에 한인사회 전체로 볼 때 우리는 오랫동안 우리들 마음속에 잠재해 있던 감정과 고통을 돌려 버릴만한 심적 능력을 얻었다고 하겠습니다, 이승만 씨는 한국의 애국자였습니다. 그는 한국 독립투쟁에 공헌하였습니다. 그는

사용하였을 때 가난한 대한민국정부를 안타깝게 생각한 동지회 회원들이 영사관 건물을 구입하여 대한민국정부에 헌납하였다. 영사관 구입에 관해서는, 이덕희, 『한인기독교회 · 한인기독학원 · 대한인동지회』, 351-352쪽.

273) 『국민보』, "사설, 국민회원 여러분 앞에," 1961년 1월 11일.

한국의 초대 대통령이었습니다. 이승만 씨와 그의 한국통치에 대해서는 오래 오래 두고 역사가 판단을 내릴 것은 틀림없습니다. 역사가 어떠한 판단을 내리든지 간에 한 인간으로서 그의 영혼이 조용히 영면할 수 있어야 하겠습니다.[274)]

274) 『국민보』, 1965년 7월 21일.

제 11 장
국민회의 사회복지활동

국민회는 하와이 한인의 복지와 한인사회의 안녕과 질서를 도모하기 위하여 여러 모로 활동하였다. 국민회 구제부는 작은 규모의 재정이나마 곤경에 처한 이들의 여행비·여관비·병원비 등을 지불하였다. 더구나 1909년 7월 마우이섬의 키파훌루(Kipahulu)에서 행패를 부리며 한인들을 괴롭힌 무뢰한 일당(전경문·정택수·김현구[Henry Cu Kim과 동명이인]·옥경서·김순서)을 검거하여 검찰에 넘겼을 뿐만 아니라, 피해를 본 한인들을 위한 기금도 모금하였다.[275] 키파훌루와 근방 카엘레쿠(Kaeleku) 지방에 살면서 피해를 본 한인들을 위하여 총 $112의 기금을 모아 전달한 것이 1909년 3/4분기 재정보고에 들어있다.[276] 국민회는 또한 한인 노동자들이 정당한 보수를 받고 고용될 수 있도록 사탕수수농장주(오아후섬의 와이파후농장과 아이에아농장)와 직접 면담하여 조취를 취하기도 하였다.[277]

1920년도 중반부터 증가하는 노인들, 특히 가족이 없는 독신자들의 장례가 이민사회의 문제로 대두하였다. 이민 온지 20년이 되어가는 시점이었다. 노인들의 장례문제를 해결하기 위하여 1924년에 전경준이 대한인

275) 『신한국보』, "악적뢰옥," 1909년 7월 27일. 이후 여러 번에 걸쳐 피해자들을 위한 기금 모집에 관한 기사가 실렸다.

276) 앞의 『신한국보』 호외 참조.

277) 『신한국보』, "한인피측과 노동교섭," 1909년 8월 3일.

교민단의 허가를 받고 한인상조회(Korean Mutual Aid Society)를 설립하였다. 상조회는 회원 각자가 매달 $0.25를 내고, 회원이 사망하면 장례를 치러주었다. 교민단원 다수가 상조회에 입회했으며, 전경준의 수고로 회비가 잘 모집되어 상조회 운영이 순조로웠다. 저축된 회비로 1929년에 가옥을 구입하여 노인들이 기거할 수 있도록 양로원(Korean Old Men's Home)을 운영하였다.

양로원 운영이 한인상조회의 주요 사업이 됨에 따라 노령화되는 회원의 장례문제를 관장할 조직과 재정이 따로 필요하게 되었다. 그리하여 1935년 7월에서 1936년 말 사이에 국민회 내에 호상부를 조직하였다. 1914년 8월 이후부터 1936년 12월 30일 이전까지의 『국민보』가 남아 있지 않기 때문에 설립 일자와 호상제도 규칙을 정확히 알 수 없다. 제9장 〈국민회와 대한인교민단〉에서 언급한 것과 같이, 1935년 7월 15일에 반포된 「하와이 대한인국민회 헌장」 끝에 '국민회 호상부 조례'가 포함되어 있는 것으로 미루어, 1935년 6월 이후에 호상부가 조직되었으리라 추측된다. 그리고 1936년 말 국민회 재정보고서에 1936년에 7명의 회원 장례비로 각 $50씩 지불하고, 여제금(잔액) $113이 기재되어 있는 것으로 미루어, 1936년 말 이전에 약 50명의 회원이 있었고, 회원이 사망하면 호상금을 $1씩 냈던 것으로 추정된다.[278]

1938년 4월에 총임원회에서 2년 전에 조직된 호상제도를 확장하기 위한 개선안이 발표되었다.[279] 개선안의 요지는 국민회 호상부원이 되기 위해서는 국민회 회원이어야 하며,[280] 호상부 참가비로 $5를 부과하였

278) 『국민보』, "국민총회 재정공고서," 1937년 1월 13일.

279) 『국민보』, "호상제도 개정(확정)안 선언," 1938년 4월 6일.

280) 국민회 회원만이 국민회 호상부원이 될 수 있다는 조건은 단체조직의 필수조건이다. 이 조건을 회원 대상자인 노령 인구를 끌어들이는 유인책으로 곡해해서는 안된다. 정병준은 동지회 호상부 조직을 언급하면서, "이(호상부 조직)

다. 일단 호상부원이 되더라도 국민회 회원으로 재정상 책임을 1년간 지키지 않은 자와 호상금을 60일 내에 완납하지 않은 자는 호상부원의 권리를 상실하도록 하였다. 1938년 4월에 이르러 호상부원은 약 200명으로 증가하였고, 사망한 부원의 가족이나 사망한 자가 지명한 주무자에게 $200의 호상금이 지불되었다. 호상금은 호상부원의 증감에 따라 50명을 단위로 $50씩 증감되었다. 호상금은 임기 3년의 관리위원 5명이 관리하였는데, 호상부 재무와 총회장의 연명으로 적립·지출하였다. 1938년 4월에 1치 위원으로 임기 1년 위원 1명, 임기 2년 위원 3명과 임기 3년 위원 1명이 임명되었는데, 그들이 누구인지는 밝혀져 있지 않다.

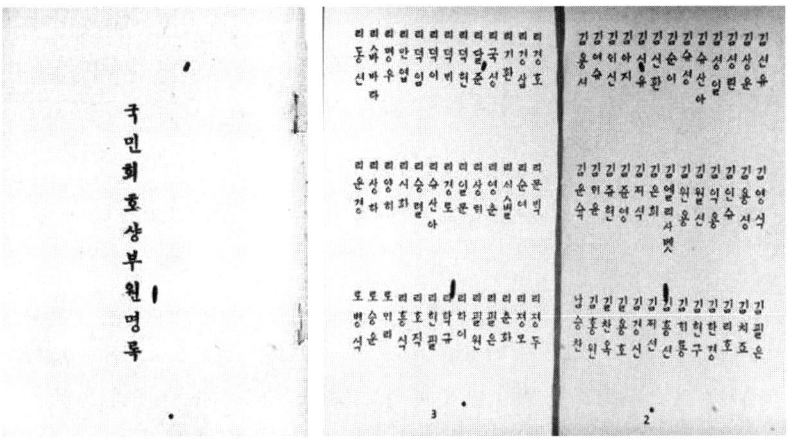

국민회 호상부원 명록

국민회 호상부가 조직되기 이전에 대한부인호상회가 1934년 11월 6일에 창립되었다.[281] 그리고 동지회도 1938년 6월에 호상부(Mutual Aids

는 회원들의 노령화에 대처하는 자연적인 결과였지만, 다른 한편으로 회원 대상자인 노령 인구를 끌어들이는 유인책이기도 했다"라고 해석하였다. 정병준, 『우남 이승만 연구』, 역사비평사, 2005, 215쪽.

Department)를 조직하였다.[282] 미국정부의 사회보장제도(Social Security System)는 1935년 Social Security Act의 통과를 계기로 1940년 1월부터 혜택 대상자에게 월정 보조비를 지급하기 시작하였다. 그러나 대부분의 한인 노령자들은 미국시민이 아니었기 때문에[283] 정부의 혜택을 받지 못하였다. 장례비용도 남기지 못하고 사망하는 노령 회원이 허다한 상황에서 호상부 제도는 각 단체가 필요로 하는 일종의 장례보험 사업이었다. 호상부는 흑자로 운영되어 재정적 여유가 있었다. 1946년 국민회가 새 총회관으로 이사했을 때 호상부 저금에서 $5,300을 임시 대용하기도 하였다(제4장 〈국민회 총회관 건축과 국민회 5주년 행사〉 참조).

국민회의 호상부 조례가 1956년 12월 12일자 『국민보』에 기재되었다.[284] 호상부원은 국민회 회원에 한정되었고, 호상금은 100일 이내에 필납하여야 하고, 호상금을 100일 내에 지불치 않고 사망한 자는 그전에 지불한 액수에 관계없이 호상금을 받을 수 없으며, 불행하게도 장기 입원했던 회원이 호상금을 100일 이내에 지급하지 못하고 사망하는 경우에는 지급할 호상금에서 불납한 액수를 빼고 지급하였다. 지급한 호상금이

---

281) 대한부인호상회 4주년 창립기념일은 11월 6일이었다. 『국민보』, "부인호상회 창립기념," 1938년 11월 2일. 1938년 12월에는 와히아와부인상조회가 조직되었다. 『국민보』, "와히아와 부인상조회 규칙," 1938년 12월 7일.

282) 동지회 호상부에 관해서는, 이덕희, 『한인기독교회 · 한인기독학원 · 대한인동지회』, 345-349쪽 참조.

283) 아시아인의 미국시민권 취득은 일반적으로 1952년 Immigration and Nationality Act (McCarran-Walter Act로 알려짐)의 제정으로 가능해졌다. McCarran-Walter Act 이전에는 군복무를 함으로써 시민이 될 수 있었다. 하와이에서 약 100명의 한인이 제1차 세계대전 중 군복무를 함으로써 시민이 되었다. "Korean Soldier Receives Papers," *Star Bulletin*, Jan. 23, 1919 (1918년이라고 인용되는 것은 오류이다), p. 2.

284) 『국민보』, "국민회 호상부 조례," 1956년 12월 12일.

$250인 것으로 미루어, 250명의 회원이 있었던 것 같다. 그 후 매해 연말 『국민보』에 보고된 사망한 호상부원의 수는 아래와 같다.

1956년 12명
1957년 11명
1961년 9명
1962년 19명 (회비 납금 회원 117명)
1963년 11명
1965년 8월까지 8명

1962년도 국민회 재정보고에 의하면,[285] 1962년에 호상금 수입은 $4,458.80이며, 지출은 $4,870으로 $411.20의 적자가 났다. 그러나 호상부 은행적금 $10,326.88과 적립금 저금 $1,527.77, 그리고 호상부 이름으로 구입한 공채표 $3,000이 있어, 총 $14,854.65의 적립금이 있었다. 그 후 언제 호상부 제도가 폐지되고, 남아 있던 재정을 어떻게 처리하였는지 알 수 없다. 한편, 1938년 6월에 조직된 동지회 호상부가 1970년 2월 8일에 정식으로 폐지되었을 때 동지회관 매각 기금에서 $260의 호상금을 생존하는 호상부원에게 지급하였다. 이로써 국민회 호상부 잔여 적립금도 생존한 호상부원에게 지급되었으리라 추측된다.

285) 『국민보』, “1962년 재정보고,” 1963년 1월 9일.

제 12 장
국민회의 재정

국민회의 재정은 일차적으로 관련 자료가 부족한 형편이다. 게다가 남아있는 자료마저도 일관성이 없고, 각 수입·지출 항목 등에 수록된 단어의 뜻과 배경 설명이 없어 정확한 재정 형편을 알아보기가 어렵다. 특히 1914년 8월 1일 이후부터 1936년 12월 30일까지의 『국민보』가 결본이기 때문에 이 기간의 국민회 재정상황은 현재로서는 파악할 수 없다. 앞으로 독립기념관 자료실에 소장되어 있는 국민회 관련 자료 중에서 재정기록을 찾아 좀 더 정확한 재정상황을 분석할 수 있는 기회가 있기를 기대해 본다.

국민회가 발표한 첫 재정보고는 1909년 2월 한 달 동안의 것이다.[286] 2월 1일에 국민회가 발족되면서 2월에 회원들로부터 $49.85의 예납금(회비)이 입금되었다. 이에 더하여 호놀룰루 지방의 대의원 장승완이 의연금 $1.50을 입금했기 때문에 회비 및 대의원 의연금은 합계 $51.35이었다. 그 외에 기타 수입은 $23였다. 따라서 총수입은 $74.35였다. 이 중 94%인 $69.90을 사무실 운영비로 사용하고 $4.45의 잔액이 있었다. 예납금 $49.85은 첫 달에 등록한 회원이 약 50명 정도였음을 알려 준다.

1909년 4월 한 달 동안의 재정보고에 의하면, 총수입 $119.609(3월 이월금 $6.35 포함), 총지출 $98.30으로 잔액이 $25.30이었다. 지방회가 22곳에 설립된 것으로 보아 회원이 증가했음을 알 수 있다. 지출 항목에

286) 『신한국보』, "총회재정부 조사안," 1909년 3월 9일.

는 신문사 대금 $20, 총회 경비와 우표 $2, 전기비 $2, 콜로아 소학교(한글학교) 설립 후원비 $9, 총무 겸 서기 월급 $15, 카우아이섬 시찰 경비 $17.90, 그리고 총무대금 $2.50이 포함되었다.[287]

1909년 7월부터 9월까지의 3/4분기 재정보고에 의하면,[288] 회비 수입은 6월의 이월금 $21.30을 포함하여 $616.29였고, 지출이 $613.84로 잔액 $2.45가 있었다. 이외에 교육금 $40.60, 구제금 $28.50, 의연금 $125.05, 마우이섬 키파훌루 지역의 한인을 위한 특별지원금 $112, 각 지방의 6월부터 9월까지의 예납금 $239 등 명목으로 총 $587.15를 모금하여 $421.85를 지출하고 $165.30의 잔액이 있었다. 앞의 제10장 〈국민회의 정치활동〉에서 언급한 것과 같이, 한인들이 첫 번째로 모금한 의연금의 잔액 $220.75을 국민회에 위탁했다가 필요할 때 쓰기로 하였는데, 그 금액이 1909년 3/4분기 재정보고서에 포함되지는 않은 것 같다. 여하간 이 재정보고는 국민회가 회원들의 회비로 운영되었고, 국민회의 여러 가지 사업이 별도로 모금된 특정 기금으로 이루어졌음을 알려준다. 국민회가 발행하는 『신한국보』의 수입은 신문대금 · 광고료 · 연조금($50.60) 등 총 $338.80이었고, 신문용지 대금 · 임원 월급 등을 포함한 경비로 총 $322.82를 지출하였으며 $15.98의 잔여금이 있었다. 신문사는 국민회의 후원금 $50.60으로써 적자운영을 면하고 있었다.

1910년 7월부터 9월까지의 3/4분기 재정보고는 10월 11일자 『신한국보』, 제5면에 실려 있다. 총수입은 교육금 $11.50, 구제금 $12, 예납금 $285.75를 포함한 $911.08이었고, 총지출은 $862.73, 그리고 잔액은 $48.35이었다. 전 해의 구제금 사용 내역은 임봉내의 여관비($1.70), 조한용의 차비($1.50), 병원 왕래비($0.20) 등으로서 어려움에 처한 이들에

287) 『신한국보』, “국민회 포와지방총회 재정부조사안,” 1909년 5월 4일.

288) 『신한국보』, “호외: 총재정보고” 1909년 10월 19일. 이 문건은 인쇄상태가 좋지 않아 정확한 제목을 읽을 수 없다.

게 금전적 도움을 주었음을 알 수 있다. 신문사의 총수입은 $304.60이었고, 총지출은 $300.60으로 잔액 $4가 있었다. 약 1,000부의 『신한국보』는 매달 약 $100의 재정지원으로 발행되었다.

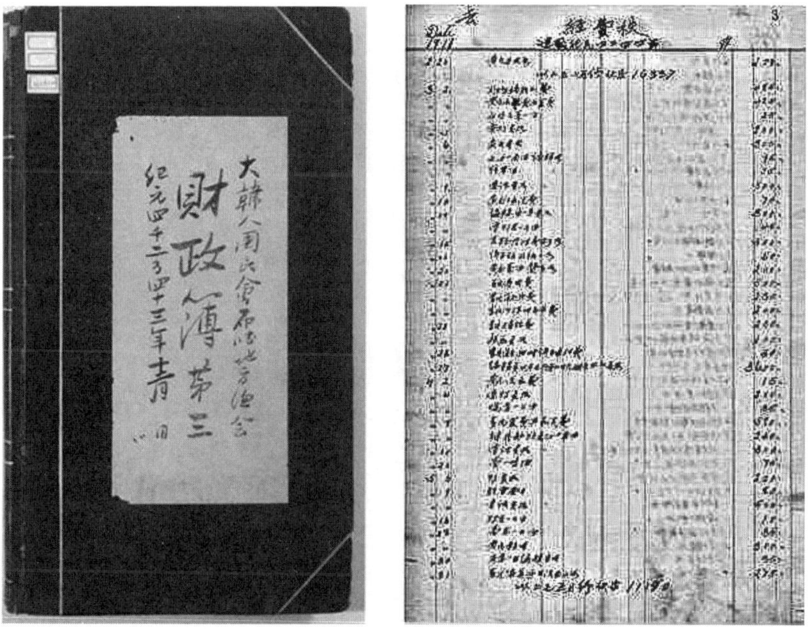

국민회 재정부

국민회는 1913년부터 연간 의무금을 $5로 인상하였다. 7월부터 9월까지의 재정보고에 의하면,289) 1912년도 이월금 $329.50과 1913년 6월 말 이월금 $532.22, 차대업(뜻을 알 수 없음) 수입 $600을 합한 $1,461.72의 수입과 3/4분기의 의무금 $2,575.70이 있어 총수입이 $4,037.42였다. 의무금 이외의 수입 $1,461은 별도로 모금한 월연금·구제금·교육금·차대업 수입을 포함한 것이다. 3/4분기에 520명이라는 회원이 의무금(구

289) 『국민보』, "총회 재정조사보고," 1913년 11월 1일.

입회금)을 납부했으며, 의무금 총액은 약 $2,600이었다. 따라서 520명의 회원이 의무금 $5을 냈음을 알 수 있다. 같은 시기의 총 지출액은 $3,416.57로 $620.85의 잔액이 있었다.

총 지출액에 포함된 것은 국민회 운영비 $1,239.80, 총회장 수고비 $75, 총재무 월급 $75, 여러 지방 대의원 여비 $37, 여러 지방 자치비용 $250, 구제부 비용 $7, 학무부 비용 297.60, 기지 구입비 $1,231.07(회관 기지 $367.77, 교회 기지 859.80, 처리비 $3.50)이었다. 그러나 중앙총회에 보내야 하는 연간 의무금 몫은 이 분기에 지출되지 않은 것 같다. 지출 내역에서 총회장 수고비 $75와 총재무 월급 $75는 그들에게 매달 각각 $25를 주었음을 보여주는 것이며, 구제금 $7은 차영근 진찰비($2)와 정국선 구제비($5)로 사용되었다. 학무부 비용 $297.60에는 여러 한글학교[290]에 보낸 보조금과 채근동의 입학경비 보조가 포함된 것으로 보인다.

1914년 2월 14일자 『국민보』 제3면에 실린 재무부 보고서에 의하면, 국민회의 1913년도 총수입은 $9,389.99이었고, 총지출은 $9,163.43으로 잔액이 $226.56이었다. 총수입 금액에는 구제부의 수입금 $91.30, 학무부 수입금 $771.55,[291] 그리고 나머지 약 $8,500의 의무금이 포함되어 있었다. 이 액수는 의무금 $5을 낸 회원 수가 1,700명이었음을 시사한다. 이 숫자는 국민회 중앙총회가 예측한 1913년도 하와이 국민회의 회원수 1,500명보다 많은 수이다. 제4장 〈하와이지방총회 자치규정과 법인

290) 1913년까지 하와이섬에 3개의 한글학교(힐로 · 코나 · 한흥), 마우이섬에 1개(동명), 오아후섬에 4개(에바 · 한명의숙 · 배영의숙 · 신민), 카우아이섬에 4개(동신 · 육영 · 신한의숙 · 신흥) 등 총 12개의 한글학교가 설립되었다.

291) 이 $771.53은 전부가 13개의 한글학교 보조비로 지출된 것 같다. 하와이 감리교선교부에서 운영한 한인기숙학원, 감리교 여선교회에서 운영한 스잔나 웨슬리홈, 이승만이 운영한 한인여자기숙학교는 보조금 수여에서 제외되었다. 『국민보』, "한인 소학교에 대한 보조금," 1914년 5월 2일.

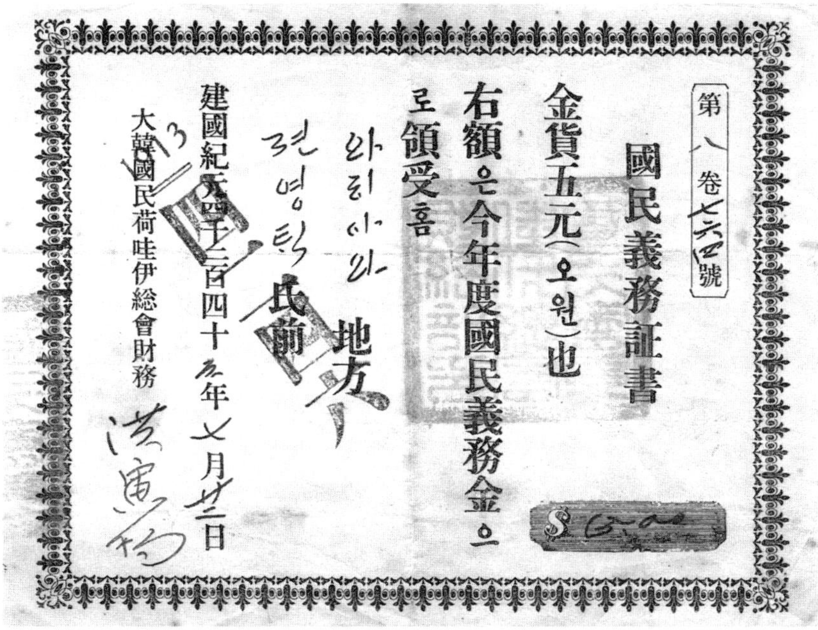
第 八 卷 號

國民義務証書

金貨五元(오원)也

右額은今年度國民義務金으로領受홈

地方

氏前

建國紀元四千二百四十 年 月 日

大韓國民荷哇伊総會財務

국민 의무증서 (1913)

등록〉에서 언급한 것과 같이, 1912년 11월 8~29일 샌프란시스코에서 열린 중앙총회 제1회 대표회의에서 중앙총회는 1913년에 하와이지방총회 회원 1,500명으로부터 연간 의무금 수입 $7,500이 있으리라 예상했는데, 이 액수의 1/5인 $1,500을 하와이지방총회에서 받을 수 있으리라고 추산했었다.

한편 $8,500의 의무금 액수는 김원용이 1914년 국민회 의무금이 $10,000을 초과했다고 기술한 것 보다는 적은 액수이다.[292] 여하튼 총 $10,000에 가까운 금액이 국민회에 입금되어 사용되었는데, 그 당시 $10,000은 미국 Economic History Services의 계산에 의하면, 2009년도 소비자 물가지수로 $223,480에 해당하는 금액이다. 그리고 제7장 〈1915

292) 김원용, 『재미한인오십년사』, 138쪽.

년과 1918년 소송 사건〉에서 밝힌 바와 같이 회관 건축비 보고서를 조사하면서 수전위원의 재정남용이 있었음을 알게 된 것으로 보아 회관 건축비는 별도로 모금되어 지출된 것 같다. 또한 제8장 〈국민회와 박용만〉에서 기술한 것과 같이 안원규가 기부했다는 막사 건축비 $1,200도 별도로 처리된 것 같다.

1915년도 재정은 자료부족으로 알 수 없다. 다만 재선되었던 김종학 총회장 대신에 홍한식이 총회장으로 선출되면서 1915년도 예산을 수정하여 『국민보』 보조금 $1,600과 중앙총회에 납부하기로 예정된 $2,000 예산을 삭감하고, 그 대신 이승만의 교육사업 지원비로 $1,000을 지급하기로 한 것을 알 수 있다.[293]

1937년 1월 27일자 『국민보』 사설에 의하면, 1934년에 국민회 재정이 극도로 곤란하여 사무를 볼 수 없게 되자 총회 임원이 전원 사직하였다. 다행스럽게도 일반 회원들의 공동 협조로 하와이총회가 부활되었는데, 그때부터 몇몇 회원이 계속하여 재정적으로 도움을 주었다. 회원들이 고령화함에 따라 회원수가 감소했을 뿐만 아니라, 또한 경제공황에 따른 재정적 어려움 때문에 다른 후원금도 줄었다.

1937년도 예산안에 의하면,[294] 의무금을 내는 회원수가 225명으로 감소되었음을 알 수 있다. 이들의 의무금 $1,125과 가옥세(총회관 방 임대) $600을 합하여 총수입이 $1,725이었다. 총지출은 신문사 보조비($160), 보험료, 전기세, 수도세, 통신비, 총회장 경비($50), 3·1절 경비($30) 등을 포함한 $1,725였다.[295] 1937년도의 국민회 재정이 1914년도의 재정

---

293) 손세일, 『이승만과 김구』, 1-2, 311쪽. 손세일은 1915년 7월 1일자 일본자료를 인용하였다. 한편, 『신한민보』 기사를 보면, 국민회가 『국민보』에 국민총회 회의록을 기재한다는 명목으로 신문사에 매월 $200을 지급하여 왔음을 알 수 있다. 『신한민보』, "중앙총회에 온 하와이 대의원의 공첩," 1915년 6월 10일.

294) 『국민보』, "총회 예산안," 1937년 2월 14일.

과 비교할 때 크게 축소되었음을 알 수 있다. 신문사에 대해서는 보조금 $160을 포함하여 약 $1,550의 예산이 책정되었다.

1939년도 예산안을 살펴보면,296) 남자 회원 320명과 여자 회원 150명(총회원 470명: 2년 전의 225명에서 증가)으로부터 의무금297) $2,100과 방세 $600 등 총수입 $2,610을 책정하였다. 2년 전 1937년보다 회원수가 증가했음을 알 수 있다. 지출을 살펴보면 국민회 총회관 수리비 $500과 신문사 보조금 $150이 포함되었는데, 신문사 예산은 국민회 보조금 $150을 포함한 $1,330이었다.

1943년도의 수입금은 다음과 같다.298)

1942년도 이월금	$1,308.02
인구세 여재금*	425.00
의무금	1,885.00
방세 수입	3,827.66
공채 이식금	12.50
증서비(證書費)	2.50
합　계	$7,460.68

(*인구세 여재금은 임정에 보내고 남겨둔 금액을 뜻하는 것 같은데, 국민회가 모금한 인구세 총액이 얼마였는지 알 수 없다. 1944년 6월 10일자 임정의 재무부령 제1호로 18세 이상 한인이 매해 납부하던 인구세 $1을 $10로 인상하라고 지시하였다.)

295) 흥미로운 것은 지출 항목으로 이항우(1911년 『신한국보』 편집인, 제8장 〈국민회와 박용만〉 주) 168 참조)의 묘지 벌초비로 연간 $3을 책정한 것이다.

296) 『국민보』, "연합의회, 제11차 속회," 1938년 12월 14일.

297) 1937년 12월 1일 임시대의회에서 의무금을 $5에서 $7.50으로 인상하였다. 『국민보』, "임시대회의록," 1937년 12월 15일.

298) *The Korean National Herald-Pacific Weekly*, "국민총회 재정공고," 1944년 1월 26일, p. 1.

총수입의 51%가 방세 수입인 점이 특이하다. 1937년도에 방세 수입이 총수입의 35%였고, 1939년에는 방세 수입이 전체 수입의 23%였다. 감소되는 의무금을 대신하여 국민회의 재정이 방세 수입으로 충당되고 있었음을 알 수 있다. 지출에는 전기세·물세·세금 등 경상비 이외에, 공채 구입(미국 전쟁공채 War Bond: $1,000), 자선부 연조($20), 적십자사 연조($10), 신문사 보조금($725), 경위대 보조금($25), 연말 선물($59), 사교비($31.50), 총회장 경비($100), 월급($1,500) 등을 포함한 $4,614.19였다. 작은 규모이지만 국민회가 흑자로 운영되고 있었다.

한편, 1943년 국민회 호상부의 재정상황은 총수입 $5,574에 지난 해 적립금을 포함하여 총 $9,576.31이었다. 이 중 호상비로 $2,922가 지출되고 적립금 $6,653.46이 남아있었다. 국민회의 총재정보다 조직의 일부인 호상부의 재정이 더 크고 여유가 있었다는 사실은 국민회가 재정적으로 고령의 회원들로 유지되었음을 의미한다.

1948년도 예산안[299]으로 $9,957.93의 수입을 책정했는데, 그 내역은 조월금(이월금을 뜻함?) $2,354.40, 의무금 $3,537, 집세 $3,454, 공채 변리 $12.50, 특연 $600 등이다.

3년 후인 1951년도 국민회 의무금 $2,415를 포함한 총수입은 $4,137.07이었고 총지출은 $4,403.89이었다. 1948년도 재정의 42%로 감소되었다.

1953년도 예산안에 의하면,[300] 1952년도 이월금 $482.82와 의무금 $10을 내는 (남자)회원 240명과 $5씩 내는 (여자)회원 100명, 즉, 총회원 340명의 의무금 수입이 $2,900이었다. 이외에 특별 보조금, 방세, 국민회 창립기념일 기금모금, 3·1절 기념 기금모금, 회관 수리비 특연($1,000) 등을 포함하여 총수입 $6,879.82를 책정하였다. 신문사에 대해서는 200

---

299) 『국민보』, "국민회총회 예산안, 1948년도," 1948년 1월 21일.

300) 『국민보』, "1953년도 예산안," 1953년 2월 4일.

부[301]의 대금 $1,500을 포함한 $2,703.62의 총수입을 예산하였다.

1957년도 예산안[302]에는 남자회원 180명과 여자회원 100명, 즉 총회원 280명의 의무금 $2,300을 포함한 $4,950의 총수입과 $4,750의 총지출이 책정되었다. 1957년 한 해 동안 신문사는 $3,224.51의 수입에서 $3,210.36을 지출하였고, 호상부는 $11,419.90의 수입에서 $3,397을 지출하였다. 1958년도 예산안[303]에는 의무금 $2,080을 포함한 $6,352의 총수입과 $5,554.67의 총지출이 책정되었다. 신문사는 한 해 동안 $3,418.75의 수입에서 $3,013.95을 지출하였다. 1959년도 예산안[304]에는 남자회원 134명과 여자회원 115명, 즉 총회원 249명의 의무금 $2,490을 포함한 $5,090의 총수입과 같은 액수의 총지출을 책정하였다.

1960년도 재정[305]은 총 $16,495.83(주차장 건설비 $5,175 포함) 수입에서 $10,285.82(주차장 수선비 $278.17 포함)을 지출하였다. 의무금 수입은 $2,665였는데, 새 회원 6명의 입회금과 의무금 $75이 포함되었다. 수입에는 "본국 4·19혁명의 청년구휼금" $100도 포함되었다.

1962년도 재정[306]은 총 $12,434.16의 수입에서 $14,122.68을 지출하였다. 총수입 액수에는 예전과 달리 국민회 수입($5,176), 『국민보』 수입 $2,799.36과 호상부 수입 $4,458.80이 포함되었다. 마찬가지로 총지출에도 국민회($5,908), 『국민보』($3,344.68), 호상부($4,870)의 액수가 포함

301) 1951년부터 1954년까지 500부를 발행하는 것으로 하와이정부에 보고되었다. 『국민보』, 1951년 10월 3일, 1953년 9월 30일, 1954년 10월 13일에 실린 보고서.

302) 『국민보』, "신임 총회장 이윤호씨의 예산," 1957년 1월 30일.

303) 『국민보』, "금번 대의회 재정조사위원 네 분 보고," 1958년 1월 15일.

304) 『국민보』, "총회장 박관두씨의 1959년도 예산결산," 1959년 1월 14일.

305) 『국민보』, "1960년도 총회 경상비 수입지출," 1961년 2월 1일.

306) 『국민보』, "1962년도 재정보고," 1963년 1월 9일.

되었다. 1962년부터 『국민보』의 발행 부수가 200부로 감소되었으나 지출액은 여전히 $3,000를 초과하여 신문사 운영은 적자를 면치 못하고 있었다.

위에서 볼 수 있듯이, 국민회는 회원들의 회비인 '의무금'으로 운영되면서 기관지인 『국민보』를 후원하였다. 신문 발간 이외에 국민회가 한글학교를 보조하고, 곤경에 처한 한인에게 도움을 주고, 별세한 한인들의 장례를 도운 것은 교육금·구제금·호상금 등의 특별 명목으로 받은 돈으로 충당하였다. 하와이 한인 여성단체들이 회비 이외에 재봉사업, 독립선언서 포스터 판매, 김치 판매, 연극 공연 등 특별활동을 통하여 스스로 기금을 마련한 것과는 다르다.[307] 또한 국민회는 조국의 국권회복을 위하여 애국금·인구세·독립금·혈성금 등 다양한 이름으로 모금하여 원동과 구미 각지의 외교 선전과 대한민국임시정부 유지와 군사운동의 경비를 조달하였다. 그러나 하와이 국민회가 이런 명목의 후원금을 정확히 얼마나 모금하였는지 기록이 없어 알 수 없다. 다만 김원용의 지적에 의하면,[308] 독립운동 기간에 하와이를 포함한 재미한인이 모금한 액수가 $300만(미국 Economic History Services의 평균 소비자 물가지수로 계산하면 2009년도 액수로 $6,700에 해당)을 초과하였다.

307) 한인 여성단체들의 활동에 관해서는, 이덕희, 「하와이 한인 여성단체들의 활동, 1903~1945」, 인천광역시 역사자료관 역사문화연구실 편, 『근대의 이민과 인천』, 2004, 63-116쪽.

308) 김원용, 『재미한인오십년사』, 435쪽.

제13장
국민회와 여성활동

1909년 2월 국민회가 조직되었을 때 남녀 누구나 회원이 될 수 있었다. 그러나 1909년 3월 9일에 발표된 「국민회 장정」과 1912년 12월 1일에 발표된 「대한인국민회 헌장」에 여성 회원에 관한 특별 조항은 없었으며, 또한 국민회 조직에 여성부가 따로 있지 않았다. 1913년 2월 1일에 제정된 「대한인국민회 하와이지방총회 자치규정」 제3장 제83조는 "국민회는 남녀의 평등권을 주장하는 고로 누구든지 의무를 다한 자에게는 권리를 쓰게 하되, 남자에게는 강제적으로 의무를 독촉하고 여자에게는 임의적으로 의무를 무를 일"이라고 하였다. 즉 남녀의 평등을 인정하면서도, 여자는 의무금을 임의로 내도록 허용하였다. 자치규정 제4장 제112조는 또다시 여자회원의 임의성을 밝혔다. "나이 61세 이상 되는 회원이 자의로 바친 의무금과 또 일반 부인들이 임의로 드린 의무금은 표 있게 쓰기 위하여 이 두 가지 의무금은 오직 조선(朝鮮)사업과 교육연비에 보용하고 결단코 다른 일에 쓰지 못할 일"이라고 못을 박았다. 그러나 국민회에 여성부가 별도로 설치되지는 않았다. 그리고 자치규정 제3장 제87조는 "남녀간 무슨 목적을 가지고 사회를 조직코자 하면 마땅히 국민총회의 인허를 얻어 조직함이 가하며, 만일 인허 없이 조직한 단체는 국민회에서 단체로 승인치 아니함"이라고 명시하여, 여성단체를 포함하여 국민회 이외 다른 조직은 국민회의 허가를 받고 조직하도록 하였다.

하와이의 여성 단체인 신명부인회는 1909년 2월 국민회가 설립되기 이전에 조직되었기 때문에 국민회의 인허가 필요 없었다. 또한 1909년 4월에 조직된 부인교육회는 자유교회 내의 조직이었기 때문에 국민회의 인허가 필요 없었을 것이다. 반면 1913년 4월에 설립된 대한부인회 그리고 1919년 3월 15일에 조직된 대한부인구제회는 아마도 국민회의 인준을 받고 조직되었을 것이다. 특히 *Advertiser*지의 보도기사[309]와 같이 부인구제회의 결성 모임에 지부를 포함한 각 여성 단체를 대표한 41명만이 모인 것이 아니고 한인 300여 명이 참석하였다는 사실은, 부인구제회

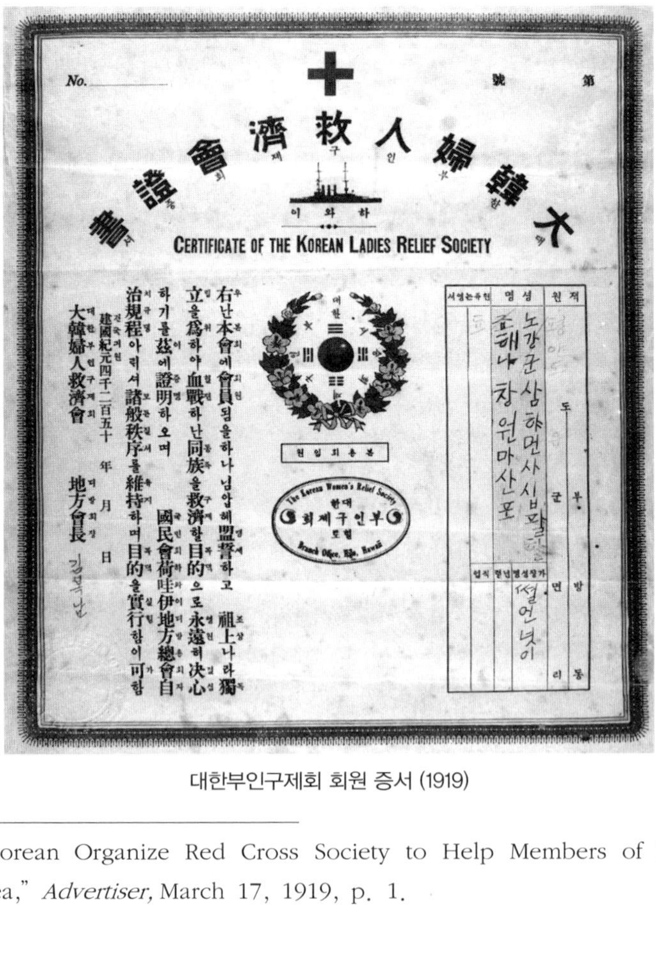
No. 第 號

大韓婦人救濟會證書

하와이

CERTIFICATE OF THE KOREAN LADIES RELIEF SOCIETY

右난本會에會員됨을하나님압헤盟誓하고 祖上나라獨立을爲하야血戰하난同族을救濟할目的으로永遠히決心하기를玆에證明하오며 國民會荷哇伊地方總會自治規程아래서諸般秩序를維持하며目的을實行함이可함

建國紀元四千二百五十 年 月 日

大韓婦人救濟會 地方會長

The Korean Women's Relief Society 대한부인구제회 힐로 Branch Office, Hilo, Hawaii

대한부인구제회 회원 증서 (1919)

309) “Korean Organize Red Cross Society to Help Members of Race in Korea,” *Advertiser,* March 17, 1919, p. 1.

가 국민회가 인준한, 국민회에 버금가는 범교포적 조직체였음을 시사한다.

이내수
국민회 총회장 (1910)

여기서 남녀 성비가 약 7 : 1이라는 비정상적인 1910년도의 한인사회에서 어떻게 여성 인구가 증가하여 여성들이 단체를 설립하고 활동할 수 있었는가를 살펴본다.[310] 1905년 8월 이민이 끝나면서 하와이에 성인남자 6,200여 명, 부녀자가 640명, 어린아이가 550명이 있었다. 그 후 2,000여 명이 미주 본토로 옮겨가고, 또 1,000여 명은 환국하였다. 그리하여 1910년 인구조사 당시에는 400여 명의 부인을 포함한 4,533명의 한인이 있었다. 1910년부터 이민자들이 고국에 두고 왔던 가족들과 새 배우자들이 미주 본토와 하와이에 건너올 수 있었다. 1924년 동양인 배척령(Oriental Exclusion Act)이 발효되기까지 하와이에 온 한인 859명 중 800명이 여자였다. 그 중 700명 미만이 1910년 12월 2일에 도착한[311] 국민회 총회장 이내수(당시 38세)의 부인 최사라(당시 23세)를 포함한 이른바 '사진신부'였다.[312] 사진신부는 대부분 애국정신이 강한 진취적인 여성들이었고, 이들 중에는 한국에서 신식 교육을 받은 이도 있었다. 이들 여성인구의 투입으로 하와이 한인의 인구가 좀 더 증가할 수 있었고, 따라서 한인사회 전체가 활력을 받을 수 있었다. 또한 여성들도 이전보다 좀 더 적극적으로 새로운 성격의 단체 활동을 할 수 있게 되었다.

1919년 3월 9일 국내의 3·1운동 소식이 알려지자, 3월 15일에 하와

---

310) 이덕희, 「하와이 한인 여성단체들의 활동, 1909~1945」 참조.

311) 『신한국보』, "부인래항," 1910년 12월 6일.

312) 사진결혼에 관해서는, 이덕희, 『한인기독교회·한인기독학원·대한인동지회』, 118-122쪽 참조.

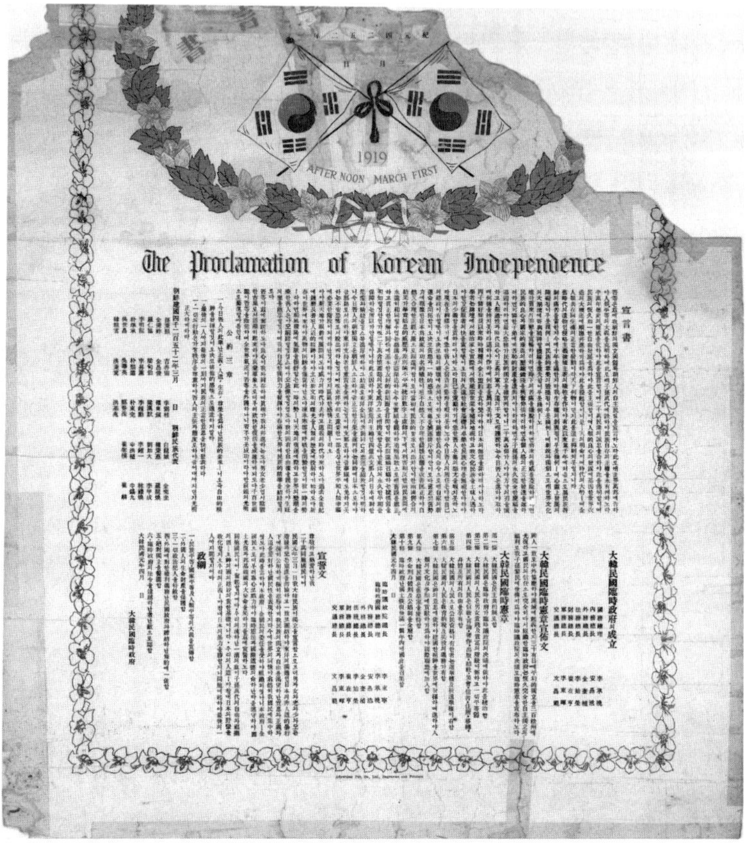

대한부인구제회 발행 '대한독립선언서' 포스터 (1919)

이 각 지방의 여성대표 41명이 국민회 총회관에 모여 조국 독립운동에 모든 역량을 기울이기로 하고 새로이 '대한부인구제회'를 결성하였다. 영자 신문 *Advertiser*지는 "한국에 있는 동포를 위해 한인들 적십자사 결성"이라는 제목 아래 대한부인구제회의 탄생을 보도하였다.[313] *Advertiser*지가 보도한 대로, 원래 명칭을 '대한적십자(Korean Red Cross Society)'

---

313) "Korean Organize Red Cross Society to Help Members of Race in Korea," *Advertiser*, March 17, 1919, p. 1.

라고 하려 했으나, 한국이 자주독립 국가가 아니기 때문에 그런 명칭을 사용할 수 없다 하여 대한부인구제회라 정했다.[314]

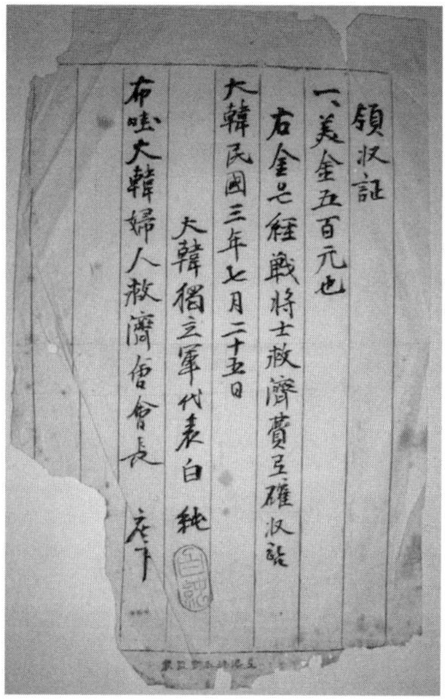
領收証
一、美金五百元也
右金은經戰將士救濟費로確收함
大韓民國三年七月二十五日
大韓獨立軍代表 白純
布哇大韓婦人救濟會會長 座下

대한독립군 대표 백순(白純)이 대한부인구제회에 보낸 영수증 (1921)

「대한부인구제회 장정」에 의하면 이 단체의 조직 동기가 한국에서 발발한 1919년 3월 독립만세운동의 소식을 듣고 "우리 여자들도 하늘이 준 국민 고유의 의무와 권리를 다함이 천직인 줄로 자각"하였기 때문이라고 밝히고 있다.[315] 단체의 명칭은 대한부인구제회라 하나, 만일 필요한 경우에는 '대한민국적십자회'로 변경할 수도 있다고 장정에 밝혔다. 대한부인구제회의 목적은 크게 두 가지였다.

1) 본국에서 난리(독립운동)로 참상을 당한 사람과, [독립]전쟁에서 부상당한 동족을 구원하는 것.
2) 부녀들의 절개와 예모와 근면하기를 서로 권장하여 대한부인의 참된 모습을 보전하는 것.

대한부인구제회는 발족 후 첫 사업으로 $350을 들여 '대한독립선언서

---

314) 통합에 참여한 김차순의 회고. Alice Chai, "Life History of Kim Cha Soon," Interview Note, no date, p. 4. '자주독립국가'여야 한다는 조항은 국제적십자 헌장에 명시되어 있는 것으로서 김차순의 기억이 정확함을 말해준다. 구제회 장정에도 대한적십자라는 이름의 가능성을 시사하고 있다.

315) 「대한부인구제회 장정」, 1919, 1쪽.

(The Proclamation of Korean Independence)' 컬러포스터(약 61×79cm 크기)를 Honolulu Advertiser Publishing Company에서 3,000장을 인쇄하여 팔았다.[316] 순이익금 $2,000 중에서 $800은 상해임정에 보냈고, 남은 $1,200에 조금 더 보태 $1,500을 3·1운동 당시 사상당한 애국지사들을 위한 구제금으로 한국에 보냈다.

대한부인구제회는 1921년에도 기금을 모집하여 그 기금을 만주에 있던 대한군정서와 대한독립군 총사령부에 출정군인 구호금 명목으로 보냈으며,[317] 중경의 한국광복군 편성 후원금으로도 보냈다.[318] 이와 같이 조국의 독립을 위하여 지원금을 보내는 한편, 하와이에서는 한글 신문의 중요성을 인식하여 『국민보』를 위해 연간 $15씩 지원하였다.

1925년에 대한부인구제회는 대한인동지회의 동지식산회사[319] 주식(주당 $100) 11주를 샀으며,[320] 주주총회에 대표자를 보냈다. 1930년 12월

---

316) Kingsley K. Lyu, "Korean Nationalist Activities in Hawaii and the Continental United States, Part II: 1919~1945," p. 59. 이 독립선언서 포스터에는 독립선언서 전문과 임정의 각료 명단, 임시헌장, 선언문, 정강이 실렸다. 하와이대학 한국학연구소에 약간 훼손된 1부가 소장되어 있고, 완전한 1부가 독립기념관에 소장되어 있다. 독립기념관 전시품 요록(86쪽)에 막연하게 '미주에서 발행한'이라는 설명서가 붙어있는데, 하와이의 대한부인구제회 발행임이 명시되기를 바란다.

317) "美金五百元을 程(?)戰將士救濟費로 確收함"이라는 영수증이 남아있다. 국가보훈처 편, 『미주한인 민족운동자료: 미주편4』, 1998, 499쪽.

318) 김원용, 『재미한인오십년사』, 234-237쪽. 위의 구호금이나 후원금 등이 어떤 경로로 보내졌는지는 앞으로 밝혀져야 할 점이다.

319) 동지식산회사에 관해서는, 이덕희, 『한인기독교회·한인기독학원·대한인동지회』, 309-326쪽 참조.

320) 「1931년 대표회의록」, 416쪽에 $1,100이 동지식산회사에 유금되어 있다는 기록으로 미루어, 11주를 구입한 셈이다. 동지식산회사는 1931년에 파산되었음으로 이 투자액은 잃어버렸다.

초에 22일에 개최될 동지식산주식회사 주주총회에 참석할 대표를 선출하기 위해 모인 회의에서 임원들 사이에 의견 충돌과 몸싸움이 있은 다음, 대한부인구제회는 국민회파와 동지회파로 분열되었다.

대한부인구제회의 분열사건에 관하여 호항(호놀룰루)부인구제회는 1931년 1월 10일자 『태평양주보』 제6~11쪽에 수록된 '사실셔'라는 글에서 자초지종을 밝히면서 부인구제회의 분열이 당시 한인사회의 반목 내지 분쟁[321]과는 직접 연관이 없고 관계된 임원들의 개인 문제에 기인한 것으로 보고하였다. 이 사실서에는 회장 곽마리아, 부회장 김복덕, 재무 김유실, 구제원 박엘리사벳과 회원 87명이 서명했는데, 이들은 대부분 동지회 회원들이었다. 당시의 『국민보』는 현존하지 않기 때문에 소위 국민회파의 회원들이 이 사건을 어떻게 보았는지 알 수 없다. 다만, 1949년 1월 28일 국민회파 부인구제회가 명칭을 '대한인국민부인회'로 바꾸면서 밝힌 부인구제회 분열의 이유는 다음과 같다.[322]

> 원래 우리 부인들의 각립이나 분열은 없었고 오직 남자 단체의 충돌로 인연하여 분열되는 풍조에 휩쓸려서 거금 30여년 신음 고통하여 왔습니다만 오늘날 우리 여자들의 각성으로 대한국민부인회를 창설함은 아무 다른 이유가 없고 우리 여자들의 대동결을 주장할 일편단심으로 성립함이니(하략) (띄어쓰기와 맞춤법은 현대식으로 고침)

호항부인구제회의 분열이 남자사회의 풍파와는 아무런 관련이 없이 일

---

321) 1920년도 후반경부터 고조된 이승만과 이용직(목사), 김현구 등과의 갈등, 교민단(국민회)과 동지회와의 반목 등을 일컬음. 이에 대해서는 홍선표, 「이승만의 통일운동」, 『한국독립운동사연구』 11, 한국독립운동사연구소, 1997, 261-298쪽 참조.

322) 대한부인구제회 중앙부장 승정한, "국민부인회 창립 경과," 『국민보』, 1949년 2월 16일.

어난 사건이라는 부인구제회의 주장에도 불구하고, 한인사회의 반목과 분쟁으로 인하여 부인들 사이에도 이견이 생겼기 때문에 서로 모이기를 꺼려하였음을 알 수 있다.

대한부인구제회가 두 파로 나뉘어졌지만, 두 조직이 1949년까지 같은 이름을 고집하여 계속 사용하였다. 그렇기 때문에 각 부인구제회에 관한 기사나 자료가 국민회 발간의 『국민보』이거나, 동지회가 발간한 『태평양주보』 중 어느 것에 실렸는지에 따라 어느 파의 부인구제회였는가를 가름할 수 있다. 1931년 회의록에 의하면 동지회파 부인구제회가 그 이전의 회의록과 재정을 관할하였고, 단체 인장을 개조하여 개별의 조직체임을 확실히 하려고 하였음을 알 수 있다.

부인구제회가 분리되기 전에는 대표회의가 교민단 총회관에서 열렸다. 분리된 후에는 국민회파는 교민단 총회관에서, 동지회파는 한인기독교회[323] 부속 신흥국어학교에 대표회의를 열였다.

1937년 1월 21일에 열린 국민회 대의회에서 국민회파 조병요 총회장이 대한부인구제회에 관하여 다음과 같이 제의하였다.

> 우리 사회 발전상 유익을 위하여 금후로는 더욱이 남녀동포의 협력병진이 필요되는 동시에 부인의 참정권을 허락하되 하와이 대한부인 전체의 정치적 대표기관은 하와이 대한부인구제회로 정하고 동 부인구제회를 국민회 지방 중 하나로 인증하여 동 부인회 대표를 우리 대의회에 참석케 할 것.[324]

---

323) 현존하는 한인기독교회는 1918년 말에 이승만이 감리교단에서 탈퇴하여 설립한 무교파의 독립교회이다. 이덕희, 『한인기독교회 · 한인기독학원 · 대한인동지회』, 35-40쪽 참조.

324) 『국민보』, "사설, 대의회에 제출한 총회장의 요구서," 1937년 1월 27일(영문 December 27은 오타).

이 제안을 통해 국민회 여성 회원들은 이때까지 참정권이 없었으며, 드디어 대한부인구제회 국민회파가 국민회 지방회의 하나로 인정을 받아 참정권을 갖게 되었다는 것을 알 수 있다. 동시에 지금까지 차별화되었던 의무금 액수도 동일하게 하도록 입안하기로 하였다. 그러나 1939년까지 예산액에 반영되지는 않았다. 1953년에도 남성회원의 의무금은 $10이고, 여성회원의 의무금은 $5이었다(제12장 〈국민회 재정〉 참조).

두 부인구제회는 계속하여 조국의 독립을 위한 기금모집 운동을 활발히 전개하였고, 하와이에서 발행되는 신문들은 이 사실을 계속 보도하였다. 국민회파는 『국민보』를, 동지회파는 『태평양주보』를 지원하였다. 기금모집 방법으로 떡, 김치, 대구나 무말랭이 무침 등을 만들어 팔고, 달걀도 내다 파는 등[325] 돈이 남을 수 있는 장사는 모두 하였다. 장사라는 것도 상점에 앉아 들어오는 고객에게 파는 것이 아니라, "등에 애기를 업고 따가운 햇살을 무릅쓰고 거리와 동리를 헤맨 행상"이었다.[326] 어느 때고 조국의 광복이 이루어질 것이라는 희망을 버리지 않았던 것이다.

대한부인구제회 회원들은 또한 여러 번의 연극공연을 하여 기금을 모집하였고, 1942년 4월에는 미・한 양국 국기를 교차시킨 '승리 휘장(victory badge)'을 만들어 팔았다. 부인구제회가 주문하여 일반에게 판매한 이 빼지에는 "미국 승리에 한국도 같이한다(Korea for Victory with U.S.)"[327]라는 문구를 새겨 넣었다. 몇 개를 만들어 얼마에 팔았는지 또 얼마의 수익금을 얻었는지는 알 수 없으나, 태평양전쟁에서의 미국의 승리를 기원하며 이를 통해 조국의 독립도 찾을 수 있으리라는 한인의 염원이 담긴 빼지였다.

---

325) 하와이 한인이민 90주년 기념사업회 주관, 〈사진신부〉(video) 인터뷰.

326) 안정송 자필 원고, 「하와이 국민부인회 역사」, 독립기념관 소장 자료 1-4907-010, 3쪽.

327) 『국민보』, "한인 휘장을 걸으오," 1942년 4월 8일.

대한부인구제회가 만들어 판매한 '승리' 휘장 (1942)

여성들이 대한부인구제회를 통해 다양한 방법으로 모금하여 애국사업에 바친 돈이 $20만이 넘었다고 한다.[328] 이 액수는 미국 Economic History Services의 평균 소비자 물가지수로 계산하면, 2009년도 액수로 $400만이 넘는다. 부인구제회 여성들의 활동상황과 사업 규모를 추측케 한다. 동지회의 외교원 이원순은 이승만이 평생 사업인 외교활동을 계속할 수 있도록 경비를 담당한 단체는 (동지회파) 부인구제회였다고 기술하였다.[329]

---

328) 김원용, 『재미한인오십년사』, 237쪽. 김원용은 $20만이 어느 기간 동안에 모아진 것인지 또 그 돈을 어떻게 사용했는지를 밝히지 않았다.

329) 이원순, "우리의 임시정부와 대미외교," 『태평양주보』, 1941년 4월 19일, 10-11쪽. 이원순은 "2, 3년전부터는 구미위원부 사무소를 다시 열고 이박사께서 평생사업으로 아시는 외교사업을 계속 활동하시며 동지회와 부인구제회가 그 경비를 전담하여 가는 바이라"라고 기술하였다. 이에 앞서 『태평양주보』 1940년 4월 6일자 표지에 동지회 중앙부의 이름으로 실린 "외교에 대하야"라는 제목의 글에 "여러분이 다 아시는 바와 같이 동지회와 부인구제회에서 외교비를 매삭 분담하여 그 동안에 구제회에서는 정액을 매삭 실기(失期)

1940년 10월 13일에 호놀룰루에서 연합한인위원회가 결성되었을 때 중한민중동맹단 · 독립단 · 동지회 · 국민회 · 부인구제회 등 5개 단체 중에서 부인구제회만 대표가 8명이었고 나머지 단체는 4명이었다. 국민회파 부인구제회의 곽명숙 · 김차순 · 김매들린 · 심영신, 동지회파 부인구제회의 김순연 · 손(김)노듸 · 이유실 · 정순이[330] 등 8명을 부인구제회 대표로 인정하였기 때문이다. 또한 1941년 4월 21일부터 5월 1일까지 호놀룰루에서 열린 해외한족대회에 부인구제회의 심영신(국민회)과 민함나(동지회)가 참가하였다. 그 후, 1944년 재미한족연합위원회가 10명의 임원과 위원을 더 선출했는데 그 임원 중 재무(부장)에 김공도, 위원에 안정송이 포함되었다.[331] 1945년 8월 15일 해방 후 재미한족연합위원회는 "건국 도상에 있는 국내 동포와 고락을 함께하자는 성의로 조국에 대표 파송을 결의하고" 미주 본토에서 5명, 하와이에서 9명의 대표를 선출하였다. 이 14명의 대표들 가운데 부인구제회의 안정송과 박금우가 포함되어 있다.

1940년대에 이르러 독립운동이 활발해지자 여성 대표들도 이에 적극 가담하였다. 그들은 독립자금을 모금하고 본국의 한재 · 수재에 구휼금을 보내는데 그치지 않고, 대표회의에 참석하여 독립운동의 정책을 수립하는데 적극 참여하기도 하였다. 문자 그대로 물심양면의 활동이며 헌신이었다. 1941년 3월 15일 『태평양주보』에 실린 '부인사회의 직책'이라는 제목의 사설에서 주필 김영기는 부인구제회의 역사야말로 "거액을 구취(鳩聚)하여 내지에 보내서 독립운동에 참가한 가족들을 도왔으며, 상해

없이 부송하였는데 동지회로서는 그 동안 상당히 정액을 못 보내드렸으니 일반 동지는 심히 민망히 여기실 줄 믿습니다"라고 하여 부인구제회가 실질적으로 경비를 전담했음을 알 수 있다.

330) 『태평양주보』, "각 단체 대표대회," 1940년 10월 29일, 15쪽.

331) 『국민보-태평양주보』 합병호, "위원회와 임원부," 1944년 1월 26일.

임시정부와 구미위원부의 외교사업을 극력 후원하였으며, 내지의 한재·수재에 구휼금을 보낸 역사"라고 기술하였다. 이 사설은 계속하여 "한 가지 제의할 것은 하와이에서 출생한 한인 여자에게 장학금을 1년에 얼마씩이라도 주어서 상당한 여자사회 인도자를 양성함이 가하도다"라고 하였다. 한인사회가 부인구제회 측에 차세대 여성지도자 양성의 책임까지도 기대하였음을 알 수 있다.

한편 6년 동안 두 파의 부인구제회가 각각 독자적인 활동을 하는 가운데, 1937년부터는 합동 노력이 펼쳐졌다. 그러나 합동은 그리 쉽게 이루어지지 않았다. 드디어 1949년 1월 28일에 국민회파 대한부인구제회가 정식으로 이름을 대한인국민부인회로 바꾸면서[332] 동명이체의 혼란에 종지부를 찍었다. 국민부인회의 초대 총회장에 승정한, 부회장에 오매들린이 선출되어 취임식을 가졌다. 국민부인회는 국민회 조직 자체와는 별개의 조직이었지만, 국민회 산하의 지방회와 같은 자격으로 밀접하게 연계하여 활동하였다. 동지회파 대한부인구제회는 1961년까지 그 이름을 그대로 사용하였다.[333]

이렇듯 국민회 조직내에는 여성부가 따로 조직되지 않았지만 여성들은 독자적인 조직체를 통하여 국민회를 지지하고 조국의 독립운동과 재난구조를 위해 경제적으로 지원하였다. 그런데 제14장 〈국민회의 변신〉에서 밝힌 것과 같이, 1961년 12월 14일에 채택된 「국민회 회칙(By-Laws of Kook Min Hur, Korean Community Association)」에 '여성부'가 조직되었다. 영문 회칙에 의하면, 지금까지 없었던 '여성부(Committee for the Women's Division)'를 새로 조직하고, 국민회 이사 중에서 선정된 위원장이 일반회원 중에서 2명을 선정하여 위원회를 구성했는데, 이 위원회

---

332) 『국민보』, "대한인국민부인회," 1949년 2월 16일.

333) 『우남이승만문서: 동문편』 12, 544-545쪽.

의 업무는 "국민회 내의 여성분과를 돕는 것이었다(Aid and assist the women's branch of the organization)." 이후 여성들의 활동이 어떻게 전개되었는지는 알 수 없지만, 국민회가 설립된 지 50년 만에 여성부가 따로 조직되었다는 것은 여성회원의 활동과 기여를 인지하는 시대 풍조에 부응한 것으로 해석할 수 있다.

국민부인회 회원 (1960년경) (왼쪽부터 이남수, 김차순)

제 14 장
국민회의 변신

1959년부터 2세 청년들이 국민회에 입회하기 시작하여 1959년 말에는 약 50명의 청년회원들이 있었다. 청년회원들이 새로이 와이키키 지방회를 조직하였다.[334] 이들 중에는 법률사 · 목수 · 플러머 · 전기사 · 측량사 등 각 분야의 전문인이 있었다. 와이키키 지방회원들은 자원하여 국민회 총회관 앞뜰에 정자를 건립하고, 1961년 5월 26일과 27일 양일에 걸쳐 정자 낙성식을 성대히 거행하였다. 정자 건립을 위해 수고한 책임자는 Wallace Kim이 었고, 엔지니어 Donald Park, 목수 Francis Park, 변호사 Andrew Lee 등이 함께 봉사하였다.

국민회 발족 당시부터 모든 한인은 회원이 될 수 있었다. 그러나 1935년에 「하와이 대한인국민회 헌장」이 채택된 이후 '무정부주의자 · 파괴주의자 · 공산주의자'는 국민회 회원이 될 수 없었다. 당시의 신문이 현존하지 않아 이 자격 조건이 공표되었는지는 알 수 없다. 그러나 1962년 1월 3일자 『국민보』에 회원자격이 공산당이 아니거나 공산당을 찬성치 않는 사람이어야 한다는 규정이 발표되었다.[335] 이와 같은 새로운 자격 요건이 추가되기 이전 1960년부터 국민회 임원들은 국민회 헌장을 개정할 것을 논의하였다.

1961년 9월에 새 헌장(규칙)안을 작성하여 전 회원에게 알리면서 투표

334) 『국민보』, "기특한 우리 청년들," 1961년 2월 1일.

335) 『국민보』, "총회광고, 국민회에 입회하는데 대하여," 1962년 1월 3일.

로 결정하기로 하였으나 투표는 지연되었다. 1961년 10월 22일에 총 임원과 각 지방 대표들이 모여 결정짓기로 하였으나 정원 미달로 다시 지연되었다. 그리하여 영문과 한글로 된 새 규칙안을 전 회원에게 우송하고 11월 30일까지 투표할 것을 알렸다.[336] 그 후 어떠한 과정을 거쳐 새 규칙이 채택되었는지는 알 수 없지만, 1962년 9월 30일자 『국민보』에 새로운 「국민회 회칙」(부록 7)[337]이 발표되었다.

새 「국민회 회칙(By-Laws of Kook Min Hur)」에 의하면, 국민회는 한글 명칭을 국민회(Kook Min Hur)로 유지하되, 영문 명칭 Korean National Association을 Korean Community Association으로 바꾸고, 이 회의 성격을 자선단체(eleemosynary institution)로 바꾸었다. 새 회칙에서 자선단체로서의 국민회의 추구한 목적을 아래와 같이 천명하였다.

제 2 장

제2절 본 회의 목적은 아래와 같다.

첫째, 그 목표를 자선단체로서의 사업으로 인도함.

둘째, 회원 상호간의 부조와 향상을 위하여 상호 협조, 친목과 교육의 증진을 도모한다.

셋째, 회원의 문화적·사회적·경제적인 여러 상태와 그 이해의 향상을 계획하고 장려한다.

넷째, 풍부한 한국의 모든 문화적·역사적인 자원을 교도하고 인식시키며 유지 고취함으로서 교포사회에 이바지한다.

다섯째, 제 민주주의 원칙과 인종적인 융합, 그리고 하와이 주민들의 건강과 행복의 향상을 목적으로 하는 교포사회의 모든 계획을 발기·

---

336) 『국민보』, "국민회 새 헌장에 대하여," 1960년 11월 1일.

337) "국민회 회칙," 2쪽. 이 회칙 전문에 대해서는 John K, Hyun, *Condensed History of the Gungminhoe, The Korean National Association (1903~1945)*, pp. 94-99 참조. 이 회칙은 1961년 12월 4일에 작성되었다.

계획 · 후원한다.

여섯째, 여러 가지 자선운동을 발기하고 후원한다.

일곱째, 본회의 뜻을 이루기 위하여 미국 내의 모든 한국 후손들을 격려하고 상호 협조 단결한다.

여덟째, 종교적 · 인종적인 신분 또는 그 신조를 이유로 하는 모든 편견과 차별대우를 배격하고 투쟁한다.

또 하나의 획기적인 변화는 회원 자격의 범위를 확대하여 한국인이 아닌 자도 회원이 될 수 있도록 한 것이다. 회칙 제4장 제1절 조항은 "만 21세 이상으로 하와이주에 거주하는 자로서 성품에 결함이 없는 모든 한국의 후손 또는 한국인과 그 문화에 비상한 관심을 가진 자는 누구나 회원이 될 수 있다"라고 명시하였다. 이 새 규칙이 발표되기 9개월 전인 1962년 1월 3일자 『국민보』에 발표되었던 "국민회에 입회하려면 공산당이나 공산당을 찬성치 않은 사람이어야 한다"라는 국민회 회원 입회 요건은 이 새 회칙에 포함되지 않았다.

또한 지금까지 국민회 내에 포함되지 않았던 '여성부(Committee for the Women's Division)'가 조직된 것도 새롭다. 이사 중에 선정된 위원장이 일반회원 중에서 2명을 선정하여 구성하는 이 위원회의 업무는 국민회의 '부녀관계 문제를 담당 · 처리하는 것'이었다. 그러나 영문 회칙은 "Aid and assist the women's branch of the organization"으로 명기되어 있어 국민회 내의 여성분과를 돕는 것이었다. 영문과 한글 회칙 사이에 미묘한 차이를 느낄 수 있는 것은 2세들이 영문 회칙을 한글로 번역했기 때문이라고 생각된다.

새로운 국민회 헌장의 채택 내지 회칙 변화는 국민회가 시대의 흐름에 적응하고 있음을 보여준다. 조국의 독립을 전제로 모든 활동을 추진해야 했던 국민회는 반세기가 지나 국권이 회복된 후에는 자선단체 즉 사회복지 활동에 주력하는 단체로 그 성격이 바뀌었다. 대다수의 젊은 2세들은 초기 국민회의 필요성을 느끼지 않고 있었다. 뿐만 아니라, 국민회는 한국인이 아니더라도 한국문화에 관심을 보이는, 그리고 한국을 사랑하는 사람을 영입하려고 하였다.

건축설계사 박관두(박종수의 아들)가 1959년에 국민회 와이키키 지부를 조직하고, 1959~1960년 간에 회장직을 맡으면서 국민회 총회관의 전반적 수리를 제안하였다. 박관두의 후임으로 1961년에 선출된 회장 Joe Kim은 전반적인 수리와 더불어 가구 등 모든 것을 교체해야 할 것을 구체적으로 지적하였다. 1963년 새 회장 Edward Kim(김영내)은 1963년 4월 10일자 『국민보』 사설에서 지난 16년 동안 사용해온 건물의 개수(改修)와 가구 교체의 필요성을 강조하였다.

Edward Kim 회장은 드디어 5월 15일자 『국민보』에 국민회관 총 수리비가 $66,000으로 예상되며 이를 위해 기금모집을 개시할 것을 발표하였다.[338] 10월 6일에 모인 각 지방 회장과 국민부인회장은 2년에 걸쳐 $60,000을 모금할 것을 결정하였다. 1세대 임원들은 1946년에 입주한 후 한 번도 수리하지 않은 회관을 젊은 세대에게 물려주면서 보수비용까지도 마련하여 주고자 하였다. 1세대 임원들은 "우리가 아무리 늙었어도 최후로 이 일을 성사시켜 주어야 할 것"이라고 하며 "죽기 전에 모든 힘을 총동원하여 보자"고 다짐하였다.[339] 그러나 그 결과는 알 수 없다.

1963년 12월 11일자 『국민보』에는 국민회 총회관의 침실 2개 아파트를 임대한다는 광고가 실렸다.[340] 이는 1940년대부터 시작한 회관 임대 수입으로 총회관을 유지하는 방법을 계속한 것임을 보여준다. 더구나 생존하는 초기 이민자들의 수가 20명 미만으로 줄었고, 또 이들이 고령으

338) 『국민보』, "국민회 기금모집," 1963년, 5월 15일.

339) 『국민보』, "기금모집위원회 국민회관에서 회집," 1963년 10월 9일.

340) 『국민보』, "총회관 2 침실 별관 세 놓습니다," 1963년 12월 11일.

로 활동을 자유롭게 할 수 없게 되면서 회관을 유지할 수 있는 방법은 이것밖에 없었다. 더욱 안타까운 것은 2세들의 국민회 활동 참여가 저조하기 때문에 더 이상 인력을 동원할 수 없었으며, 이에 따라 총회관은 계속 쇠퇴하였다.

그러다가 1970년부터 새 이민자들이 도착하면서 1981년 3월에 회원이 60명으로 증가되어 총회관을 사교 모임의 장소로 사용하게 되었으나, 건물 관리 문제는 여전히 남아있다. 1990년부터는 건물 사용자가 거의 없어지고 1990년대 중반부터 초기 이민자들의 2세 회원 몇 명이 국민회의 명맥을 잇고 있는 실정이다. 그 결과 국민회는 드디어 2002년 1월 17일에 총회관을 한국의 사립 독립문화재단에 $55만에 매각하였다.

국민회가 조직된 후 약 5년 만에 어려운 경제 여건에도 불구하고 4,500여 명의 적은 수의 한인들이 지극 정성으로 성금하여 마련한 총회관이 약 90년이 지난 후 더 이상 필요 없게 된 것이다. 총회관은 없어졌으나 국민회 조직의 역사적 의미를 잃지 않으려는 취지에서 21명의 회원이 2002년 12월 14일에 모여 국민회의 영문 명칭을 다시 Korean National Association으로 바꾸기로 결정하였다. 그리고 2004년 1월 26일에 국민회재단(Kook Min Hur Foundation)을 조직하고, 초기 이민자의 2세와 3세인 Duke H. Chung Jr.(회장), Kerry S. B. Ahn(부회장 겸 회계), Bassil Dunn(서기, 전경무의 조카), Scott Dunn(전경무의 조카 손자; 2011년 6월 11일에 50세로 사망, 2011년 11월 현재 후임은 결정되지 않음) 등 4명을 이사진으로 영입한 다음, 매각기금의 이자 수입을 한인사회를 위한 활동 후원금으로 사용하도록 조치하였다.

2009년 3월 6일 국민회재단은 호놀룰루 컨트리클럽(Honolulu Country Club)에서 국민회 100주년 기념 만찬을 주최하였다.

맺음말

하와이 이민은 대한제국의 고종황제가 윤허한 한인의 첫 해외 집단 이주였다. 그러나 대한제국은 하와이에 거주하는 국민을 보호할 생각도 못했고, 보호할 힘도 없었다. 대한제국은 1905년에 외교권을 잃으면서 하와이 이민을 중단해야 했고, 5년 후에는 국권을 상실하였다. 이처럼 대한제국이 멸망해 가는 상황 속에서 하와이 한인들의 교육과 복지를 위해서, 그리고 조국의 국권회복을 위해서 조직된 자치적 사회단체가 바로 대한인국민회이다.

국민회는 정부를 잃어버린 국민을 대표하고 대변하는 정부의 역할을 담당하였다. 그런데 하와이 한인사회를 이끌어 나간 국민회 지도자들 사이에는 생각과 추진 방법의 차이를 둘러싸고 분열양상이 나타나기도 했다. 더구나 국민회는 12년 늦게 조직된 대한인동지회와 대립하는 상황에 처하게 되었다. 서로 합동하려는 노력도 있었지만, 두 단체의 회원들이 상대방을 견제하면서 한인사회가 둘로 나누어진 것도 사실이다. 그러나 어쩌면 그런 상황으로 말미암아 하와이 한인사회가 교육·복지·정치·홍보활동 등 모든 분야를 활발하게 이끌어 갈 수 있었던 요인이었는지도 모른다.

저자는 이 책을 발간함으로써 2003년에 출간한 『하와이 이민 100년, 그들은 어떻게 살았나?』, 2008년에 출간한 『한인기독교회·한인기독학원·대한인동지회』와 함께 110년을 바라보는 하와이 이민의 첫 반 백년사를 부족하나마 대강 다루었다고 생각한다. 10여 년에 걸쳐 하와이 한인 이민사를 연구하면서 저자의 마음속에서 떠나지 않은 것은 이민 선조들이 단순히 배불리 먹기 위해 ('벼 禾'와 '많을 多'를 합한 글자인 이민의 '移'가 지시하듯) 떠난 '별 볼 것 없는' 사람들이 아니었다는 생각이다. 20세기 초 대한제국을 떠난 이들은 육체적 배고픔뿐만이 아니라 가슴 속 깊은 곳에 도사리고 있던 정신적 배고픔을 채우려고 도전했던 사람들이었다.

역사적으로 하와이 총인구의 2%밖에 되지 않는 소수민족인 한인의 이민사는 1898년에 미국의 영토가 된 하와이의 현대사와 함께 하였다. 한인 이민사는 이국 땅 하와이에서 조국의 독립을 위해 계속 헌신한 역사였으며, 강인하고 성실한 삶을 이어가며 미국 안에 뿌리내린 성공의 역사였다. 이 역사 속에 국민회가 있었다.

부 록

1. 국민회 장정(國民會 章程) (1909)
2. 대한인국민회 헌장(大韓人國民會 憲章) (1912)
3. 대한인국민회 하와이지방총회 자치규정(大韓人國民會 荷哇伊地方總會 自治規程) (1913)
4. Charter of Incorporation of the Korean National Association of Hawaii(하와이 대한인국민회 법인 헌장) (1913)
5. 대한인 하와이교민단 자치규정(1923)
6. 하와이 대한인국민회 헌장(1935)
7. 국민회 회칙(1961)
   By-Laws of Kook Min Hur, Korean Community Association
8. 국민회와 교민단의 역대 총회장
9. 국민회의 역대 지방대의원과 지방회장
10. 국민회 연표

일러두기

1. 자료의 원문을 그대로 입력함을 원칙으로 하였다.
2. 띄어쓰기는 현대 표기로 바꾸었다.
3. 원문의 오기(誤記)는 확실한 경우에 바로잡아 입력하였다.
4. 식별 불능 글자는 '□'로 표시하였다.
5. 한자의 숫자는 아라비아숫자로 바꾸었다.
6. 어려운 한자나 고유명사가 순한글로 표기된 경우 독자의 편의를 위해 괄호 안에 한자를 병기하였다.

1. 국민회 장정(國民會 章程) (『신한민보』, 1909.4.13, 4.20, 5.11)

第1章 總則

뎨1됴 본회의 회명은 국민회라 칭홈.

뎨2됴 본회의 목뎍은 교육과 실업을 진발ᄒᆞ며 ᄌᆞ유와 평등을 뎨창ᄒᆞ야 동포의 영예를 증진ᄒᆞ며 조국의 독립을 광복케 홈에 잇슴.

뎨3됴 본회의 계급은 즁앙총회와 디방총회와 및 디방회의 셰 가지로 구별홈.

뎨4됴 본회의 위티ᄂᆞᆫ 좌와 갓ᄒᆞ니,

1. 즁앙총회ᄂᆞᆫ 일뎡ᄒᆞᆫ 위티가 업고 시의의 편리홈을 좃ᄎᆞ 두옴
2. 디방총회ᄂᆞᆫ 각 디방의 교통ᄒᆞ기 편리홈으로 아ᄂᆞᆫ 곳에 두옴
3. 디방회ᄂᆞᆫ 한 부분 디방회원의 모히ᄂᆞᆫ 곳에 두옴

뎨5됴 본회의 셩립은 건국 긔원 4242년 2월 1일로 시작홈.

第2章 中央總會

뎨6됴 즁앙총회ᄂᆞᆫ 디방총회에셔 공선(公選)ᄒᆞᆫ ᄃᆡ표원 각 3인과 ᄃᆡ표원의 선거ᄒᆞᆫ 회쟝과 부회쟝으로써 조직홈.

뎨7됴 즁앙총회의 임원은 좌와 갓ᄒᆞ니,

회장	1인
부회쟝	1인
총무	1인
셔긔	1인
직무	1인
학무원	1인
법무원	1인
외교원	1인

뎨8됴 젼됴의 총무 이하 임원은 회쟝이 ᄌᆞ쳔하야 즁앙총회의 승락을 엇음을 요ᄒᆞᆷ.

뎨9됴 특별ᄒᆞᆫ ᄉᆞ무가 잇ᄂᆞᆫ ᄣᆡ에ᄂᆞᆫ 회쟝이 위원을 ᄌᆞ벽(自辟)ᄒᆞ야 그 ᄉᆞ무를 쳐리케 ᄒᆞᆷ을 득ᄒᆞᆷ.

뎨10됴 회쟝과 부회쟝이 다 흠결ᄒᆞᆫ 경우에ᄂᆞᆫ 즁앙총회에셔 회쟝을 투표ᄒᆞ야 공션ᄒᆞᆷ.

뎨11됴 ᄃᆡ표원이 즁앙총회의 임원을 셩뎡ᄒᆞ거나 혹 흠결ᄒᆞᆫ ᄣᆡ에ᄂᆞᆫ 디방총회에셔 즉시 그 ᄃᆡ(代)를 보츙ᄒᆞᆷ.

뎨12됴 즁앙총회의 의결ᄒᆞᄂᆞᆫ ᄉᆞ항은 좌와 갓ᄒᆞ니,

1. 쟝뎡을 변경ᄒᆞ거나 증감ᄒᆞᄂᆞᆫ 것
2. 각 디방총회의 공동ᄒᆞᆫ ᄉᆞ업이 잇ᄂᆞᆫ ᄣᆡ에 이것을 지휘ᄒᆞ며 명령ᄒᆞᄂᆞᆫ 것과 시비의 분징이 잇ᄂᆞᆫ ᄣᆡ에 이것을 심사ᄒᆞ며 ᄌᆡ단ᄒᆞᄂᆞᆫ 것
3. 회쟝, 부회쟝 이외의 임원 션뎡의 승낙ᄒᆞᄂᆞᆫ 것
4. ᄆᆡ년도의 예산 결산과 밋 예산 외의 지츌ᄒᆞᄂᆞᆫ 것
5. 디방총회의 셜립, 합병, 분할과 밋 ᄒᆡ산에 관ᄒᆞᆫ ᄉᆞ항
6. 각 디방총회에셔 질품(質稟)ᄒᆞᄂᆞᆫ 즁대 ᄉᆞ항

뎨13됴 총무 이하 임원은 즁앙총회 회의에 ᄃᆡᄒᆞ야 의견은 진슐호ᄃᆡ 표결ᄒᆞᄂᆞᆫ 권은 업슴.

뎨14됴 즁앙총회ᄂᆞᆫ 임원의 ᄉᆞ무 쳐리ᄒᆞᆷ에 관ᄒᆞ야 좌긔(左開)ᄒᆞᆫ 권리가 잇슴.

1. 의견을 진슐
2. 셔류를 됴사
3. 질문이나 혹 쳐벌

뎨15됴 뎨8됴의 승락ᄒᆞᄂᆞᆫ 것과 젼됴의 권리를 실ᄒᆡᆼᄒᆞ기로 의결ᄒᆞᆫ 경우에ᄂᆞᆫ ᄃᆡ표원만 ᄀᆡ회ᄒᆞᆷ을 요ᄒᆞᆷ.

뎨16됴 즁앙총회의 ᄀᆡ회ᄂᆞᆫ ᄃᆡ표원 4분의 3 이샹의 츌셕을 요ᄒᆞ며 의결ᄉᆞ항은 츌셕원 4분의 3 이샹의 가표를 인ᄒᆞ야 결뎡ᄒᆞᆷ.

第3章 地方總會

뎨17됴 디방총회는 두 기 이샹의 디방회의 쳥원으로 즁앙총회의 인쥰을 엇어 셜립홈.

뎨18됴 디방총회는 디의원회와 임원회의 두 가지로 난호니 디의원회는 디방회의 공션훈 디의원 각 2인으로 임원회는 디방총회의 임원으로 조직홈.

뎨19됴 디의원회의 의결ᄒᆞ는 ᄉᆞ항은 좌와 갓ᄒᆞ니,

1. 쟝뎡 범위 닉에셔 ᄉᆞ무 쳐리에 관훈 셰측을 졔뎡
2. 임원의 션뎡
3. 예산결산과 예산외 지츌
4. 젼년도의 ᄉᆞ업셩젹의 됴사와 리년도의 경영홀 요무(要務)의 립안(立案)
5. 임원이 ᄉᆞ무 쳐리샹에 불명 불졍훈 일이 잇는 ᄯᅢ에 질문이나 혹 쳐벌

뎨20됴 디의원회는 어나 ᄯᅢ던지 임원회의 문부를 됴사홈을 득홈.

뎨21됴 디의원회의 기회는 통샹과 림시의 두 가지로 난호니,

통샹회는 미년 12월 15일로 시작ᄒᆞ야 익년 1월 20일ᄭᆞ지 한호디 다만 ᄉᆞ무의 만코 젹은 것을 좃ᄎᆞ 디의원회의 의결로 긔한을 늘이거나 혹 줄이기도 득홈.

림시기회는 디의원 3인 이샹의 갓훈 의견이나 혹 임원회의 요구를 인ᄒᆞ야 림시 기회홈.

뎨22됴 디의원회의 소집은 디방총회 회쟝이 이것을 힝홈.

뎨23됴 대의원회는 의ᄉᆞ의 편의를 위ᄒᆞ야 의쟝 이하 필요훈 ᄉᆞ무원을 셔로 션뎡ᄒᆞ야 항샹 두옴.

뎨24됴 디방총회의 임원은 좌와 갓ᄒᆞ니,

회쟝 1인

부회쟝 1인

총무 1인
셔긔 1인
직무 1인
학무원 1인
법무원 1인
외교원 1인
구졔원 1인

뎨25됴 젼됴의 총무 이하 임원은 대의원회에셔 션뎡호듸 혹 듸의원이 임원을 피션ᄒᆞ는 경우에는 그 흠결을 즉시 보츙홈.

뎨26됴 회쟝, 부회쟝이 다 흠결ᄒᆞᆫ ᄯᅢ는 듸의원회에셔 회쟝을 공션ᄒᆞ며 기타 임원이 흠결ᄒᆞᆫ ᄯᅢ는 임원회에셔 이것을 공션홈.

뎨27됴 임원회의 의결ᄒᆞ는 ᄉᆞ항은 좌와 갓ᄒᆞ니,

1. 듸의원의 림시 소집
2. 예산안 뎨츌과 예산외 지츌의 쳥구
3. 흠결ᄒᆞᆫ 임원의 션뎡
4. 디방회의 셜립과 합병과 분할과 및 ᄒᆡ산
5. 기타 즁듸ᄒᆞᆫ 관계가 잇는 ᄉᆞ항

뎨28됴 임원회는 젼됴의 의결ᄉᆞ항이 잇는 ᄯᅢ에 ᄀᆡ회홈.

뎨29됴 디방총회는 즁앙총회에 즁대 ᄉᆞ항은 슈시 보고ᄒᆞ며 기타 ᄉᆞ항은 ᄆᆡ월죵(每月終)에 보고ᄒᆞ며 좌ᄀᆡᄒᆞᆫ 셔류는 ᄆᆡ년죵에 슈졍 송교홈을 요홈.

1. 디방회의 회원, 셩명, 거쥬록과 디방회의 임원과 디방총회의 듸의원과 임원의 셩명록
2. 직무 회계부
3. ᄉᆞ업셩젹셔

第4章 地方會

뎨30됴 디방회는 15인 이샹이 주지ᄒᆞᆫ 회원의 쳥원으로 디방총회의 인쥰을

엇어셔 셜립홈.

뎨31됴 디방회는 그 디방에 주지훈 젼수회원으로써 조직홈.

뎨32됴 회원이 어나 디방에 잇던지 젼쳬에 관훈 亽건에 취ᄒᆞ야는 현시에 주지훈 디방회에셔 표결권이 잇고 혹 다른 디방회에 일홈을 옴기는 경우에는 본 디방회의 소긔셔가 잇슴을 요홈.

뎨33됴 디방회의 임원은 좌와 갓ᄒᆞ니,

회쟝	1인
부회쟝	1인
총무	1인
셔긔	1인
직무	1인
학무원	1인
법무원	1인
구졔원	1인
평의원	3인 이샹 9인 이하

뎨34됴 평의원쟝은 부회쟝이 례겸홈.

뎨35됴 평의원의 션뎡은 디방회에셔 직힝ᄒᆞ고 기타 임원은 평의원회의 공쳔훈 각 3인 즁에셔 디방회가 이거슬 션뎡홈.

뎨36됴 임원이 흠결ᄒᆞ고 션츌ᄒᆞ기 젼이나 혹 유고훈 ᄯᅵ에는 회쟝이 그 임무 ᄃᆡ판인(代辦人)을 자벽(自辟)홈을 득홈.

뎨37됴 디방회의 긔회는 통샹과 림시의 두 가지로 난호니 통샹긔회는 미월 1차식 림시긔회는 특별훈 亽고가 잇는 ᄯᅵ에 힝홈.

뎨38됴 예산안과 및 예산외 지츌 등 亽항과 쳐리홀 亽무의 즁대훈 것은 임원이 평의원회의에 보ᄂᆡ야 란샹(爛商)훈 후에 디방회에 뎨출ᄒᆞ며 회원이 회즁 亽무에 특별훈 의견이 잇는 ᄯᅵ에는 의견셔를 평의원회의에 밧쳐 찬셩을 엇은 후에 디방회에 뎨츌홈.

뎨39됴 임원이 亽무 쳐리샹에 불명불졍훈 일이 잇는 ᄯᅵ에는 10인 이샹 회원의 청원으로 림시회를 열고 질문 혹 쳐법의 ᄉᆞ항을 의결호ᄃᆡ 다만 그 칙을 당홀 힉 임원은 참셕홈을 허ᄒᆞ지 아니홈.

뎨40됴 디방회ᄂᆞᆫ 디방총회에 즁대ᄒᆞᆫ ᄉᆞ항은 슈시 보고ᄒᆞ며 기타 ᄉᆞ항은 ᄆᆡ 월죵에 보고ᄒᆞ며 좌긔ᄒᆞᆫ 셔류ᄂᆞᆫ ᄆᆡ년죵에 슈정 송교홈을 요홈.

1. 임원 셩명록과 회원 셩명거주록
2. 직무 회계부
3. ᄉᆞ업 셩젹셔

뎨41됴 디방회ᄂᆞᆫ 유지ᄒᆞ기 어려울 ᄉᆞ고가 잇셔 디방회의 의결노 디방총회의 인준을 경(經)ᄒᆞ거나 혹 디방총회의 명령으로 히산홈을 득홈.

뎨42됴 디방회가 어나 디방총회에든지 부속홀 쳐가 업ᄂᆞᆫ ᄯᅢ에ᄂᆞᆫ 즁앙총회의 직졉 관할홈을 밧음.

第5章 任員의 權限

뎨43됴 회쟝은 그 회를 ᄃᆡ표ᄒᆞ며 회즁 一톄 ᄉᆞ무를 감독홈.

뎨44됴 부회쟝은 회쟝의 ᄉᆞ무를 협찬ᄒᆞ며 회쟝이 유고ᄒᆞᆫ ᄯᅢ에ᄂᆞᆫ 그 ᄉᆞ무를 ᄃᆡ판ᄒᆞ며 흠결ᄒᆞᆫ ᄯᅢ에ᄂᆞᆫ 그 디위를 보츙홈.

(제45조~제56조 결락)

第6章 選擧 及 任期

뎨57됴 디방총회의 ᄃᆡ의원은 각기 소관 디방회에셔 전슈회원의 투표를 요홈.

뎨58됴 즁앙총회와 디방총회의 회쟝은 년령이 25셰 이샹된 쟈를 요홈.

뎨59됴 즁앙총회의 ᄃᆡ표원과 및 임원의 임긔ᄂᆞᆫ 2긔년으로 디방총회의 ᄃᆡ의원과 및 임원과 디방회의 임원의 임긔ᄂᆞᆫ 1긔년으로 뎡홈.

뎨60됴 즁앙총회의 ᄃᆡ표원과 회쟝과 및 부회쟝의 션거ᄂᆞᆫ 임긔가 만료ᄒᆞ기 3긔월젼에 힝홈.

第7章 入會 及 退會

뎨61됴 본회 회원의 자격은 그 거쥬의 국닉 국외를 불문ᄒᆞ고 좌에 됴건을 요홈.

1. 남자 15세에 만ᄒᆞᆫ 쟈
2. 품힝이 단졍ᄒᆞᆫ 쟈

뎨62됴 본회에 입참ᄒᆞᆯ 지원이 잇난 쟈는 회원의 보쳔이 잇는 청원셔를 평의원회에 드려 디방회의 가결을 요홈.

뎨63됴 회원은 벌측을 의지ᄒᆞ야 츌회나 혹 쳥원을 인ᄒᆞ야 디방회의 가결로 퇴회함을 득홈.

第8章 財政

뎨64됴 본회에 지졍은 좌기ᄒᆞᆫ 6죵으로 셩립홈.

1. 입회금
2. 월연금
3. 의연금
4. 교육금
5. 구졔금
6. 벌금

뎨65됴 입회금은 1원 이샹 2원 이하로 뎡홈.

뎨66됴 월연금은 ᄆᆡ월에 10젼 이샹 50젼 이하식 교육금과 구졔금은 ᄆᆡ년에 50젼 이샹 1원 이하로 뎡호ᄃᆡ 다만 지학ᄒᆞᆫ 싱도에 ᄃᆡᄒᆞ야는 관면홈을 득홈.

뎨67됴 입회금과 월연금의 2분의 1과 교육금과 구졔금은 디방회에셔 디방총회에 랍(納)홈.

뎨68됴 디방총회에셔 슈입ᄒᆞᆫ 월연금 5분의 1은 즁앙총회에 랍홈.

뎨69됴 디방회가 ᄒᆡ산ᄒᆞᆯ 경우에 잉여지졍이 잇스면 디방총회에 랍홈.

뎨70됴 직졍을 지츌홈에는 회쟝과 총무와 및 직무의 셔명홈을 요홈.

뎨71됴 직졍의 헌입익이 50원 이외에 여익이 50원에 만(滿)ᄒᆞ거든 총무와 직무가 련셔ᄒᆞ야 은힝에 뎌치홈.

뎨72됴 직무는 ᄆᆡ 통상회에 직졍회계을 디방회 회즁에 보고ᄒᆞ며 ᄆᆡ년죵에 즁앙총회는 디방총회에 디방총회는 디방회에 직졍 통계를 공포홈.

뎨73됴 본 장뎡에 원(元)이라 칭홈은 각회 소직 디방의 본위화를 죵홈.

第9章 罰則

뎨74됴 본회의 쳐벌은 좌긔ᄒᆞᆫ 5죵으로 구별홈.

1. 샤과
2. 견칙
3. 벌금
4. 파면
5. 츌회

뎨75됴 샤과는 회원이 짐즛이나 혹 과실로 달은 회원의 신톄나 명예에 손히를 밋게 ᄒᆞᆫ ᄯᅢ에 공셕이나 혹 공고로 그 죄과를 사례홈을 닐옴.

뎨76됴 견칙은 공셕이나 혹 사무실에 죄과를 들어 10긔월 이샹 3긔월 이하의 게시홈이니 그 죄과는 좌와 ᄌᆞᆺ홈.

1. 회원 명예에 슈티 될 만ᄒᆞᆫ 힝위
2. 임원의 임무상에 틱타(怠惰) 혹 착오

뎨77됴 벌금은 좌와 갓ᄒᆞ니,

1. 회셕에 규측을 문란케 ᄒᆞ거나 혹 임원에 ᄃᆡᄒᆞ야 무례ᄒᆞᆫ 힝위가 잇는 ᄯᅢ에는 10젼 이샹 5원 이하 벌금에 쳐홈
2. 후쥬 도박과 아편연을 ᄲᅡ는 것과 ᄌᆞᆺᄒᆞᆫ 악습이 잇는 ᄯᅢ에는 1원 이샹 10원 이하 벌금에 쳐홈
3. 임원이 직졍상에 불명ᄒᆞᆫ 사항이 잇는 ᄯᅢ에는 2원 이샹 20원 이하 벌금에 쳐홈

뎨78됴 임원이 좌ᄀᆡᄒᆞᆫ 죄범이 잇ᄂᆞᆫ ᄯᆡ에ᄂᆞᆫ 그 임을 파면ᄒᆞᆷ을 득ᄒᆞᆷ.

1. 쟝뎡을 위반ᄒᆞᄂᆞᆫ 쳐리
2. ᄌᆡ정샹에 부정ᄒᆞᆫ 사항이 잇슴이니 다만 이러ᄒᆞᆫ 경우에 5원 이샹 50원 이하의 벌금을 부가ᄒᆞᆷ

뎨79됴 회원이 좌ᄀᆡᄒᆞᆫ 죄범이 잇ᄂᆞᆫ ᄯᆡ에ᄂᆞᆫ 츌회함을 ᄒᆡᆼᄒᆞᆷ.

1. 본회의 목뎍을 픽려(悖戾)ᄒᆞᄂᆞᆫ ᄒᆡᆼ위
2. 본회 톄면을 오욕ᄒᆞᆯ 만ᄒᆞᆫ ᄒᆡᆼ위 (완)

2. 대한인국민회 헌장(大韓人國民會 憲章) (대한인국민회 중앙총회, 1912)

大韓人國民會 憲章 (共9章 76條)

대한인국회 헌쟝 목ᄎᆞ

대한인국민회 헌쟝

뎨1쟝 총측

뎨1됴 본회는 대한 국민으로 셩립ᄒᆞ야 일홈을 대한인국민회라 칭홈.

뎨2됴 본회의 목뎍은 교육과 실업을 진발ᄒᆞ며 ᄌᆞ유와 평등을 뎨챵ᄒᆞ야 동포의 영예를 증진케 ᄒᆞ며 조국의 독립을 광복케 홈에 잇슴.

뎨3됴 본회의 계급은 듕앙총회와 디방총화와 및 디방회의 세 가지로 구별홈.

뎨4됴 본회의 위티는 자와 갓흐니,

1. 듕앙총회는 북미 상항(桑港)에 두옴. 다만 ᄯᅢ와 형셰의 편리홈을 좃차 옴기기도 홈
2. 디방총회는 소관 각 디방회의 교통이 편리ᄒᆞᆫ 줄노 아는 곳에 두옴

3. 디방회는 한 부분 디방회원이 모힌 곳에 두옴

뎨2쟝 듕앙총회

뎨5됴 듕앙총회는 디방총회의 공선훈 되표원과 듕앙총회의 임원으로 조직홈.

뎨6됴 듕앙총회의 되표원회는 디방총회의 공선훈 되표원 각 3인으로 조직홈.

뎨7됴 되표원회의 회댱은 듕앙총회 부회댱이 례겸홈.

뎨8됴 듕앙총회 임원은 자와 갓흐니,

회댱 1인
부회댱 1인
총무 1인
셔긔 1인
직무 1인
학무원 1인
법무원 1인
외교원 1인

뎨9됴 웃 됴목의 총무 이하 임원은 회댱이 조직ᄒᆞ야 되표원회의 승낙을 힝유홈.

뎨10됴 특별훈 ᄉᆞ무가 잇는 때에는 회댱이 위원을 ᄌᆞ벽(自辟)야 그 ᄉᆞ무를 쳐리케 홈.

뎨11됴 회댱, 부회댱이 다 흠결된 경우에는 듕앙총회에셔 투표 공션홈.

뎨12됴 되표원이 듕앙총회의 임원으로 피션ᄒᆞ거나 혹 흠결된 써에는 디방총회에셔 즉시 그 되를 보충홈.

뎨13됴 되표원회의 의결ᄒᆞ는 ᄉᆞ항은 자와 갓흐니,

1. 헌쟝의 변경ᄒᆞ거나 증감ᄒᆞ는 것
2. 각 디방총회의 공통훈 ᄉᆞ업에 관훈 ᄉᆞ항을 의뎡ᄒᆞ며 여러 가지 의

견으로 분분(紛紛)한 의론이 잇는 써에는 이를 심ᄉ 지단ᄒ는 것
3. 총무 이하 임원 션뎡의 승낙ᄒ는 것
4. ᄆ년도의 예산, 결산과 밋 예산 외에 지출ᄒ는 것
5. 디방총회의 셜립, 합병, 분할과 밋 ᄒ산에 관ᄒᆞᆫ ᄉ항
6. 임원회에셔 요구ᄒ는 ᄉ항
7. 임원의 셩젹됴사와 셔류검열에 관ᄒᆞᆫ ᄉ항
8. 임원의 포샹과 혹 질문 ᄒ임에 관ᄒᆞᆫ ᄉ항

뎨14됴 ᄃ표회의 긔회는 ᄃ표원 4분의 3 이샹의 출석을 요ᄒ며 결안ᄒ는 ᄉ항은 츌석원 3분의 2 이샹의 가결을 요홈. 다만 모히기 어려운 경우에는 공문으로 취결홈.

뎨15됴 듕앙총회 임원회에 의결ᄒ는 ᄉ항은 자와 갓흐니,
1. 각 디방총회에셔 질품(質稟)ᄒ는 ᄉ항
2. ᄃ표원회에 뎨출홀 의안
3. ᄃ표원회에 뎨츌홀 예산, 결산과 예산외지츌의 쳥구
4. 림시로 ᄃ표원에게 문의홀 ᄉ항

뎨3쟝 디방총회

뎨16됴 디방총회는 5긔 이샹 디방회의 쳥원으로 듕앙총회의 인증을 엇어 셜립홈.

뎨17됴 디방총회는 ᄃ의원회와 임원회의 두 죵류로 난호니 ᄃ의원회는 디방회의 공션ᄒ ᄃ의원 각 1인으로 임원회는 디방총회의 약간 임원으로 조직홈.

뎨18됴 ᄃ의원회의 의결ᄒ는 ᄉ항은 자와 갓흐니,
1. 헌쟝 범위 안에 디방총회의 ᄌ티 규뎡
2. 임원 션뎡
3. 예산, 결산과 밋 예산외지츌
4. 전년도의 셩젹됴사와 ᄅ년도 요무의 립안

5. 임원이 사무 쳐리샹에 부졍한 뎜이 잇는 쎄에는 질문ᄒᆞ거나 혹 쳐벌ᄒᆞᄂᆞᆫ 것

뎨19됴 디방총회의 ᄌᆞ티규뎡은 듕앙총회댱의 승낙을 요홈.

뎨20됴 ᄃᆡ의원회의 ᄀᆡ회ᄂᆞᆫ 통샹과 림시회 두 죵류로 난호니 통샹회의ᄂᆞᆫ ᄆᆡ년 12월 15일브터 시작ᄒᆞ야 그 이듬ᄒᆡ 1월 20일ᄭᆞ지 홈이 가ᄒᆞ되 ᄉᆞ무의 만코 젹은 것을 따라 그 긔한을 혹 늘히기도 ᄒᆞ며 줄히기도 홈.

뎨21됴 림시ᄀᆡ회ᄂᆞᆫ ᄃᆡ의원 3인 이샹의 동의나 혹 임원회의 요구를 인ᄒᆞ야 ᄀᆡ최홈.

뎨22됴 ᄃᆡ의원회의 소집은 디방총회댱이 ᄒᆡᆼ홈.

뎨23됴 ᄃᆡ의원회ᄂᆞᆫ 의ᄉᆞ의 편리홈을 좃차 필요ᄒᆞᆫ ᄉᆞ무원을 션뎡ᄒᆞ야 항샹 두옴.

뎨24됴 ᄃᆡ의원회의 의댱은 디방총회의 부회댱이 례겸홈.

뎨25됴 디방총회의 임원은 자와 갓흐니,

회댱	1인
부회댱	1인
총무	1인
셔긔	1인
ᄌᆡ무	1인
학무원	1인
법무원	1인
구졔원	1인

뎨26됴 임원회의 의결ᄒᆞᄂᆞᆫ ᄉᆞ항은 자와 갓흐니,

1. ᄃᆡ의원회의 림시 쇼집
2. 예산안 디츌과 예산외지츌의 청구
3. 흠결된 임원을 션뎡
4. 디방회의 셜립, 합병, 분할과 및 해산

5. 기타 즁대훈 亽항

뎨27됴 임원회ᄂᆞᆫ 웟 됴목의 의결ᄒᆞᄂᆞᆫ 亽항이 잇ᄂᆞᆫ 쩌에 힝홈.

뎨28됴 디방총회ᄂᆞᆫ 듕앙총회에 즁대훈 亽항은 쎄를 짜라 보고ᄒᆞ며 기타 亽항은 ᄆᆡ월죵에 보고ᄒᆞ며 자셰훈 셔류ᄂᆞᆫ ᄆᆡ년죵에 슈졍ᄒᆞ야 보ᄂᆡ옴.

1. 디방회의 회원셩명 거쥬록과 디방회의 임원과 디방총회의 ᄃᆡ의원과 및 임원의 셩명록
2. 당년도에 츌납훈 ᄌᆡ졍의 결산표
3. 亽업셩젹셔

뎨4쟝 디방회

뎨29됴 디방회ᄂᆞᆫ 15인 이샹이 쥬지훈 회원의 쳥원으로 디방총회의 인증을 엇어 셜립홈.

뎨30됴 디방회ᄂᆞᆫ 그 디방에 거쥬ᄒᆞᄂᆞᆫ 대한인으로 죠직홈.

뎨31됴 회원이 어나 디방에 이쥬ᄒᆞ든지 그 디방회에셔ᄂᆞᆫ 입회증셔와 의무금증셔를 참고하야 등록ᄒᆞ고 그 회원의 뎐에 쥬지ᄒᆞ든 디방회로 통텹홈을 요홈.

뎨32됴 디방회의 임원은 자와 갓흐니,

회댱	1인
부회댱	1인
총무	1인
셔긔	1인
ᄌᆡ무	1인
학무원	1인
법무원	1인
구제원	1인

뎨33됴 임원이 흠결되고 보츙ᄒᆞ기 젼이나 연고가 잇ᄂᆞᆫ 쎄에ᄂᆞᆫ 회댱이 그 임무를 ᄃᆡ판훌 사ᄅᆞᆷ을 션뎡홈.

뎨34됴 디방회의 긔회는 통샹과 림시의 두 죵류로 난호니 통샹긔회는 미월 1ᄎᆞ식 림시긔회는 특별ᄒᆞᆫ ᄉᆞ항이 잇는 ᄯᅢ에 힝홈.

뎨35됴 예산안과 예산의 지출 등 ᄉᆞ항과 쳐리홀 ᄉᆞ무의 중대ᄒᆞᆫ 자는 임원회 듕에 뎨출홈.

뎨36됴 임원이 ᄉᆞ무 쳐리샹에 부졍ᄒᆞᆫ 뎜이 잇는 ᄯᅢ에는 10인 이샹 회원의 동의로 림시회를 열고 질문ᄒᆞ거나 혹 징판(懲判)홈.

뎨37됴 디방회는 디방총회에 즁대ᄒᆞᆫ ᄉᆞ항은 ᄯᅢ를 ᄯᅡ라 보고ᄒᆞ며 기타 ᄉᆞ항은 미월죵에 보고ᄒᆞ며 자셰ᄒᆞᆫ 셔류는 미년죵에 슈졍ᄒᆞ야 보ᄂᆡ옴.

1. 임원의 셩명록과 및 회원의 셩명거쥬록
2. 당년도 출납지졍의 결산표
3. ᄉᆞ업셩젹셔

뎨38됴 디방회는 유디키 어려운 ᄉᆞ고가 잇스면 디방회의 의결노 디방총회의 인쥰을 경유ᄒᆞ거나 혹 디방총회의 명령으로 해산홈.

뎨5쟝 임원의 권한

뎨39됴 회댱은 그 회를 ᄃᆡ표ᄒᆞ며 회듕의 一톄 ᄉᆞ무를 관리 감독홈.

뎨40됴 부회댱은 회댱의 ᄉᆞ무를 협찬ᄒᆞ며 회댱이 유고ᄒᆞᆫ ᄯᅢ에는 그 ᄉᆞ무를 ᄃᆡ리ᄒᆞ며 회댱이 흠결된 ᄯᅢ에는 그 디위를 보츙홈.

뎨41됴 총무는 회댱의 지휘를 밧아 셔무를 졍리ᄒᆞ며 임원을 통솔ᄒᆞ며 통계됴사에 관ᄒᆞᆫ ᄉᆞ항을 쥬쟝홈.

뎨42됴 서긔는 왕복셔류와 긔록존안에 관ᄒᆞᆫ ᄉᆞ항을 쥬쟝홈.

뎨43됴 직무는 직졍출납과 물품보관과 부긔와 회계에 관ᄒᆞᆫ ᄉᆞ항을 쥬쟝홈.

뎨44됴 학무원은 교육에 관ᄒᆞᆫ ᄉᆞ항을 쥬쟝홈.

뎨45됴 법무원은 임원의 과실을 □□하며 회즁의 질셔를 정돈ᄒᆞ며 쳐벌에 관ᄒᆞᆫ ᄉᆞ항을 쥬쟝홈.

뎨46됴 외교원은 一톄 외교에 관ᄒᆞᆫ ᄉᆞ항을 쥬쟝홈.

뎨47됴 구졔원은 동포의 환난ᄉᆞ망(患難死亡)이 잇는 ᄯᅢ에 그를 구졔ᄒᆞ며 미장ᄒᆞ는 ᄉᆞ항을 쥬쟝홈.

뎨48됴 회댱과 밋 법무원은 달은 임무를 겸임ᄒᆞ지 못홈.

뎨6쟝 션거와 임긔

뎨49됴 듕앙총회의 ᄃᆡ표원은 디방총회의 ᄃᆡ의원과 임원이 합셕ᄒᆞ야 션거홈.

뎨50됴 듕앙총회의 회댱과 밋 부회쟝은 그 후보쟈 각 2인을 ᄃᆡ표원회에셔 천망(薦望)ᄒᆞ야 각 디방총회의 ᄃᆡ의원과 임원이 투표ᄒᆞ야 비교 다수를 엇은 자로 션뎡홈.

뎨51됴 듕앙총회의 회댱과 밋 부회댱 션거에 ᄃᆡᄒᆞᆫ 푯수 됴사는 ᄃᆡ표원회에셔 ᄒᆡᆼ홈.

뎨52됴 디방총회의 회댱과 밋 부회댱은 ᄃᆡ의원회에셔 후보쟈 각 2인을 공션ᄒᆞ야 소관 각 디방회 회원의 젼수 투표를 요구ᄒᆞ되 푯수가 셔로 비등ᄒᆞᆫ ᄯᅢ에는 ᄃᆡ의원이 다시 투표홈.

뎨53됴 디방총회의 ᄃᆡ의원은 소관 각 디방회에셔 젼수 회원의 투표를 요홈.

뎨54됴 듕앙총회와 밋 디방총회댱은 년령이 25세 이샹인 쟈를 요홈.

뎨55됴 듕앙총회의 ᄃᆡ표원과 밋 임원의 임긔는 2긔년으로 디방총회의 ᄃᆡ의원과 밋 임원과 디방회 임원의 임긔는 1긔년으로 뎡홈.

뎨56됴 듕앙총회의 ᄃᆡ표원과 회댱과 밋 부회댱의 션거는 그 임긔가 차기 3긔월 젼에 ᄒᆡᆼ홈.

뎨57됴 듕앙총회댱과 밋 부회댱이 다 흠결된 ᄯᅢ에는 정식 션거를 ᄒᆡᆼ홈.

뎨58됴 디방총회 회댱과 밋 부회댱이 흠결된 ᄯᅢ에는 ᄃᆡ의원회에셔 신회댱을 공션ᄒᆞ며 기타 임원이 흠결된 ᄯᅢ에는 임원회에셔 그 임원을 공션홈.

뎨7쟝 의무와 권리

뎨59됴 본회 회원의 ᄌᆞ격은 그 거쥬의 국ᄂᆡ와 국외를 뭇지 안코 자에 긔록ᄒᆞᆫ 됴건을 요홈.

1. 년령이 18셰에 찬- 자

2. 국민의 의무를 확실히 직하는 쟈

뎨60됴 회원의 의무는 자와 갓흐니,

1. 헌쟝에 복죵

2. 분부에 복역

3. 의무급 립납

4. 집회에 출셕

뎨61됴 본회 회원의 권리는 자와 갓흐니,

1. 의견 졔츌

2. 가부 표결

3. 임원 션거

4. 보호 쳥구

뎨8쟝 직졍

뎨62됴 본회의 직졍은 국민의무금으로 셩립ᄒᆞ되 국민의무금은 미명 하에 5원으로 익수를 뎡홈.

뎨63됴 듕앙총회 직졍은 자와 갓흐니,

1. 디방총회의 례납의무금 5분 1

2. 영업부의 순젼ᄒᆞᆫ 리익금

3. 유지가의 기부금

뎨64됴 디방총회의 회당은 자와 갓흐니,

1. 국민의무금 5분의 4

2. 영업부의 순뎐ᄒᆞᆫ 리익금

뎨65됴 디방회의 직졍은 一반회원 의례연금(월연금)으로 뎡홈.

뎨66됴 디방회가 산히ᄒᆞᆯ 경우에는 유지금을 디방총회에 보니옴.

뎨67됴 직졍을 지출홈에는 회당과 총무와 및 직무의 셔명(署名)을 요홈.

뎨68됴 직무는 미 통상회에 직졍회계를 디방회에 보고ᄒᆞ며 미년죵에 듕앙총회는 디방총회에 디방총회는 디방회에 직졍 출납 통계를 공보홈.

뎨69됴 헌장의 '원'(元)이라 홈은 각회 소지디의 통용ᄒᆞ는 돈(본위화)을 칭홈.

뎨9쟝 벌측

뎨70됴 본 회의 쳐벌은 자긔흔 다ᄉᆞᆺ 죵류로 난홈.

1. 견칙
2. 벌금
3. 파면
4. 공권뎡지
5. 공권박탈

뎨71됴 견칙은 공셕이나 혹 ᄉᆞ무실에셔 죄과를 들어 10일 이샹 3ᄀᆡ월 이하의 게시홈을 니람이니 그 죄과는 자와 갓홈.

1. 회원 명예에 슈티될 만흔 힝위
2. 임원의 임무상에 계을느거나 혹 그릇치는 일
3. 허물노나 혹 진즛 타인의 명예를 손히

뎨72됴 벌금은 금익으로 징슈홈을 니람이니 그 죄과는 자와 갓홈.

1. 회셕에셔 규측을 문란케 ᄒᆞ거나 혹 임원에게 디ᄒᆞ야 무례흔 힝위가 잇는 ᄯᅢ에는 10젼 이샹으로 5원 이하 벌금에 쳐홈
2. 구타, □□, 도박과 밋 아편연을 ᄲᅢ는 것 갓흔 것들의 악습이 잇는 ᄯᅢ에는 2원 이샹 10원 이하 벌금에 쳐홈
3. 임원에 직졍상에 불명흔 ᄉᆞ항이 잇는 ᄯᅢ에는 2원 이샹 20원 이하 벌금에 쳐홈

뎨73됴 임원이 자와 갓홈 죄벌이 잇는 ᄯᅢ에는 그 업무를 파면홈.

1. 헌장을 위반ᄒᆞ는 쳐사
2. 직졍상에 부졍흔 ᄉᆞ항. 다만 어더흔 경우에는 5원 이샹 50원 이하 벌금을 먹홈

뎨74됴 회원이 자ᄀᆡᄒᆞᆫ 범죄가 잇ᄂᆞᆫ ᄯᆡ에ᄂᆞᆫ 1쥬일 이샹 1ᄀᆡ년 이하 공권을 뎡지ᄒᆞᆷ.

1. 본회 목뎍을 파괴ᄒᆞᄂᆞᆫ ᄒᆡᆼ위
2. 본회 톄면을 모욕케 ᄒᆞᄂᆞᆫ ᄒᆡᆼ위

뎨75됴 회원이 디방회의 판결을 불복ᄒᆞᄂᆞᆫ ᄯᆡ에ᄂᆞᆫ 디방총회에 공소ᄒᆞ고 ᄯᅩ 디방총회의 판결을 불복ᄒᆞᄂᆞᆫ ᄯᆡ에ᄂᆞᆫ 듕앙총회에 공소ᄒᆞᆷ.

뎨76됴 회원이 자ᄀᆡᄒᆞᆫ 죄범이 잇ᄂᆞᆫ ᄯᆡ에ᄂᆞᆫ 그 공권을 박탈ᄒᆞᆷ.

1. 본회 쳐벌을 불복ᄒᆞᄂᆞᆫ 쟈
2. 뎍국을 가만히 돕ᄂᆞᆫ 쟈

건국기원 4242년 2월 1 제정
건국기원 4245년 12월 1일 개정
대한인국민회 중앙총회 발행

3. 대한인국민회 하와이지방총회 자치규정(大韓人國民會 荷哇伊地方總會 自治規程) (1913.2.1)

대한인국민회 하와이디방총회 ᄌᆞ치규뎡
건국기원 4246년 2월 1일
합 155조

대한인국민회 하와이디방총회 ᄌᆞ치규뎡 목록

대한인국민회 하와이디방총회 ᄌᆞ치규뎡

우리 이 하와이 군도에 나와 잇ᄂᆞᆫ 대한국 인민들은 우리의 안녕ᄒᆞᆫ 질셔를 유지ᄒᆞ고 공번된 리익을 도모ᄒᆞ야 우리 국민 단톄를 위ᄒᆞ야 실력을 양셩ᄒᆞ며 우리 부모-국을 위ᄒᆞ야 국민된 의무를 다 ᄒᆞ고져 ᄒᆞ야 이에 각쳐 동포들이 ᄃᆡ의원을 션거ᄒᆞ야 젼능ᄒᆞ고 거룩ᄒᆞ신 샹뎨의 일홈 알헤 이 규뎡을 졔뎡함.

뎨1쟝 총측

뎨1됴 본 조직뎨는 대한인국민회의 한 부분으로 하와이 군도를 관할ᄒᆞ는 고로 대개 가와이, 마위, 오하우, 하와이, ᄉᆞ도로 셩립ᄒᆞ여 이것을 통칭ᄒᆞ야 대한인국민회 하와이디방총회-라 ᄒᆞᆷ.

뎨2됴 본회의 목뎍은 교육과 실업을 쟝려ᄒᆞ야 민족의 실력을 비양ᄒᆞ는 고로 맛당이 권리와 의무를 고취ᄒᆞ야 국민의 텬직을 알게 ᄒᆞ며 ᄯᅩ 그 동시에 ᄌᆞ유사상과 평등주의를 뎨창ᄒᆞ야 만셰 국가의 독립을 회복코져 함.

뎨3됴 본회는 대한인국민회-라 일홈ᄒᆞᆫ 고로 무릇 누구던지 대한 국민의 일홈을 가지고 본회 관할 구역에 잇는 쟈는 다 회원의 ᄌᆞ격에 합당ᄒᆞᆫ 고로 그들에게 향ᄒᆞ야 권리와 의무를 다ᄒᆞ게 함.

뎨4됴 본회의 관할 구역은 하와이 군도를 젼톄로 통할ᄒᆞ되 ᄒᆡᆼ졍샹에 편의를 의지ᄒᆞ야 각 셤을 몃몃 졍치구역으로 난호고 ᄆᆡ 구역은 몃몃 지방회로 포함케 ᄒᆞᆷ.

뎨5됴 본회의 졍톄는 ᄃᆡ의졔도와 ᄌᆞ치졔도를 ᄎᆡ용ᄒᆞ야 총회와 디방회에셔 다 법률을 만드는 권리가 잇스되 다만 즁앙총회 헌쟝의 범위를 의지ᄒᆞ야 졔뎡ᄒᆞᆯ지며 만일 습관과 풍속과 디리와 인ᄉᆞ를 ᄯᆞᆯ아 특별법을 셰우는 경우에라도 즁앙총회와 디방총회의 헌쟝을 비취여 셔로 어그러지고 반ᄃᆡ되는 일이 업게 ᄒᆞᆯ 일.

뎨6됴 국민회의 법률을 만드는 경우에는 가쟝 큰 권리는 립법부에 잇스며 법률을 의지하야 졍령을 ᄒᆡᆼᄒᆞ는ᄃᆡ 가쟝 큰 권리는 ᄒᆡᆼ졍부에 잇고 ᄯᅩ 법률을 ᄎᆞ지ᄒᆞ야 본의를 ᄒᆡ셕ᄒᆞ는 권리난 사법부에 잇스되 아즉 쟝뎡 규측에 실니지 안흔 법권은 의연히 일반회원에게 남아잇고 결단코 립법이나 ᄉᆞ법이나 ᄒᆡᆼ졍부에 잇지 안ᄒᆞᆷ.

뎨7됴 본회 헌쟝과 일반 법률 안헤는 누구던지 엇더ᄒᆞᆫ 신분과 엇더ᄒᆞᆫ 직업을 물론ᄒᆞ고 일톄로 평등ᄒᆞᆷ.

뎨8됴 2월 1일은 대한인국민회의 처음으로 셩립된 긔념일인 고로 하와이 일반동포는 이날을 법률상 경절(慶節)로 직힐 일.

뎨2쟝 디방총회

뎨9됴 디방총회는 세 가지 부분으로 셩립ᄒᆞ야 한 부분은 법률을 만들고 한 부분은 법률을 히셕ᄒᆞ고 또 한 부분은 법률 범위 안헤셔 졍ᄉᆞ를 힝ᄒᆞ되 힝졍부는 본회 졍치긔관의 머리가 됨으로 인뎡홈.

(ㄱ) 립법부

뎨10됴 디방총회의 입법부는 두 부분으로 셩립ᄒᆞ니 하나는 참의원이오 하나는 딕의원이라. 참의원은 한 경찰구역을 대표하고 딕의원은 한 디방회를 딕표ᄒᆞ야 셩립홈.

뎨11됴 디방총회 립법부 임원은 그 쏍히는 디방 젼톄 회원의 즉졉투표로 션거ᄒᆞ되 맛당히 그 ᄌᆞ격을 요구ᄒᆞᄂᆞ니,

1. 참의원과 딕의원의 ᄌᆞ격은 오직 텬연ᄒᆞ고 슌젼ᄒᆞᆫ 대한사ᄅᆞᆷ이 안히면 합당치 안흘 줄로 인뎡홈.
2. 참의원과 딕의원은 그 년령이 25셰 이상이라야 ᄌᆞ격에 합당ᄒᆞ다 홈.
3. 참의원과 딕의원 후보쟈의 지산과 직업은 뭇지 안흐되 맛당히 그들의 학식 유무는 보아 그들이 능히 국문이나 한문이나 국한문을 닑고 쓸 줄 알며 또ᄒᆞᆫ 국민회 헌쟝과 규측을 닑어 그 뜻을 능히 히셕ᄒᆞ여야 ᄌᆞ격에 합당ᄒᆞ다 홈.
4. 딕의원, 참의원, 후보쟈가 만일 그 후보쟈 되기 젼 10년 동안에 륙범(六犯) 형법을 범ᄒᆞ야 징판을 당ᄒᆞᆫ 쟈는 ᄌᆞ격에 불합ᄒᆞᆫ 줄로 인뎡홈.
5. 참의원의 ᄌᆞ격은 특별히 더욱 주의ᄒᆞ야 만일 그 후보쟈가 일즉이 딕의원이나 디방총회 임원이나 또 혹 디방회 회쟝을 지닉디 못ᄒᆞ엿스면 결단코 불합ᄒᆞ다 ᄒᆞ며 만일 이 셰 가지를 졔ᄒᆞᆫ 외에는 오

즉 학식이 탁월ᄒᆞ야 일반 인민의 신망을 엇은 쟈-라야 합당ᄒᆞ다 ᄒᆞᆷ.

6. ᄃᆡ의원의 ᄌᆞ격은 이 우헤 셜명ᄒᆞᆫ 바를 다 참죠ᄒᆞ야 볼지로되 만일 그 후보쟈 되는 디방에셔 반년 이상을 거류치 안은 쟈는 불합ᄒᆞ다 ᄒᆞᆷ.
7. 참의원은 그 ᄲᅩᆸ히ᄂᆞᆫ 구역 안에셔 거류하ᄂᆞᆫ 여부를 뭇지 안코 회무가 확쟝되기 젼ᄭᆞ지는 다만 디방총회 부근디에 잇ᄂᆞᆫ 쟈로 션거ᄒᆞ기를 요구ᄒᆞᆷ.
8. 참의원이나 ᄃᆡ의원의 후보쟈 되ᄂᆞᆫ 쟈ㅣ 비록 그 ᄌᆞ격은 합당ᄒᆞᆯ지라도 만일 일즉이 본회에 ᄃᆡᄒᆞ야 츙셩을 다ᄒᆞ고 의무를 다ᄒᆞ지 안흔 쟈는 능히 션거치 못ᄒᆞᆷ.

뎨12됴 립법부 임원을 션거ᄒᆞ는 긔한는 디방총회 회쟝을 션거ᄒᆞᆯ ᄯᅢ에 함ᄭᅴ 투표ᄒᆞ되 그 일ᄌᆞ는 ᄆᆡ년 12월 쳣 월요일로 뎡ᄒᆞᆷ.

뎨13됴 ᄃᆡ의원의 후보쟈는 그 디방 통상회에셔 두 사ᄅᆞᆷ을 쳔거ᄒᆞ야 투표ᄒᆞ고 참의원은 경찰구역 안에 잇는 디방회쟝과 부회쟝들이 모혀 후보쟈 두 사ᄅᆞᆷ을 션거ᄒᆞ야 투표ᄒᆞ되 다시 각 디방 일반회원에게 막겨 12월 션거일에 투표ᄒᆞ게 ᄒᆞᆷ.

참의원은 그 경찰구역 안에 거류ᄒᆞᄂᆞᆫ 쟈를 ᄲᅩᆸ지 안코 디방총회 부근디에 잇ᄂᆞᆫ 쟈를 ᄲᅩᆸᄂᆞᆫ 고로 한 사ᄅᆞᆷ을 가지고 두 곳에셔 ᄲᅩᆸᄂᆞᆫ 폐단을 면ᄒᆞ고져 ᄒᆞ야 각 디방회쟝은 몬져 참의원 ᄌᆞ격 되ᄂᆞᆫ 몃몃 사ᄅᆞᆷ에게 편지로 교셥ᄒᆞ야 확실ᄒᆞᆫ 허낙을 밧은 후에 쳔거ᄒᆞᆯ 일.

뎨14됴 립법부 임원의 임긔는 ᄃᆡ의원은 2년으로 참의원은 3년으로 정ᄒᆞᆷ.

뎨15됴 립법부 임원이 임기 안헤 궐(闕)이 잇ᄂᆞᆫ 경우에ᄂᆞᆫ 그 의원을 ᄲᅩᆸ은 디방에셔 다시 ᄲᅩᆸ아 뎐충ᄒᆞ되 맛당히 3ᄀᆡ월 안에 보궐ᄒᆞᆯ 일.

뎨16됴 립법부 임원은 그 수효가 얼마나 되든지 ᄆᆡ년 3분의 1과 2분의 1만 갈녀 나가게 ᄒᆞ기 위ᄒᆞ야 각 구역과 각 디방에셔 ᄆᆡ년에 한 사ᄅᆞᆷ만 션거ᄒᆞᆯ 일.

그런 고로 이 쟝뎡을 실ᄒᆡᆼᄒᆞᄂᆞᆫ 날 쳐음 ᄲᅩᆸᄂᆞᆫ 립법부 의원은 각각 긔한을 뎡ᄒᆞ야 혹은 1년 혹은 2년 혹은 3년으로 예졍ᄒᆞᆯ 일.

뎨17됴 만일 립법부 임원이 임긔 안에 ᄉᆞ면코져 ᄒᆞ면 곳 격식을 의지ᄒᆞ야 ᄃᆡ의원은 ᄌᆞ긔 디방 회쟝에게 ᄉᆞ임쳥원셔를 보ᄂᆡ고 참의원은 참의원 의쟝에게 쳥원셔를 들일 일.

뎨18됴 립법부 의원이 되여 동포의 부탁을 져바리고 공ᄉᆞ를 빙거(憑據)ᄒᆞ야 ᄉᆞᄉᆞ를 도모ᄒᆞ거나 혹 ᄌᆡ능이 부죡ᄒᆞ야 능히 소임을 감당치 못ᄒᆞᄂᆞᆫ 경우에ᄂᆞᆫ 그 의원을 ᄲᅩᆸ은 디방회나 경찰구역에셔 ᄉᆞ임ᄒᆞ기를 권고ᄒᆞ고 ᄯᅩᄒᆞᆫ 죡히 파면ᄒᆞᆷ도 가ᄒᆞᆷ.

뎨19됴 립법부 임원이 의회에 들어온 후에 의회에셔 그 의원의 ᄌᆞ격이 헌쟝샹에 불합ᄒᆞᆫ 줄로 알던지 ᄯᅩ 혹 ᄉᆞᄉᆞ의 혐의를 가지고 공ᄉᆞ를 방해ᄒᆞᄂᆞᆫ 증거가 보히ᄂᆞᆫ ᄯᅢ에ᄂᆞᆫ 의회에셔 죡히 용납ᄒᆞ야 밧지 안ᄒᆞᆯ 수가 잇스되 이런 경우에는 맛당히 의원의 젼톄 4분의 3 표를 요구ᄒᆞᆯ 일.

뎨20됴 립법부 임원의 권리는 국민회의 근본뎍 권리-라. 그런 고로 누가 감히 침로치 못ᄒᆞ나니 대기 그 긴요ᄒᆞᆫ 권리는,

1. 디방총회의 쟝뎡과 법률은 오쟉 립법부 임원이 졔뎡ᄒᆞᄂᆞᆫ 권리.
2. 디방총회쟝이 ᄯᅢᄯᅢ로 보ᄂᆡᄂᆞᆫ 법안과 ᄯᅩ 혹 하와이 국민회원 4분의 3이 련명ᄒᆞ야 뎨츌ᄒᆞᄂᆞᆫ 법안이 잇스면 그것을 밧아 의론ᄒᆞ고 결뎡ᄒᆞᄂᆞᆫ 권리.
3. 총회쟝이 ᄒᆡᆼ졍부 임원을 죠직ᄒᆞ야 가지고 ᄃᆡ의원 의회의 승낙을 쳥ᄒᆞᆯ ᄯᅢ에 그 임원을 승낙하고 승낙디 안는 권리.
4. 총회쟝 및 ᄒᆡᆼ졍부 각 임원을 감독ᄒᆞ야 그 잘못ᄒᆞᄂᆞᆫ 일을 탄ᄒᆡᆨᄒᆞᄂᆞᆫ 권리.

   만일 확실ᄒᆞᆫ 증거를 가지고 ᄉᆞ실과 됴목을 들어 탄ᄒᆡᆨ디 안코 다만 ᄲᅳᆫ 말과 지ᄂᆞ가ᄂᆞᆫ 말로 비평만 ᄒᆞᄂᆞᆫ 경우에ᄂᆞᆫ 샹당한 칙벌을 면치 못ᄒᆞᆯ 일.
5. 참의원은 총회쟝을 도아 일반 외교 ᄉᆞ무에 권고ᄒᆞ고 ᄯᅩᄒᆞᆫ 그것을

억졔ᄒᆞᄂᆞᆫ 권리.

6. ᄃᆡ의원은 디방총회 ᄆᆡ년 경비의 슈입 지츌ᄒᆞᄂᆞᆫ 예산을 결산ᄒᆞᄂᆞᆫ 권리.
7. 디방총회 ᄒᆡᆼ졍부 문부를 됴사ᄒᆞᄂᆞᆫ 권리.
8. 디방회를 셩립ᄒᆞᄂᆞᆫ 것과 ᄒᆡ산ᄒᆞᄂᆞᆫ 것과 ᄯᅩ 혹 다른 단톄를 련합ᄒᆞ거나 합병ᄒᆞᄂᆞᆫ 일을 의론하고 결뎡ᄒᆞᄂᆞᆫ 권리.
9. 디방총회장을 션거ᄒᆞᆯ ᄯᅢ에 각 디방투표를 바다 투표함을 열고 결과를 공포ᄒᆞᄂᆞᆫ 권리.
10. ᄒᆡᆼ졍부 임원의 년봉과 ᄯᅩ 슈로금, 샹여금 갓흔 것을 쟉뎡ᄒᆞᄂᆞᆫ 권리.
11. 립법부 의회에 쓰ᄂᆞᆫ 규측과 쟝뎡을 만들며 ᄯᅩᄒᆞᆫ ᄌᆞ긔들이 ᄉᆞᄉᆞ로 위원을 뎡ᄒᆞ야 ᄉᆞ무를 분ᄇᆡᄒᆞᄂᆞᆫ 권리.
12. 디방총회쟝의 ᄌᆡ가치 안ᄂᆞᆫ 법안을 다시 의론ᄒᆞ고 ᄯᅩ 다시 의론ᄒᆞ야 만일 두 번이 다 가결이 되면 이것을 법률로 인뎡ᄒᆞᄂᆞᆫ 권리.

뎨21됴 립법부 임원은 임긔 안헤 잇슬 ᄯᅢ에ᄂᆞᆫ 디방총회 임원을 겸ᄃᆡ치 못ᄒᆞᆷ.

(ㄴ) 립법부 의회

뎨22됴 립법부 의회는 두 가지로 구별ᄒᆞ야 하나는 통샹의회라 ᄒᆞ고 하나는 림시의회라 ᄒᆞᆷ.

1. 통샹의회ᄂᆞᆫ ᄆᆡ년 1월 금음 안으로 쟉뎡ᄒᆞ되 만일 필요ᄒᆞᆫ 경우가 잇스면 긔한을 늘임도 가ᄒᆞᆷ.
2. 림시의회ᄂᆞᆫ 국민회 전톄에 즁대ᄒᆞᆫ ᄉᆞ건이 잇거나 만일 그러지 안흐면 국민회에셔 맛당히 ᄒᆞᆯ 일이 잇슬 ᄯᅢ에ᄂᆞᆫ 긔한을 뎡치 안코 ᄀᆡ회ᄒᆞᆷ.

뎨23됴 통샹의회가 림시의회를 믈론ᄒᆞ고 그 소집ᄒᆞ고 ᄒᆡ산식히ᄂᆞᆫ 권리는 오쟉 디방총회장의 권리에 잇슴.

뎨24됴 립법부 의회는 ᄆᆡ년에 아모리 적어도 한 번은 긔회ᄒᆞᆷ이 가ᄒᆞᆷ.

뎨25됴 통상의회의 셩슈는 젼톄 의원 3분의 1 이상을 요구ᄒᆞ며 만일 어나 디방이나 어나 구역에셔 ᄆᆡ년 통상회에 련ᄒᆞ야 2년을 불참ᄒᆞ면 그 다음희 통상회에는 비록 의원이 참여ᄒᆞ여도 투표권을 가지디 못ᄒᆞᆷ.

뎨26됴 어나 디방에셔 ᄃᆡ의원을 파송ᄒᆞᆯ ᄯᅢ에 ᄌᆞ긔 디방에셔 파송치 안코 다만 디방총회 부근디에 잇ᄂᆞᆫ 쟈로 권리를 위임ᄒᆞ야 의회에 참여코져 ᄒᆞᄂᆞᆫ 쟈는 의회셕에셔 거절ᄒᆞᆷ이 가ᄒᆞ되 만일 그 위임을 맛흔 쟈ㅣ 그 디방에 ᄃᆡᄒᆞ야 의무를 다ᄒᆞᆫ 쟈로 그 디방을 ᄯᅥᄂᆞᆫ 지가 6긔월 이ᄂᆡ가 되엿스면 의회셕에 참여ᄒᆞᆯ 권리가 잇슴.

뎨27됴 의회의 절ᄎᆞ와 례식은 의원들이 스ᄉᆞ로 졔뎡ᄒᆞ되 ᄃᆡ의원과 참의원에셔 셔로 비쥰ᄒᆞ야 피ᄎᆞ에 상반되ᄂᆞᆫ 폐단이 업게 ᄒᆞᆯ 일.

뎨28됴 참의원 의쟝은 참의원 의회에셔 스ᄉᆞ로 션거ᄒᆞ고 의쟝과 의원이 함ᄭᅴ 투표ᄒᆞᄂᆞᆫ 권리가 잇스되 만일 가부표가 상등ᄒᆞᆫ ᄯᅢ에는 이것이 부결된 줄로 알 일.

뎨29됴 ᄃᆡ의원 의쟝은 디방총회 부회쟝이 례겸(例兼)ᄒᆞ되 가부간 투표ᄒᆞᄂᆞᆫ 권리는 업고 다만 ᄃᆡ의원들의 가부표가 상등ᄒᆞᆫ ᄯᅢ에 판결표를 던지ᄂᆞᆫ 권리는 잇슴.

뎨30됴 통상의회던지 림시의회를 물론ᄒᆞ고 가부의 표결ᄒᆞᄂᆞᆫ 슈효는 과반슈를 요구ᄒᆞ되 만일 이 쟝뎡 엇더ᄒᆞᆫ 됴목에 특별히 4분 3 이샹 혹 5분 4 이상의 투표를 요구ᄒᆞᆫ 것은 응당 그 됴목에 요구ᄒᆞᆫ 바ᄃᆡ로 시ᄒᆡᆼᄒᆞᆯ 일.

뎨31됴 ᄃᆡ의원이나 참의원은 각각 법안을 뎨출ᄒᆞ는 권리가 잇스되 만일 이 의원에셔 몬져 법안을 졔츌ᄒᆞ면 그 법안의 요지를 뎍발ᄒᆞ야 뎌 의원으로 보ᄂᆡ여 미리 의견을 참쟉케 ᄒᆞᆯ 일.

뎨32됴 어나 의원에셔 법률을 뎨뎡ᄒᆞ던지 그 가결ᄒᆞᆫ 법안을 가지고 착실히 연구ᄒᆞᆫ 후에 곳 법문을 만들어 다른 의원으로 보ᄂᆡ여 참쟉ᄒᆞ기를 요구ᄒᆞ되 맛당히 법문샹 문샤를 분명ᄒᆞ고 확실ᄒᆞ게 만들어 다른 의원으로 ᄒᆞ여곰 법의와 법문의 흠뎜을 찾지 못ᄒᆞ도록 힘쓰며 만일 그 법안을 참쟉ᄒᆞᄂᆞᆫ 의원에셔 의문이 잇거던 ᄯᅩ한 분명히 셜명ᄒᆞᆯ 일.

뎨33됴 무슨 법안이던지 두 의원을 통과치 못ᄒᆞ면 그 법안은 셩립지 못ᄒᆞ되 만일 그 부결ᄒᆞᆫ 의원이 다시 ᄉᆡᆼ각ᄒᆞ야 그 법안이 필요ᄒᆞᆫ 줄로 알 ᄯᅢ에ᄂᆞᆫ 다시 의론ᄒᆞ야 결뎡ᄒᆞ난 권리가 잇슴.

뎨34됴 디방총회쟝은 의회를 열 ᄯᅢ마다 ᄌᆞ긔의 의견을 들어 의회에 통지ᄒᆞ되 맛당히 글을 만들어 공식으로 보ᄂᆡ고 결단코 의회를 향ᄒᆞ야 ᄉᆞ담으로 말ᄒᆞ지 못ᄒᆞᆯ 일.

뎨35됴 의회에셔는 디방총회쟝의 의견셔를 바든 후에 곳 그 의견을 가지고 법안을 만들어 가부간 결뎡ᄒᆞ되 만일 그 의견을 투텰히 ᄭᆡ닷지 못ᄒᆞᄂᆞᆫ 경우에ᄂᆞᆫ 총회쟝에게 향ᄒᆞ야 글로나 말로 분명히 셜명ᄒᆞ기를 요구ᄒᆞᆯ 일.

뎨36됴 의회에셔는 법안을 가결ᄒᆞ야 법문을 만든 후에 곳 그것을 디방총회쟝에게 보ᄂᆡ어 ᄌᆡ가를 청하되 만일 총회쟝이 그 법안을 올케 ᄉᆡᆼ각ᄒᆞ야 법문에 일홈을 두면 곳 법률이 되고 그러치 안흐면 총회쟝이 그 법안에 ᄃᆡᄒᆞ여 ᄌᆞ긔 의견을 쳠부ᄒᆞ야 그 법안을 쳐음 뎨츌ᄒᆞᆫ 의원으로 다시 돌녀보ᄂᆡ여 참쟉ᄒᆞ기를 요구ᄒᆞᆷ.

의회에셔는 그 법안을 다시 밧은 후에 다소간 참쟉을 더ᄒᆞ야 ᄯᅩ 그것이 가결되면 다시 총회쟝에게 보ᄂᆡ여 ᄌᆡ가를 청ᄒᆞ되 만일 총회쟝의 의견에 아즉도 불합ᄒᆞ면 그 법안을 다시 퇴ᄒᆞ야 한 번 더 참쟉ᄒᆞ기를 요구ᄒᆞᆷ.

만일 이러ᄒᆞᆫ 경우를 당ᄒᆞ면 그 법안을 뎨츌ᄒᆞᆫ 의원에셔는 다시 그것을 의론ᄒᆞᆯ 필요가 업시 다만 그 달은 의원을 청ᄒᆞ야 참의원과 ᄃᆡ의원의 일홈을 구별치 안코 투표ᄒᆞ야 젼톄 의원의 과반슈가 가케 녁이면 비록 그 법안에 총회쟝의 일홈이 업셔도 곳 법률로 인뎡ᄒᆞᆷ.

뎨37됴 여간 샤소ᄒᆞᆫ 법안에 ᄃᆡᄒᆞ야는 총회쟝이 그 법안을 밧은 후에 이것이 도무지 필요치 안흔 줄로 ᄉᆡᆼ각ᄒᆞ면 능히 무릅 알헤 ᄡᅡᆺ고 돌녀보ᄂᆡ지 안흠도 가ᄒᆞ며 그 법안은 다시 그 의회에 뎨츌치 못ᄒᆞᆷ.
총회쟝이 법안을 다시 돌니고 안히 돌니ᄂᆞᆫ 것은 48시간 안으로 뎡ᄒᆞ되 그 시간이 지난 후에 만일 의회에셔 그 법안이 단뎡코 필요ᄒᆞᆫ 줄로 ᄉᆡᆼ각ᄒᆞᄂᆞᆫ ᄯᅢ에ᄂᆞᆫ 두 의원에셔 함ᄭᅴ 총회쟝에게 쳥ᄒᆞ야 법안을 돌니기를 요구ᄒᆞᆯ 일.

뎨38됴 참의원이나 ᄃᆡ의원은 맛당히 ᄀᆡ회ᄒᆞᆯ ᄯᅢ마다 확실ᄒᆞᆫ 회록을 ᄉᆞᆱ여 의회의 력ᄉᆞ를 삼으되 만일 긴즁ᄒᆞᆫ 문뎨를 ᄒᆡ결ᄒᆞᆯ ᄯᅢ에는 어나 위원이 가타부타 ᄒᆞᆫ 것을 분명히 긔록ᄒᆞᆯ 일.

뎨39됴 의회를 즁지ᄒᆞ고 폐회ᄒᆞᄂᆞᆫ 것은 의례히 졀ᄎᆞ와 형셰를 ᄯᆞᆯ아 의회에셔 스ᄉᆞ로 ᄒᆡᆼᄒᆞ되 만일 총회쟝이 고집ᄒᆞ고 허낙디 안흐면 능히 뎌항치 못ᄒᆞᆯ 일.

뎨40됴 참의원은 ᄆᆡ년 통샹회 외에 네 번 계삭회를 모히고 ᄯᅩ 총회쟝의 지령을 의지ᄒᆞ야 큰 ᄉᆞ건이 잇ᄂᆞᆫ ᄃᆡ로 림시회를 모힐 일.

(ㄷ) ᄒᆡᆼ졍부

뎨41됴 디방총회 ᄒᆡᆼ졍쥬권은 총회쟝에게 맛기고 그 알헤 ᄯᅩ 부회쟝과 총무와 셔긔와 ᄌᆡ무와 학무와 법무와 구졔와 군무와 농샹부 등 각 임원을 두어 총회쟝을 돕읍게 ᄒᆞᆷ.

뎨42됴 디방총회쟝과 부회쟝의 ᄌᆞ격은 다 ᄃᆡ의원의 ᄌᆞ격과 갓흐되 다만 그 나희는 30세 이샹을 요구ᄒᆞ고 ᄯᅩ한 본회 관할 구역 안에셔 3년 이샹을 거류ᄒᆞᆫ 쟈라야 합당ᄒᆞ다 ᄒᆞᆷ.

뎨43됴 총회쟝과 부회쟝 이하 각 임원은 총회쟝이 스ᄉᆞ로 ᄲᅢᆸ아 조직ᄒᆞ되 만일 의회의 승낙을 엇지 못ᄒᆞ면 임원으로 쓰지 못ᄒᆞᆷ.

뎨44됴 총회쟝과 부회쟝을 ᄲᅢᆸᄂᆞᆫ 법은 ᄆᆡ년 12월 졍식 션거식을 ᄒᆡᆼᄒᆞ기 두 달 젼에 각 디방 ᄃᆡ의원들이 먼져 예비션거를 ᄒᆡᆼᄒᆞ야 총, 부회쟝 후보쟈를 각 두 사ᄅᆞᆷ씩 ᄲᅢᆸ은 후에 그 후보쟈의 일홈을 일반회원에게 광포ᄒᆞ야 그 ᄌᆞ격을 확실히 알게 ᄒᆞ엿다가 12월 졍식 션거를 ᄒᆡᆼᄒᆞᆯ

ᄶᅢ에 각 디방회원이 일졔히 투표케 홀 일.

뎨45됴 디방총회쟝과 부회쟝의 임긔는 1년으로 뎡ᄒᆞ고 ᄯᅩ 혹 다시 잉임(仍任)홈도 가ᄒᆞ되 만일 임긔 안헤 총회쟝의 자리가 뷔는 경우에는 부회쟝이 그 ᄉᆞ무를 쟝리(掌理)ᄒᆞ며 또 부회쟝이 흠결되는 ᄶᅢ에는 림시선거를 힝ᄒᆞ야 보궐ᄒᆞ되 만일 그 총, 부회쟝이 뎡ᄒᆞᆫ 임긔의 3분지 2를 힝공ᄒᆞ고 3분지 1만 남앗스면 총무가 그 ᄉᆞ무를 ᄃᆡ리홈이 가홈.

뎨46됴 디방총회 회쟝과 각 임원의 봉급은 의회에셔 의론ᄒᆞ야 쟉뎡ᄒᆞ되 어나 임원이던지 그 임긔가 다ᄒᆞ기 젼에 봉급을 변경ᄒᆞᄂᆞᆫ 것은 불가ᄒᆞ며 차라리 쟉뎡ᄒᆞᆫ 봉급에셔 늘이기는 홀지로되 줄이지ᄂᆞᆫ 못홀 일.

뎨47됴 디방총회쟝이 피션된 후에 신구 임원의 교뎨는 1월 31일에 힝ᄒᆞ고 총회쟝 위에 나가ᄂᆞᆫ 례식은 2월 1일 국민회 긔념일에 힝홀 일.

뎨48됴 총회쟝의 위는 국민회 디방총회에 가쟝 진즁ᄒᆞ고 거륵한 쟈리인 고로 총회쟝이 그 위에 나갈 ᄶᅢ에는 맛당히 젼능ᄒᆞ신 하ᄂᆞ님과 친ᄋᆡ하ᄂᆞᆫ 동포 압헤 나셔셔 이 알헤 긔록ᄒᆞᆫ 말ᄃᆡ로 ᄆᆡᆼ셰홀지니

나는 젼능ᄒᆞ신 하ᄂᆞ님과 친ᄋᆡ하ᄂᆞᆫ 동포 압헤 엄즁히 ᄆᆡᆼ셰ᄒᆞ노니 나는 쟝ᄎᆞ 나의 지능을 다ᄒᆞ야 우리 국민회 하와이 디방총회쟝의 직분을 신실히 힝하고 ᄯᅩ한 우리의 헌쟝을 보호ᄒᆞ야 일반 규측이 어글어짐이 업기를 담보ᄒᆞ노라.…홈이 가홈.

뎨49됴 총회쟝의 의무는 각 디방의 질셔를 유지ᄒᆞ며 어ᄃᆡᄭᆞ지던지 헌쟝과 법률을 실힝ᄒᆞ야 효력이 잇기를 도모ᄒᆞ며 헌쟝과 법률에 반ᄃᆡ되ᄂᆞᆫ 일은 결단코 힝치 못홀 일.

뎨50됴 총회쟝의 권리는 ᄌᆞ못 즁ᄒᆞ고 만흐나 그 즁에 가쟝 긴요ᄒᆞᆫ 쟈는,

1. 립법부 의회를 소집ᄒᆞ고 즁지ᄒᆞ고 ᄒᆡ산ᄒᆞᄂᆞᆫ 권리
2. ᄶᅢᄶᅢ로 ᄌᆞ긔 의견을 립법부에 보ᄂᆡ여 법률을 만드ᄂᆞᆫ 권리
3. 립법부에셔 가결ᄒᆞᆫ 법안을 지가ᄒᆞ고 지가ᄒᆞ디 안ᄂᆞᆫ 권리
4. 힝졍부 임원을 ᄌᆞ긔가 ᄲᅩᆸ아 조직ᄒᆞᄂᆞᆫ 권리
5. ᄉᆞ법부 임원을 의회에 쳔거ᄒᆞ야 ᄲᅩᆸᄂᆞᆫ 권리

6. 누구던지 ᄉᆞ법장의 쳐분을 밧아 벌에 쳐ᄒᆞᆫ 자를 다소간 감등ᄒᆞ거나 특샤ᄒᆞᄂᆞᆫ 권리
7. 일톄 ᄒᆡᆼ경상에 ᄂᆡ무와 외교를 통할ᄒᆞ야 시셰에 뎍당ᄒᆞᆫ ᄃᆡ로 민활ᄒᆞᆫ 졍략을 베프ᄂᆞᆫ 권리
8. ᄒᆡᆼ졍부 임원을 친히 감독ᄒᆞ야 칙임ᄂᆡ각의 졔도를 실ᄒᆡᆼᄒᆞᄂᆞᆫ 권리
9. 각 구역에셔 션거ᄒᆞᆫ 경찰부쟝을 승낙ᄒᆞ고 승낙디 안ᄂᆞᆫ 권리
10. 각 디방에서 셔로 분징ᄒᆞᄂᆞᆫ 것을 진압ᄒᆞᄂᆞᆫ 권리
11. 각 샤회의 단톄 조직ᄒᆞᄂᆞᆫ 것을 의회에 물어 인허ᄒᆞᄂᆞᆫ 권리

뎨51됴 만일 각 디방회에셔 셔로 분징이 잇거나 혹 디방총회로 질픔(質稟)이 들어오면 총회장은 응당 헌쟝과 법률을 의지ᄒᆞ야 명ᄇᆡᆨ히 심판ᄒᆞ며 만일 그 문뎨나 ᄉᆞ건이 헌쟝과 법률에 실니지 안흔 됴건이면 응당 립법부 의회에 향ᄒᆞ야 권고홈을 요구ᄒᆞ야 쳐리ᄒᆞᆯ 일.

뎨52됴 총회장은 칙임ᄂᆡ각에 어른이 되ᄂᆞᆫ 고로 만일 ᄒᆡᆼ졍부 임원 즁에 어나 사룸이 잘못ᄒᆞᄂᆞᆫ 쟈ㅣ 잇스면 그 칙임이 얼마침 총회장에게 잇슴.

뎨53됴 ᄒᆡᆼ졍부 각 임원은 그 직무의 일홈을 의지ᄒᆞ야 각각 ᄉᆞ무를 관리ᄒᆞ되 오즉 총회쟝의 지휘와 명령ᄃᆡ로 ᄒᆞᆯ 것이오. ᄯᅩ한 그 칙임을 총회쟝에게 다ᄒᆞᆯ ᄲᅮᆫ이며 ᄯᅩ 혹 직임을 ᄉᆞ면코져 ᄒᆞ야 쳥원셔를 들여도 맛당히 총회쟝에게 들일 일.

뎨54됴 ᄒᆡᆼ졍부 각 임원은 ᄆᆡ삭 ᄉᆞ무를 쳐리ᄒᆞᄂᆞᆫ ᄃᆡ로 문부를 만들어 두고 ᄯᅩ한 그 ᄉᆞ무에 관ᄒᆞ야 통계표를 만들어 이것으로 1년 셩젹셔를 편찬ᄒᆞ야 총회쟝으로 하여곰 이것을 의회에 들이게 ᄒᆞᆯ 일.

뎨55됴 총회장은 각 임원의 셩젹셔와 통계표를 의지ᄒᆞ야 1년도 예산을 만들어 의회에 들이고 일반 지졍은 의회에서 결산ᄒᆞᆫ ᄃᆡ로 지용ᄒᆞ되 만일 필요ᄒᆞᆫ 일이 잇셔 지졍을 요구ᄒᆞᆯ ᄯᅢ에는 응당 의회에 ᄃᆡᄒᆞ야 요구ᄒᆞ고 결단코 ᄌᆞ의로 쳔편(擅便)치 못ᄒᆞᆯ 일.

뎨56됴 총회쟝의 ᄌᆞ리가 비록 존즁ᄒᆞ나 만일 여러 번 탄핵을 당ᄒᆞ고 ᄯᅩ ᄆᆡ사에 지능이 업셔 민텹디 못ᄒᆞᆫ 줄로 알 ᄯᅢ에는 립법부 의회에셔 능

히 ᄉᆞ직ᄒᆞ기를 권고ᄒᆞ되 이런 경우에는 맛당히 량원 의원 젼톄의 5분의 4표를 엇지 못ᄒᆞ면 ᄉᆞ직ᄒᆞᆷ을 권고치 못ᄒᆞᆯ 일.

뎨57됴 힝정부 임원은 능히 의회에 참여ᄒᆞ야 가부를 말ᄒᆞᄂᆞᆫ 권리가 업스되 만일 의회에셔 각 임원의 셜명을 요구ᄒᆞ야 청ᄒᆞᄂᆞᆫ 경우에는 응당 모든 리ᄒᆡ를 분명히 셜명ᄒᆞᆯ지며 ᄯᅩ 혹 그러치 안흐면 의회에 ᄃᆡᄒᆞ야 공식으로 쳥원ᄒᆞ야 참셕ᄒᆞᆯ 일.

(ㄹ) ᄉᆞ법부

뎨58됴 국민회 하와이디방총회 ᄉᆞ법권은 온젼히 디방총회 ᄉᆞ법부에 잇슴.

뎨59됴 ᄉᆞ법부는 디방총회 법무원 이하 ᄉᆞ법장 한 사ᄅᆞᆷ과 판ᄉᆞ원 한 사ᄅᆞᆷ과 검ᄉᆞ원 한 사ᄅᆞᆷ으로 셩립ᄒᆞ고 ᄯᅩ 각 구역 경찰부장은 힝정경찰과 ᄉᆞ법경찰을 겸ᄒᆞ야 힝ᄒᆞᄂᆞᆫ 고로 구역 ᄉᆞ법원의 직무를 힝ᄒᆞᆷ.

뎨60됴 ᄉᆞ법부 임원은 디방총회장이 쳔거ᄒᆞ야 참의원의 승낙을 밧아 셔임ᄒᆞᆷ.

뎨61됴 ᄉᆞ법부 임원의 ᄌᆞ격은 다만 년령이 25셰 이상에 닐은 쟈와 ᄯᅩ한 문ᄉᆞ에 한슉(嫺熟)ᄒᆞ고 언ᄉᆞ에 능ᄒᆞ며 보통으로 법률샹 지식이 잇ᄂᆞᆫ 쟈는 합당ᄒᆞ다 ᄒᆞᆷ.

뎨62됴 ᄉᆞ법부 임원의 임긔는 하필 몃 ᄒᆡ를 쟉뎡ᄒᆞᆯ 것이 안히라. 다만 그 사ᄅᆞᆷ의 ᄌᆡ능을 보아 아모됴록 오ᄅᆡ 직무를 보게 ᄒᆞᆷ이 가ᄒᆞᆷ.

뎨63됴 국민회 헌쟝은 여러 법률 가온ᄃᆡ 가쟝 놉고 ᄯᅩ한 거륵ᄒᆞᆫ 법뎐이라. ᄉᆞ법쟝은 다른 법률을 ᄒᆡ셕ᄒᆞᄂᆞᆫ 동시에 헌쟝샹 관계는 더욱 쥬의ᄒᆞ야 이것이 바로 실힝되고 못되ᄂᆞᆫ 것을 각별히 조심ᄒᆞᆯ 일.

뎨64됴 디방총회 ᄉᆞ법쟝의 직임은 법무부에 속ᄒᆞ엿스나 그 권리는 의연히 독립ᄒᆞ야 헌쟝과 법률을 보호ᄒᆞᄂᆞᆫ 고로 비록 디방총회쟝이 범과가 잇셔도 다만 ᄉᆞ법쟝의 ᄌᆡ판을 복종ᄒᆞᆯ 일.

뎨65됴 디방총회 ᄉᆞ법쟝은 곳 하와이 국민회에 가쟝 놉흔 ᄌᆡ판관이라. 므릇 디방총회와 디방회나 ᄯᅩ 혹 공회와 개인간에 셔로 분징이 잇셔 각 디방회 법무원과 각 구역 경찰부장이 판결치 못훈 ᄉ건은 다 디방총회 ᄉ법쟝의 직판을 기댜릴 일.

뎨66됴 국민회원 개인의 송ᄉ는 그 디방회 법무원과 구역 ᄉ법원의 판결을 지닉디 안코는 디방총회 ᄉ법쟝에게 직졉으로 공소치 못홀 일.

뎨67됴 ᄉ법쟝은 므슨 직판이던지 그 결과를 뎍발ᄒ야 디방총회 법무원에게 넘겨 그 결과디로 벌측을 실힝케 홀 일.

뎨68됴 국민회 직판의 마ᄌ막 판결은 그 범과의 경즁을 ᄯ라 오죽 벌금으로 징판ᄒ되 이것은 다만 디방총회 립법부의 뎡훈바 법률을 의지ᄒ야 시힝홀 일.

뎨69됴 ᄉ법쟝의 직판은 국민회 법률의 마ᄌ막 권한이오 이것은 ᄯ한 디방총회 립법부에셔 졔뎡훈 법률이로되 판결을 맛치고 벌측을 뎡훈 후에 만일 그 졍젹을 보아 용셔홀 만훈 경우에는 디방총회쟝이 능히 용셔ᄒ야 특샤ᄒ는 권리가 잇슴.

뎨70됴 디방총회의 ᄉ법쟝은 법률 범위 안에 잇셔 그 권한이 자라는 곳ᄭ지 법률을 실힝ᄒ고 만일 ᄉ건이 형ᄉ에 속ᄒ야 국민회 법률로 판결치 못홀 경우에는 합즁국(合衆國) 령디 하와이졍부에 청ᄒ야 다ᄉ리게 홀 일.

뎨71됴 므슨 ᄉ건이 현출ᄒ야 맛당히 법률샹 판결을 요구하되 그 ᄉ건에 ᄃᄒ야 일즉이 법률을 졔뎡훈 바ㅣ 업스면 이것은 ᄉ법쟝이 공개직판을 열어 쳐결ᄒ고 그 판결훈 결과를 총회쟝에게 들여 가부를 물을 일.

뎨72됴 만일 국민회 판결을 복종치 안코 합즁국 법률로 직판ᄒ기를 원ᄒ는 쟈ㅣ 잇스면 디방총회 ᄉ법쟝은 곳 그 청ᄒ는 바를 의지ᄒ야 허낙ᄒ되 ᄉ법쟝은 응당 그 불복ᄒ는 쟈의 반디되는 사름을 위ᄒ야 어디ᄭ지 보호ᄒ고 변호홀 일.

뎨73됴 만일 어나 한인이 어나 디방에셔 죄를 범ᄒ고 다른 디방으로 도망ᄒ면 그 디방에 잇는 국민회 힝졍원은 응당 그 사름을 잡아 집류(執

留)ᄒᆞ고 만일 국민회의 힘으로 그 죄인을 집류치 못홀 경우에는 합중국 디방 경찰셔에 청ᄒᆞ야 착슈ᄒᆞ고 곳 그 죄인이 ᄯᅥ나온 디방으로 통고홀 일.

뎨74됴 누구던지 역젹이나 공덕으로 판결을 나리는 것은 만일 셰 사름 이샹이 잇셔 그 사름의 죄목을 밝히 증거ᄒᆞ거나 ᄯᅩ한 ᄌᆞ긔가 지판뎡에셔 그 죄를 ᄌᆞ복ᄒᆞ디 안흐면 결단코 죄인으로 뎡ᄒᆞ지 못홈.

뎨75됴 ᄉᆞ법샹에 관계되는 문젹과 셔류는 각별히 쥬의ᄒᆞ야 착실히 간슈홀 필요가 잇는 고로 ᄉᆞ법부 각 임원과 각 구역 경찰부쟝은 미ᄉᆞ를 판결홀 ᄯᅢ에 원고, 피고의 지판 문부를 착실히 긔록ᄒᆞ야 ᄒᆞᆼ샹 류치(留置)홀 일.

뎨76됴 법무원은 미년죵에 각 구역 경찰부쟝과 ᄉᆞ법쟝의 보고셔를 모하 1년 셩젹셔에 너케 ᄒᆞ고 ᄯᅩ 법률샹 경력으로 므슨 필요ᄒᆞᆫ 법안이 잇스면 이것을 총회쟝에게 말ᄒᆞ야 립법부 의회로 보니게 홀 일.

뎨3쟝 국민회 회원의 권리와 의무

뎨77됴 국민회는 ᄃᆡ의졔도와 ᄌᆞ치졔도를 치용ᄒᆞ는 고로 정치긔관의 근본덕 권리는 온젼히 일반회원에게 잇슴.

1. 국민회원은 이젼 문벌과 당시 직업을 물론ᄒᆞ고 이 헌쟝 알헤는 일톄로 평등홈.
2. 누구던지 됴션 인종의 혈통으로 하와이국민회 관할구역 안에 거ᄒᆞᆫ 쟈는 다 국민 회원 되는 텬연ᄒᆞᆫ ᄌᆞ격으로 인뎡홈.
3. 국민회 헌쟝과 법률을 비쥰ᄒᆞ고 ᄯᅩ한 능히 립법부 의원을 의지ᄒᆞ야 이것을 긔뎡ᄒᆞ고 가감홈.
4. 국민회 립법부 의원과 ᄒᆡᆼ졍부 총회쟝 부회쟝을 직졉으로 션거홈.
5. 누구던지 ᄌᆞ격에 합당ᄒᆞ면 다 립법부 의원이나 ᄒᆡᆼ졍부 임원이나 ᄉᆞ법부 임원으로 ᄲᅩᆸ히는 권리가 잇슴.
6. 누구던지 의무금 증셔를 가지고 디방규측을 슌종ᄒᆞ면 국민회 관

할구역 안헤셔 임의로 왕릭ᄒᆞ고 임의로 거쥬ᄒᆞᄂᆞᆫ 권리.

7. 싱명 지산이 위험ᄒᆞᆫ 경우를 당ᄒᆞ면 국민회에 향ᄒᆞ야 보호를 청ᄒᆞᄂᆞᆫ 권리.

8. 국민회 법률 범위 안에 잇셔셔는 누구던지 언론ᄌᆞ유와 결샤ᄌᆞ유의 권리를 눌임.

9. 종교샹 신앙ᄌᆞ유는 원릭 인싱의 량심으로 나오ᄂᆞᆫ 것인 고로 므슨 종교를 신앙ᄒᆞ던지 국민회에셔 감히 침범치 못홈.

10. 디방 법무나 경찰부쟝의 지판을 불복ᄒᆞ고 디방총회 ᄉᆞ법쟝에게 공소ᄒᆞᄂᆞᆫ 권리가 잇슴.

11. ᄉᆞ법쟝의 판결을 당ᄒᆞᆫ 후에 만일 억울ᄒᆞᆫ 일로 벌측에 쳐ᄒᆞ엿스면 이것을 들어 디방총회쟝에게 원졍ᄒᆞᄂᆞᆫ 권리가 잇슴.

12. 국민회원은 텬연ᄒᆞᆫ 개인권리가 잇ᄂᆞᆫ 고로 어나 임원이나 어나 단톄가 국민회 법률의 권한을 가지디 안코 혹 힝쟝을 슈험ᄒᆞ거나 문젹을 사실코져 ᄒᆞᄂᆞᆫ 경우에는 강경히 거절ᄒᆞᄂᆞᆫ 권리가 잇슴.

뎨78됴 이 우헤 긔록ᄒᆞᆫ바 모든 권리ᄂᆞᆫ 국민회 헌쟝이 어ᄃᆡᄭᆞ지던지 보호ᄒᆞ되 만일 국민회 젼톄 운명에 관계되ᄂᆞᆫ 일이 잇셔 디방총회쟝이 명령권을 쓰ᄂᆞᆫ 경우에ᄂᆞᆫ 응당 총회쟝의 권리에 방ᄋᆡ가 업게 홀 일.

뎨79됴 인류의 권리는 원릭 의무를 쏠아단이ᄂᆞᆫ 고로 국민회 회원은 맛당히 권리를 눌일 ᄯᅢ에 ᄯᅩ한 의무를 다홀지니 대긔 그 의무ᄂᆞᆫ,

1. 국민회 헌쟝과 법률은 국민 회원들이 ᄌᆞ긔의 손으로써 만든 것인 고로 이것을 사랑ᄒᆞ고 ᄯᅩ한 각별히 쥰수홀 일.

2. 국민 회원은 맛당히 즁앙총회 헌쟝을 의지ᄒᆞ야 미년 의무금을 착실히 들일 일.

3. 본 쟝뎡 77됴에 긔록한 모든 권리를 오작 국민회 법률 범위 안헤셔 쓰기를 시험홀 일.

뎨80됴 무릇 회원 된 쟈ㅣ ᄌᆞ긔의 권리와 의무를 심상(尋常)히 보는 것은 곳 인류의 텬직을 일ᄂᆞᆫ 것이니 대개 의무를 다ᄒᆞ디 안코 권리를 쓰고져 ᄒᆞᄂᆞᆫ 것은 이는 란적이오 ᄯᅩ 혹 의무를 다ᄒᆞ고 권리를 쓰디 안ᄂᆞᆫ 자는 이는 우밍(愚氓)이라. 그런 고로 국민 회원의 투표권과 언론권 및 일반 권리는 오즉 의무를 다ᄒᆞᆫ 쟈에게만 허낙ᄒᆞᆷ.

뎨81됴 일반회원은 의례히 투표권과 언론권을 가진다 ᄒᆞ엿스되 이 알헤 ᄀᆡ록ᄒᆞᆫ바 몃 됴목에 상관된 쟈는 비록 의무는 다ᄒᆞ여도 권리는 눌이지 못ᄒᆞᆯ 일.

1. 국민회나 혹 본국에 ᄃᆡᄒᆞ야 반적이나 공적이 되ᄂᆞᆫ 쟈.
2. 살인강도와 갓흔 즁대한 죄를 짓고 일즉이 형법을 당ᄒᆞᆫ 쟈로 일반회원에게 그 ᄋᆡ미ᄒᆞᆫ 증거나 회ᄀᆡᄒᆞᆫ 증거를 보히지 못ᄒᆞᆫ 쟈.
3. ᄌᆞ긔의 정치샹 공권을 남에게 팔아 국민회 정치에 풍속을 부ᄑᆡ케 ᄒᆞᄂᆞᆫ 쟈.

뎨82됴 국민회 관할구역 안에 잇셔 나희 18셰 이샹이 되지 못ᄒᆞᆫ 쟈는 의무와 권리를 일톄로 뭇지 안코 오즉 일ᄀᆡ 회원으로 보호ᄒᆞᆯ 일.
비록 18셰 이샹의 당년이라도 므슨 경우를 인ᄒᆞ야 국민회의 양휼금을 밧ᄂᆞᆫ 쟈에게는 의무와 권리를 뭇지 안ᄒᆞᆯ 일.

뎨83됴 국민회는 남녀의 평등권을 주쟝ᄒᆞᄂᆞᆫ 고로 누구던지 의무를 다ᄒᆞᆫ 쟈에게는 권리를 쓰게 ᄒᆞ되 남ᄌᆞ에게는 강졔뎍으로 의무를 독촉ᄒᆞ고 녀ᄌᆞ에게는 임의뎍으로 의무를 물을 일.

뎨84됴 국민 회원은 남녀를 믈론하고 ᄆᆡ년 인구됴사 ᄒᆞᆯ ᄯᅢ에 각별히 쥬의ᄒᆞ야 아모됴록 하나도 빠지디 안키를 힘쓸 일. 만일 인구됴사에 빠져 국민 회원의 ᄌᆞ격을 일흐면 그 당년에는 비록 ᄉᆡᆼ명 ᄌᆡ산에 위험ᄒᆞᆫ ᄃᆡ경을 당ᄒᆞ여도 국민회에 향ᄒᆞ야 보호를 청치 못ᄒᆞᆷ.

뎨85됴 일반회원들은 누가 죽고 누가 나ᄂᆞᆫ 것을 그 디방회에 ᄯᅢᄯᅢ로 보고ᄒᆞ야 ᄒᆡᆼ졍 임원으로 하여곰 1년 통계에 루락이 업게 ᄒᆞᆯ 일.

뎨86됴 남녀를 믈론하고 15셰 이하의 ᄌᆞ녀를 가진 쟈는 그 아이들을 다 학교에 보ᄂᆡ는 의무가 잇스며 만일 이 법률을 불복ᄒᆞ면 이 알헤 ᄀᆡ록ᄒᆞᆫ ᄃᆡ로 징벌ᄒᆞᆯ 일.

1. 7셰 이샹 15셰 이하의 ᄌᆞ녀를 학교에 보ᄂᆡ지 안ᄂᆞᆫ 쟈는 ᄆᆡ년 ᄆᆡ명에 25원 벌금에 쳐ᄒᆞᆯ 일.
이 우헤 말ᄒᆞᆫ바 학교는 국한문 학교를 가ᄅᆞ침이니 어나 디방이던지 3마일 안에 학교가 잇고 그 ᄌᆞ녀를 학교에 보ᄂᆡ지 안ᄂᆞᆫ 쟈에게 징벌ᄒᆞᆷ이라.

뎨87됴 남녀간 므슨 목뎍을 가지고 샤회를 조직코져 ᄒᆞ면 맛당히 국민 총회의 인허를 엇어 조직ᄒᆞᆷ이 가ᄒᆞ며 만일 인허 업시 조직ᄒᆞᆫ 단톄는 국민회에셔 단톄로 승인치 안히 ᄒᆞᆷ.

뎨88됴 일반회원은 므슨 경우를 당ᄒᆞ고 므슨 디위에 쳐ᄒᆞ던지 차라리 ᄉᆞᄉᆞ 리익을 희ᄉᆡᆼᄒᆞ야 영광을 취ᄒᆞᆯ지언뎡 결단코 공동ᄒᆞᆫ 리익을 방ᄒᆡᄒᆞ야 슈모(受侮)를 ᄌᆞ취(自取)ᄒᆞ야 우리 대한 국민 된 본분을 일치 말 일.

뎨4쟝 ᄌᆡ졍

뎨89됴 하와이디방총회 ᄌᆡ졍은 온젼히 일반회원이 감당ᄒᆞ되 이것은 오족 립법부 임원들이 쟉량ᄒᆞ야 마련ᄒᆞ고 ᄒᆡᆼ졍부 임원은 다만 예산안만 ᄭᅮᆷ여 립법부에 들이고 그 요구ᄒᆞᄂᆞᆫ바 ᄌᆡ졍의 리유를 셜명ᄒᆞᆯ 뿐.

뎨90됴 디방총회를 유지ᄒᆞᄂᆞᆫ ᄌᆡ졍은 각쳐 회원의 담ᄎᆡᆨ이 일톄로 평균ᄒᆞ고 셔로 ᄎᆞ등이 업슴.

뎨91됴 각 회원의 담ᄎᆡᆨᄒᆞᄂᆞᆫ ᄌᆡ졍은 곳 국민공회의 졍공(正貢)이니 이것을 일홈ᄒᆞ야 의무금이라 ᄒᆞᆷ.

뎨92됴 국민회 의무금은 즁앙총회 립법부에셔 뎡ᄒᆞᆫ 것인 고로 즁앙총회 헌쟝을 변경ᄒᆞ기 젼ᄭᆞ지와 즁앙총회 립법부에셔 새 법률을 만들기 젼ᄭᆞ지는 각 회원의 의무금은 5원으로 쟉졍ᄒᆞᆷ.

뎨93됴 5원 의무금의 5분지 1은 즁앙총회에 례납하고 5분지 4는 디방총회 경비로 지용ᄒᆞ되 ᄎᆞᄎᆞ 회즁의 ᄉᆞ무와 회원의 ᄌᆡ력을 의지ᄒᆞ야 능히 가감ᄒᆞᆯ 슈가 잇슴.

뎨94됴 국민회 의무금은 대한 국민 된 의무로 나온 바-요 대한 국민 된 ᄎᆡᆨ

임으로 나온 바–니 어나 나라 ᄇᆡᆨ셩이던지 그 나라 졍부에 ᄃᆡᄒᆞ야 ᄎᆡᆨ임을 담당ᄒᆞᆷ은 원릐 ᄯᅥᆺᄯᅥᆺᄒᆞᆫ 일이라. 오늘날 국민회는 나라 망ᄒᆞᆫ 한을 품은 ᄇᆡᆨ셩으로 만셰 국가의 쥬권을 회복코져 ᄒᆞ야 바다 밧게 허여져 이 단톄를 조직ᄒᆞ고 이것을 졍치긔관으로 운젼ᄒᆞᄂᆞ니 므릇 우리 대한 국민은 의무금 문뎨에 ᄃᆡᄒᆞ야 ᄉᆡᆼ각ᄒᆞᆯ ᄯᆡ에 이것은 우리가 우리 고국에 잇셔 국민 된 ᄎᆡᆨ임을 다 할 ᄯᆡ에 졍당ᄒᆞᆫ 부셰를 밧치던 것과 갓히 알 것이오. 만일 그러치 안흐면 우리가 오날 고국에 잇셔 부득이ᄒᆞ야 일본졍부에 밧치ᄂᆞᆫ 부셰를 이졔 도리혀 의무심과 ᄎᆡᆨ임심으로 우리 국민공회에 들이ᄂᆞᆫ 줄로 ᄉᆡᆼ각ᄒᆞᆯ지며 만일 이 쥬의를 방ᄒᆡᄒᆞ야 우리 졍치긔관을 병 들이ᄂᆞᆫ 쟈는 우리의 공뎍으로 알진뎌.

뎨95됴 의무금은 일반 한인의 공동ᄒᆞᆫ 슈렴이어니와 만일 국민회의 ᄉᆡ ᄉᆞ업을 경영ᄒᆞ거나 ᄯᅩ 혹 회즁의 불ᄒᆡᆼᄒᆞᆫ 일을 구원ᄒᆞ기 위ᄒᆞ야 샹당ᄒᆞᆫ 의무 외에 특별 연조를 주고져 ᄒᆞᄂᆞᆫ 쟈ㅣ 잇스면 응당 그 졍셩을 막디 안ᄒᆞᆯ 일.

뎨96됴 의무금은 국민회의 일뎡한 슈입이오. 기 외에 특별ᄒᆞᆫ 연조와 ᄉᆞ법샹 벌금 갓흔 것은 림시슈입으로 아ᄂᆞᆫ 바–니 ᄆᆡ양 1년 예산을 ᄭᅮᆷ일 ᄯᆡ에 응당 의무금으로 근본을 삼을 일.

뎨97됴 의무금을 슈입ᄒᆞᄂᆞᆫ 것은 각 디방회 ᄒᆡᆼ졍임원의 ᄎᆡᆨ임이라. ᄒᆡᆼ졍임원들은 그 디방 안헤 잇ᄂᆞᆫ 일반 동포의 셩명과 직업과 원젹과 연령을 회원록에 긔록ᄒᆞ야 두고 ᄯᆡᄯᆡ로 그들에게 권고ᄒᆞ고 지촉ᄒᆞ야 그들로 ᄒᆞ여곰 대한 국민의 ᄎᆡᆨ임과 국민 회원의 ᄌᆞ격을 일치 안케 ᄒᆞᆯ 일.

뎨98됴 의무금을 슈입ᄒᆞᄂᆞᆫ 긔한은 ᄆᆡ년 1월로 시쟉ᄒᆞ야 7월 25일 ᄂᆡ에 필납ᄒᆞ게 ᄒᆞ며 만일 7월 25일이 지나면 의무금 5원 외에 50젼 벌금을 취ᄒᆞᆯ 일.

뎨99됴 1년이 다ᄒᆞ도록 의무금을 들이지 안ᄂᆞᆫ 쟈는 그 셩명과 금ᄋᆡᆨ과 벌금을 긔록ᄒᆞ야 회즁에 류치ᄒᆞ고 1년 2년으로 3년 4년에 닐을지라도 미년 의무금과 벌금을 일향(一向) 독촉ᄒᆞ야 기여희 슈봉ᄒᆞ되 디방회 임원들은 여긔에 ᄃᆡᄒᆞ야 칙임이 잇ᄂᆞᆫ 고로 만일 한 디방에셔 의무금을 ᄂᆡ디 안흔 쟈ㅣ 다셧 사룸 이샹에 닐으ᄂᆞᆫ 경우에는 디방총회는 그 디방회에 ᄃᆡᄒᆞ야 3원 이샹 10원 이하의 벌금을 징츌(徵出) ᄒᆞᆯ 일.

뎨100됴 각 지방에셔 의무금을 잘 슈봉ᄒᆞ고 못ᄒᆞᄂᆞᆫ 것은 각 구역 경찰부쟝이 경찰ᄒᆞ야 디방총회쟝에게 보고ᄒᆞ되 만일 경찰부쟝이 근무를 착실히 안히 ᄒᆞ야 렴문이 드ᄂᆞᆫ ᄯᅢ에는 디방총회쟝은 그 디방에 시찰을 보ᄂᆡ여 정젹을 샤실ᄒᆞᆫ 후에 만일 경찰부쟝이 근무에 ᄐᆡ만ᄒᆞᆫ 허물이 잇거던 곳 파면ᄒᆞ고 다시 그 직무를 막기지 못ᄒᆞᆷ.

뎨101됴 디방회에셔 의무금을 령수ᄒᆞᆫ 후에는 곳 그 회원에게 의무금 령수표와 국민 회원 증셔를 ᄂᆡ여쥬어 어ᄃᆡ를 가던지 자기의 맛당히 눌일 만ᄒᆞᆫ 권리는 온젼히 가지게 ᄒᆞᆷ. 만일 의무금의 령수표와 국민회원의 증셔를 가지디 안흔 쟈는 므슨 일에던지 언론권과 투표권을 일톄로 허낙디 안흘지니 이는 국민회에셔 부득이 힝ᄒᆞᄂᆞᆫ 일이라. 사람이 스ᄉᆞ로 권리와 명예를 희싱ᄒᆞᄂᆞᆫ 것은 국민회가 능히 도읍지 못함인뎌.

뎨102됴 이 우헤 의무금 령수표와 국민 회원의 증셔가 업스면 언론권과 투표권을 허낙디 안는다 ᄒᆞᆷ은 미년 7월 25일부터 그러타 ᄒᆞᆷ이 안히라 그 ᄒᆡ 12월 쳣 월요일 디방총회 임원 션거일브터 그 법률이 효력이 잇다 ᄒᆞᆷ.

뎨103됴 의무금의 령슈표와 국민 회원의 증셔ᄂᆞᆫ 오죽 디방총회에셔 만들어 각 디방에 분급ᄒᆞ되 그 셔식은 맛당히 회원의 셩명과 년령과 직업과 리력과 젼거디와 현쥬디와 ᄯᅩ 셔식의 종류와 번호와 금익과 일ᄶᆞ와 기 외의 ᄯᅩ 일반 긴요ᄒᆞᆫ 것을 일일히 긔록ᄒᆞᆯ 일.

뎨104됴 의무금 령슈표와 회원증셔는 국민 회원의 집됴(執照)와 호표(號票)가 되ᄂᆞᆫ 고로 누구던지 이 디방에셔 뎌 디방으로 쳔젼ᄒᆞᄂᆞᆫ 경우에는 피ᄎᆞ에 이것을 상고ᄒᆞ야 만일 령슈표와 증셔가 업는 경우에는 곳 의무금을 독촉ᄒᆞ며 령슈표를 ᄂᆡ여줌이 가홈.

뎨105됴 만일 어나 동포가 뎌 지방에셔 이 디방으로 와셔 의무금 독촉을 면ᄒᆞ기 위ᄒᆞ야 령슈표를 일헛다 ᄒᆞ던지 어나 힝쟝에 너헛다 ᄒᆞ고 보히기를 쥬져ᄒᆞ거던 그 디방회 임원은 다만 그에게 5원의 보당금(保當金)을 취ᄒᆞ야 회즁에 류치ᄒᆞ고 곳 그 회원의 ᄯᅥ나온 디방으로 통신ᄒᆞ야 만일 증거가 확실ᄒᆞ면 그 돈을 다시 ᄂᆡ여주고 그러치 안흐면 곳 그 돈 5원으로 의무금을 삼고 다시 50젼 벌금을 취ᄒᆞᆫ 후에 령슈표와 증셔를 발급홀 일.

뎨106됴 만일 어나 회원이 이 디방에 잇셔 의무금을 ᄂᆡ디 안코 뎌 디방으로 가는 경우에는 의무금을 슈봉ᄒᆞ는 칙임은 그 회원이 ᄉᆡ로 와 잇는 디방임원에게 잇ᄂᆞ니 만일 그 디방임원이 이것을 등한히 보고 용납ᄒᆞ야 두는 경우에는 경찰부쟝은 이것을 총회에 보고ᄒᆞ며 ᄯᅩ 그 회원이 ᄯᅥ나온 디방회에셔는 당시 그 회원이 ᄉᆡ로 와 잇는 디방회에 향ᄒᆞ야 50젼 벌금을 취홀 일.

뎨107됴 므릇 의무금에 상관ᄒᆞ야 바든 벌금은 어나 디방이던지 그것을 총회로 보ᄂᆡ디 말고 다만 그ᄃᆡ로 류치ᄒᆞ야 디방경비에 보용홀 일.

뎨108됴 각 디방회에셔는 의무금을 슈입ᄒᆞ는 ᄃᆡ로 곳 총회로 보낼 것이오. 결단코 이것을 가지고 ᄉᆞᄉᆞ 리익을 도모ᄒᆞ야 디방총회 경졔긔관에 방히가 업게 홀지며 만일 이 됴목에 범ᄒᆞ면 디방총회 ᄉᆞ법부에 맛겨 쳐분홀 일.

뎨109됴 디방총회에셔 직졍을 졍리ᄒᆞ는 것은 미양 1년 경비를 예산ᄒᆞ야 므슨 일에 얼마나 쓸 것을 ᄎᆞ례로 쟉뎡ᄒᆞ야 그ᄃᆡ로 쓰고 결단코 람용티 못홀 일.

뎨110됴 디방총회에셔 1년 경비를 예산홀 ᄯᅢ에는 각 힝졍임원들이 ᄌᆞ긔의 관리ᄒᆞ는바 ᄉᆞ무에 얼마나 쓸 것을 밀히 쟉뎡ᄒᆞ야 디방총회 지무에게 보ᄂᆡ여 이것을 총회쟝과 의론한 후에 그 결뎡ᄒᆞᆫ 바를 다시 립법부 의회에 보니여 실시ᄒᆞ기를 요구ᄒᆞᆯ 일.

뎨111됴 립법부 의회에셔는 ᄒᆡᆼ졍부에셔 들인 예산안을 가지고 과거와 쟝릐를 비교ᄒᆞ야 혹 가감ᄒᆞ며 혹 산삭ᄒᆞ야 아모됴록 졍치긔관의 발젼되기를 위ᄒᆞ야 필요ᄒᆞᆫ 경비를 무단히 산삭치 못ᄒᆞᆯ 일.

뎨112됴 립법부에셔나 ᄒᆡᆼ졍부에셔 미년 예산을 뎡한 후에는 맛당히 그 예산외에 얼마간 더 마련ᄒᆞ야 예산외지츌로, 림시비로 지용케 ᄒᆞᆯ 일.

뎨113됴 ᄒᆡᆼ졍부 임원이 예산안을 뎨출할 ᄯᅢ에는 맛당히 그 지나간 ᄒᆡ의 지졍츌입의 통계셔를 만들어 얼마가 부족ᄒᆞ고 얼마가 남은 것을 분명히 보고ᄒᆞᆯ 일.

뎨114됴 만일 립법부에셔 므슨 경우를 인ᄒᆞ야 디방총회의 예산안을 투표 결뎡티 못ᄒᆞᆫ 경우에는 ᄒᆡᆼ졍부 임원들은 응당 그 지나간 ᄒᆡ의 예산표를 의지ᄒᆞ야 시ᄒᆡᆼᄒᆞ고 감히 ᄌᆞ의로 가감치 못ᄒᆞ되 만일 필요ᄒᆞᆫ 관계가 잇셔 불가불 증가ᄒᆞ게 되는 ᄯᅢ에라도 지나간 ᄒᆡ 예산총익의 10분지 1 이샹은 더 늘이지 못ᄒᆞᆯ 일.

뎨115됴 국민회에셔 므슨 ᄉᆞ업을 경영ᄒᆞ기 위ᄒᆞ야 회원에게 공치를 모집ᄒᆞᆯ ᄯᅢ에는 오쟉 이것을 디방총회 립법부에셔 결뎡ᄒᆞ야 디방총회쟝과 디방총회 지무의 일홈으로 공치 모집셔를 발ᄒᆡᆼᄒᆞᆷ.

뎨116됴 디방총회 립법부에셔는 공치문뎨를 의론ᄒᆞᆯ ᄯᅢ에 만일 일후에 그 빗을 착실히 물어줄 방법이 업스면 당초에 그 의론을 발론치 못ᄒᆞᆯ지며 ᄯᅩ한 공치를 모집ᄒᆞᆫ 후에 이것을 경영ᄒᆞᆫ바 목뎍 외에 다른 ᄃᆡ는 쓰지 못ᄒᆞᆯ 일.

뎨117됴 만일 디방총회에셔 므슨 목뎍을 가지고 공치를 모집ᄒᆞ엿다가 므슨 경우를 인ᄒᆞ야 그 ᄉᆞ업을 실시치 못ᄒᆞ고 즁지ᄒᆞ는 경우에는 그 공치는 다시 치쥬에게 환급ᄒᆞ되 그 돈의 변리는 의론치 못ᄒᆞ며 ᄯᅩ 혹 디방총회 립법부에셔 이것을 가지고 다른 일을 경영코져 ᄒᆞᆯ ᄯᅢ에는 몬져 그 치쥬에게 가부를 물어 치쥬 4분의 3이 응낙지 안흐면 그 경영을 일톄로 파의ᄒᆞ며 혹 응낙을 바다 다른 ᄉᆞ업을 경영ᄒᆞᆯ ᄯᅢ

에는 약간분의 변리를 더ᄒᆞ야 쓰는 것이 가홈.

뎨118됴 공칙를 모집홈은 원릭 립법의회와 힝졍임원의 권리 안헤 일이거니와 만일 디방총회쟝이 정치샹 안목과 민활ᄒᆞᆫ 슈단으로 시셰의 필요홈을 알고 특별ᄒᆞᆫ 리익을 도모코져 ᄒᆞ야 다른 방법으로 다소간 금익을 모집홈은 대개 총회쟝의 힝졍샹 권리로 알아 그 의견과 그 졍략이 손히를 밧디 안토록 쥬의ᄒᆞ되 만일 그 돈의 셩질이 고본(股本)으로 모집되는 ᄯᅢ에는 총회쟝이 반다시 참의원에게 물어 힝홀 지며 만일 특별연조로 되는 ᄯᅢ에는 다만 총회쟝이 스ᄉᆞ로 쳔단홀 일.

뎨119됴 고본금과 특별연조로 모집ᄒᆞᆫ 금익은 그 경영ᄒᆞᆫ바 ᄉᆞ업을 실힝ᄒᆞ기 외에는 다른 ᄃᆡ 쓰기를 시험치 말지며 만일 고본쥬와 연조ᄒᆞᆫ 쟈에게 가부를 물어 그것을 다른 일에 쓰는 경우에도 오족 그 가표(可票)를 던진 쟈의 것만 쓰고 결단코 부표(否票)를 던진 쟈의 돈ᄭᅡ지 함믜 쓰지는 못홀 일.

뎨120됴 하와이국민회 관할구역 안헤는 누가 무슨 연조를 쳥ᄒᆞ고져 ᄒᆞ던지 만일 디방총회 소기셔가 안히면 각 디방회에셔 거졀홈이 가ᄒᆞ며 만일 환난을 구원ᄒᆞ거나 ᄯᅩ 혹 다른 졀박ᄒᆞᆫ 일을 당ᄒᆞ야 어나 디방회 임원의 허낙을 가지고 연조를 쳥홀 ᄯᅢ에는 그 효력이 다만 그 디방에만 잇고 다른 디방에는 밋치지 못홈.

뎨121됴 국민회는 국민 동포 즁 환, 과, 고, 독(鰥寡孤獨)의 ᄉᆞ궁지민(四窮之民)을 더욱 보호홀 의무가 잇는 고로 누구던지 나희 18셰 이하와 61셰 이샹이 된 쟈와 ᄯᅩ 나희 강쟝(强壯)ᄒᆞ야도 홀로 잇는 부인에게는 의무금이나 특별연조를 뭇지 안흐되 만일 공칙금이나 고본금으로 모집홀 ᄯᅢ에는 임의로 응모케 ᄒᆞ며 ᄯᅩ는 61셰 이샹이나 18셰 이하된 쟈가 순젼한 ᄋᆡ국셩으로 ᄌᆞ긔의 츙셩을 다ᄒᆞ고져 ᄒᆞ야 다른 회원과 갓히 의무금이나 특별연조를 ᄂᆡ고져 홀 ᄯᅢ에는 각 디방 힝졍임원들은 응당 그 졍셩을 막지 안홀 지로되 국민 회원의 권리 문뎨에 당ᄒᆞ야는 맛당히 그 방한을 알아 시힝홀지니 대개 누구던지 18셰 이하가 된 쟈에게는 비록 의무금을 밧을지라도 아즉 국민 공권을 허낙지 못홀지며 61셰 이샹이 된 쟈에게는 비록 의무금을 밧지 안흘지라도 일반 공권은 의연히 눌이게 홈.

그러훈나 나희 61셰 이샹이 된 쟈-라도 만일 주긔가 그 나희에 니르기 젼에 일즉이 국민공회에 뎌훈야 3년 쫑안 의무를 다훈지 안훈 쟈에게는 공권을 허낙홈이 불가홈.

뎨122됴 나희 61셰 이샹 되는 회원이 주의로 바친 의무금과 쏘 일반 부인들이 임의로 들인 의무금은 표 잇게 쓰기 위훈야 이 두 가지의 의무금은 오즉 주션수업과 교육경비에 보용훈고 결단코 다른 일에 쓰지 못홀 일.

뎨123됴 디방총회 직무는 이 우헤 셜명훈바 규졍을 의지훈야 모든 것을 각근히 구별훈야 쳐리훈되 무슨 종류로 들어오는 돈이던지 다 그 종류를 의지훈야 쩍쩍로 신문샹에 긔직홀 일.

뎨 5 쟝 즁앙총회와 디방총회와 디방회의 관계 및 경찰 구역의 권한

뎨124됴 하와이디방총회는 대한인국민회의 한 부분인 고로 국민회 즁앙총회 헌장을 의지ᄒᆞ야 즁앙총회를 셤기는 의무가 잇슴.

뎨125됴 즁앙총회 립법부는 국민회 법률을 졔뎡ᄒᆞᄂᆞᆫᄃᆡ 가쟝 놉흔 권리가 잇ᄂᆞᆫ 쥴 아ᄂᆞᆫ 고로 즁앙총회에셔 졔뎡ᄒᆞᆫ 법률을 일톄로 쥰힝ᄒᆞ되 하와이 디방을 ᄌᆞ치ᄒᆞᄂᆞᆫ 권리는 의연히 하와이 총회에 잇슴.

뎨126됴 하와이디방총회는 즁앙총회에 ᄃᆡᄒᆞ야 칙임을 다ᄒᆞᄂᆞᆫ 의무가 잇ᄂᆞᆫ 고로 ᄆᆡ년 디방총회에셔 슈입ᄒᆞᄂᆞᆫ 의무금의 5분지 1은 즁앙총회에 레납ᄒᆞᆯ 일.

뎨127됴 하와이디방총회는 달은 디방총회들과 형뎨의 의무가 잇ᄂᆞᆫ 고로 셔로 친ᄋᆡᄒᆞᄂᆞᆫ 의를 유지ᄒᆞ야 즁앙총회 헌쟝을 홈ᄭᅴ 보호ᄒᆞ되 만일 어나 디방총회와 분징이 잇스면 이것을 즁앙총회 ᄉᆞ법부에 막겨 쳐분을 기달일 일.

뎨128됴 즁앙총회와 하와이디방총회 사이와 하와이디방총회와 다른 디방총회 사이에 혹 분징이 잇셔 ᄌᆞ못 억울ᄒᆞᆫ ᄃᆡ경에 니를지라도 하와이 디방총회는 결단코 즁앙총회와 결렬ᄒᆞ야 난호아 셔기를 시험치 못ᄒᆞᆯ 일.

뎨129됴 만일 어나 한인이 하와이디방총회 관할구역에셔 법률을 범ᄒᆞ고 달은 디방총회 관할구역으로 도망ᄒᆞ거나 혹 써나가 잇ᄂᆞᆫ 경우에는 하와이디방총회는 그 디방으로 리문ᄒᆞ야 집류ᄒᆞ거나 혹 징치ᄒᆞ기를 요구ᄒᆞ며 ᄯᅩ 혹 달은 디방총회 관할구역에서 범과(犯過)ᄒᆞ고 하와이디방총회 관할구역에 들어와 잇ᄂᆞᆫ 쟈도 그와 갓히 협조ᄒᆞ야 그 디방총회의 요구ᄒᆞᄂᆞᆫ ᄃᆡ로 샹당ᄒᆞ게 징치ᄒᆞᆯ 일.

뎨130됴 하와이 군도에 잇ᄂᆞᆫ 각 디방 국민회는 오즉 하와이디방총회를 모범ᄒᆞ야 ᄌᆞ치제도를 실힝ᄒᆞ되 즁앙총회 헌쟝과 디방총회 ᄌᆞ치규뎡에셔 셔로 위반됨이 업게 ᄒᆞᆯ 일.

뎨131됴 디방회는 오죽 디방총회의 허가를 엇어 셜립ᄒᆞ고 만일 디방회의 ᄌᆞ치규측을 셰우는 경우에는 맛당히 그 법안을 디방총회에 보니여 직가를 쳥ᄒᆞᆯ 일.

뎨132됴 디방총회는 각 디방회의 질셔를 유지ᄒᆞ는 칙임이 잇는 고로 어나 디방에 일죽이 회가 셩립ᄒᆞ엿는ᄃᆡ 엇던 무리의 한 부분이 그 디방회와 난호아 셔고자 ᄒᆞ야 디방총회에 허가를 쳥ᄒᆞᆯ ᄯᅢ에는 디방총회는 맛당히 이것을 허낙디 말 일.

뎨133됴 디방회가 셔로 분립코져 ᄒᆞᆷ은 오히려 용셔ᄒᆞᆯ 만ᄒᆞ거니와 만일 하와이 군도를 난호아 현존ᄒᆞᆫ 디방총회 외에 ᄯᅩ 하나를 셜립ᄒᆞ야 그것도 디방총회 일홈으로 셔기를 시험ᄒᆞ는 쟈는 이는 우리 국민 단톄를 와히케 ᄒᆞ는 공뎍으로 알지며 ᄯᅩ한 우리 헌쟝 규측을 침범ᄒᆞ는 역뎍으로 다살일 일.

뎨134됴 어느 디방에 디방회를 조직ᄒᆞ던지 다만 국민회-라는 일홈 우헤 그 디방 디명만 더할 ᄲᅮᆫ이오. 결단코 달은 글ᄌᆞ를 더ᄒᆞ야 므슨 특별ᄒᆞᆫ 의미를 포함치 못ᄒᆞ게 ᄒᆞᆯ 일.

뎨135됴 각 디방회는 디방총회를 유지ᄒᆞ는 칙임이 잇난 고로 의무금을 착실히 슈봉하되 본 쟝뎡 뎨104됴로 뎨108됴ᄭᆞ지 말ᄒᆞᆫ바 법률을 의지ᄒᆞ야 각 디방이 셔로 도읍고 셔로 권리를 보젼ᄒᆞᆯ 일.

뎨136됴 각 디방 관할구역에셔 엇던 사ᄅᆞᆷ이 법률을 범ᄒᆞ고 도망ᄒᆞ야 달은 디방으로 들어간 쟈ㅣ 잇스면 그 디방회는 응당 뎌 디방회의 됴회를 의지ᄒᆞ야 그 죄인을 집류ᄒᆞ야 셔로 법률을 유지ᄒᆞ는 것을 의무로 알지며 하필 권리를 가지고 빙ᄌᆞᄒᆞ야 셔로 죄인을 두호(斗護)ᄒᆞ고 법률을 멸시ᄒᆞ는 폐가 업게 ᄒᆞᆯ 일.

뎨137됴 만일 어나 디방회가 능히 부지치 못ᄒᆞᆯ 경우에는 그 ᄉᆞ실을 응당 디방총회에 보고ᄒᆞ야 디방총회에셔 조쳐ᄒᆞ되 그 디방회원들의 원ᄒᆞ는 바를 의지ᄒᆞ야 그 디방과 셔로 갓가온 어나 디방회로 합ᄒᆞ야 관리케 ᄒᆞᆯ 일.

뎨138됴 ᄒᆡ산ᄒᆞᄂᆞᆫ 디방회가 어나 디방과 합ᄒᆞ지도 못ᄒᆞᆯ 경우에ᄂᆞᆫ 그 회원명록과 일반문부를 그 디방 경찰부쟝에게 막겨 경찰부쟝이 간슈케 ᄒᆞ되 만일 1년 동안에 다시 회를 조직ᄒᆞ지 못ᄒᆞᆯ 경우에ᄂᆞᆫ 경찰부쟝은 맛당히 그 문부를 디방총회로 보ᄂᆡᆯ 일.

뎨139됴 하와이디방총회에 경찰구역을 뎡ᄒᆞᆫ 것은 대개 풍속과 습관과 디리와 인ᄉᆞ를 ᄶᅩᆯ아 ᄌᆞ치권한으로 나온 것이라. 그러ᄒᆞ나 이것은 정치상 계급으로 ᄌᆞ치ᄒᆞᄂᆞᆫ 원위가 안히라. 다만 ᄒᆡᆼ정경찰과 ᄉᆞ법경찰의 권리를 가지고 구역 ᄌᆡ판소의 셩질을 포함ᄒᆞ엿스며 결단코 립법ᄒᆞᄂᆞᆫ 권리ᄂᆞᆫ 업슴.

뎨140됴 경찰구역에 립법ᄒᆞᄂᆞᆫ 권리가 업다 ᄒᆞᆷ은 그 구역을 ᄌᆞ치ᄒᆞᄂᆞᆫ 법률을 만드ᄂᆞᆫ 권리가 업다 함이오. ᄯᅩ 경찰부에셔 디방총회 참의원을 션거ᄒᆞᄂᆞᆫ 것은 다만 정치상으로 구별ᄒᆞᆫ 구역을 리용ᄒᆞ야 의원을 션거ᄒᆞ는ᄃᆡ 편리ᄒᆞᆷ을 취ᄒᆞᆷ인 줄 알 일.

즁앙총회 헌장에 졔뎡ᄒᆞᆫ바 정치계급을 변통ᄒᆞᆯ 슈가 업고 ᄯᅩ 하와이 디방총회 ᄒᆡᆼ정상에 이것을 안히 둘 수 업셔 이갓치 졔뎡ᄒᆞᆷ이라.

뎨141됴 경찰부쟝은 그 구역에 잇ᄂᆞᆫ 각 디방회에셔 투표ᄒᆞ야 ᄲᅩᆸ으되 만일 디방총회쟝의 승낙을 엇지 못ᄒᆞ면 경찰부쟝으로 셔용치 못ᄒᆞᆷ.

뎨142됴 경찰부쟝의 봉급은 디방총회 립법부에셔 의뎡ᄒᆞ야 디방총회 경비로 지츌ᄒᆞᆷ.

뎨143됴 경찰부쟝은 ᄒᆡᆼ정경찰과 ᄉᆞ법경찰의 권리를 가진 고로 그 ᄎᆡᆨ임을 디방총회쟝에게 ᄃᆡᄒᆞ야 다ᄒᆞᆯ 일.

뎨144됴 경찰부쟝의 직무ᄂᆞᆫ 각 디방을 슌ᄒᆡᆼᄒᆞ야 모든 정형을 경찰ᄒᆞ야 ᄣᆡᄣᆡ로 디방총회쟝에게 보고ᄒᆞ며 ᄯᅩ한 각 디방회쟝을 찬조ᄒᆞ야 ᄒᆡᆼ정상에 효력을 도모ᄒᆞᆷ.

뎨145됴 경찰부쟝의 권리ᄂᆞᆫ ᄌᆞ못 크고 만흐나 대개 그 즁에 긴요ᄒᆞᆫ 것은,

1. 각 디방 정형을 ᄣᆡᄣᆡ로 경찰.
2. 각 디방회 일반 ᄒᆡᆼ정임원들이 모혀 의론ᄒᆞᆯ ᄣᆡ에 의쟝의 자리를

취ᄒᆞᆷ.

3. 각 디방 법무원들이 쳐결치 못ᄒᆞᆫ ᄉᆞ건을 밧아 ᄌᆞᄀᆡ가 구역 ᄉᆞ법원의 일홈으로 쳐결.

뎨146됴 경찰부장은 므슨 ᄉᆞ건을 밧아 ᄌᆡ판ᄒᆞ야 쥬던지 그 ᄌᆡ판문젹을 분명히 ᄀᆡ록ᄒᆞ야 ᄒᆞᆼ샹 본부에 류치ᄒᆞ엿다가 만일 어나 사ᄅᆞᆷ이 경찰부의 ᄌᆡ판을 불복ᄒᆞ고 디방총회 ᄉᆞ법부에 공소하ᄂᆞᆫ 경우에ᄂᆞᆫ 그 문젹을 ᄉᆞ법장에게 보ᄂᆡ여 참됴케 ᄒᆞᆯ 일.

뎨147됴 디방총회ᄂᆞᆫ ᄒᆞᆼ샹 경찰부장에게 넉넉ᄒᆞᆫ 권리를 쥬어 각 디방 질셔를 유지케 ᄒᆞ고 ᄯᅩᄂᆞᆫ 필요ᄒᆞᆫ ᄯᆡ와 필요ᄒᆞᆫ 경우를 ᄯᅩᆯ아 하와이졍부와 교셥ᄒᆞ야 합즁국 관리의 권리를 빌어 경찰부장에게 막겨 ᄒᆡᆼ졍경찰과 ᄉᆞ법경찰에 효력이 잇기를 도모ᄒᆞᆯ 일.

뎨148됴 경찰부장은 원ᄅᆡ 각 디방회쟝의 직뎝ᄒᆞᆫ 샹관(上官)이 안히라. 다만 즁앙총회와 디방총회와 각 디방ᄋᆡ 립법부에셔 만든 법률을 의지ᄒᆞ야 ᄒᆡᆼ졍상과 ᄉᆞ법상에 경찰을 담임ᄒᆞᆫ 고로 각 디방을 통히 경찰ᄒᆞᄂᆞᆫ 권리ᄂᆞᆫ 잇스되 만일 이 권리를 빙ᄌᆞᄒᆞ고 각 디방 ᄒᆡᆼ졍임원의 권한을 무란히 침범ᄒᆞ야 도리혀 질셔가 무란ᄒᆞᆫ 경우에ᄂᆞᆫ 각 디방회쟝들은 이것을 직졉으로 디방총회쟝에게 보고ᄒᆞ야 경찰부장을 파면케 ᄒᆞᆯ지니 이런 경우에ᄂᆞᆫ 각 디방회쟝의 5분지 3이 련명 보고치 안ᄒᆞ면 효력이 업슴.

뎨149됴 경찰부장이나 디방회쟝들이 셔로 상지ᄒᆞ야 보고가 잡답ᄒᆞᆫ ᄯᆡ에ᄂᆞᆫ 디방총회쟝은 특별히 시찰을 파송ᄒᆞ야 일반졍형을 분명히 탐지ᄒᆞᆫ 후에 쳐리ᄒᆞᆯ 일.

뎨6쟝 쟝뎡 개뎡의 됴례

뎨150됴 본 쟝뎡은 하와이국민회의 가쟝 놉고 가쟝 거륵ᄒᆞᆫ 법률인 고로 일시의 젹은 관계로 인ᄒᆞ야 무란히 가감ᄒᆞ기를 시험치 못ᄒᆞᆷ.

뎨151됴 달은 법률을 ᄀᆡ뎡ᄒᆞ고 가감ᄒᆞᄂᆞᆫ 것은 디방총회 립법부에셔 능히 쳔단(擅斷)ᄒᆞ되 이 쟝뎡을 가감ᄒᆞ고 개뎡ᄒᆞᄂᆞᆫᄃᆡ 당ᄒᆞ야는 맛당히 일반회원의 직졉투표로 가부를 물어 쳐결ᄒᆞᆯ 일.

뎨152됴 본 쟝뎡을 가감ᄒᆞ거나 개뎡ᄒᆞᆫ 것은 오죽 디방총회 립법부에셔 의뎡ᄒᆞ고 그 결과를 반포ᄒᆞᆷ은 ᄒᆡᆼ졍임원에게 맥겨 시ᄒᆡᆼᄒᆞᆷ.

뎨153됴 쟝뎡개뎡의 투표 가결은 일반 회원의 5분지 3을 요구ᄒᆞᆷ.

뎨154됴 만일 개뎡ᄒᆞ거나 가감ᄒᆞ고져 ᄒᆞᄂᆞᆫ 법안이 다수ᄒᆞᆫ 회원의 일홈으로 쳥원이 되는 ᄯᅢ에는 디방총회 립법부에셔는 그 의안을 가지고 도뎌히 참작ᄒᆞ야 다소간 가감ᄒᆞ거나 개뎡ᄒᆞᆫ 후에 그것을 일반회원에게 공포ᄒᆞ고 투표 결뎡ᄒᆞ기를 쳥ᄒᆞ되 그 의안의 근본 되는 쥬의는 능히 변개치 못ᄒᆞᆯ 지며 만일 그 의안의 젼톄주의를 모다 불가케 녁이는 경우에는 다시 퇴ᄒᆞ고 의론치 안흠이 가ᄒᆞ며 ᄯᅩ 혹 의안을 가지고 의론이 불일(不一)ᄒᆞ야 의안을 밧고 안 밧는 문뎨를 가지고 투표ᄒᆞᆯ ᄯᅢ에는 비록 그 투표의 가부가 상등(相等)ᄒᆞ여도 가결된 줄로 알 일.

뎨154됴 본 쟝뎡 즁 므슨 됴목이나 므슨 법률을 다 개뎡ᄒᆞ거나 가감ᄒᆞᆯ 수가 잇스되 오족 본회 회명과 종지 목뎍은 감히 변개치 못ᄒᆞᆯ 일.

건국기원 4236년 2월 1일

대한인국민회 하와이디방총회 ᄌᆞ치규뎡 (죵)

4. Charter of Incorporation of the Korean National Association of Hawaii 하와이 국민회 법인 헌장 (1913)

TERRITORY OF HAWAII,)
City and County of Honolulu,)SS.

Chillay Chung (Sang Ha Park), Won Kul Park, In Pyo Hong, John Pak and Y. M. Park, all being first duly sworn, on oath, depose and say, each for himself: That the foregoing petition has been read by them and they known the contents thereof and that the statements contained therein are true.

CHILLAY CHUNG
IN PYO HONG
WON KUL PARK
JOHN PAK
YOUNG M. PARK

Subscribed and sworn to before me
this 27 day of May, 1913.
J. ASHMAN BEAVEN (SEAL)
Notary Public, First Judicial Circuit, Territory of Hawaii.

CHARTER OF INCORPORATION
of the
KOREAN NATIONAL ASSOCIATION OF HAWAII.
(하와이 국민회 법인 헌장)

TO ALL TO WHOM THESE PRESENTS SHALL COME: I. D. L. Conkling, Treasurer of the Territory of Hawaii, SEND GREETING:

WHEREAS, Chillay Chung, Won Kul Park, In Pyo Hong, John Pak and Y. M. Park, all residents of Honolulu, City and County of Honolulu, Territory of Hawaii, have filed in the office of the Treasurer of the Territory of Hawaii, their petition praying for a Charter of Incorporation for themselves and their associates and successors as a body corporate for educational and eleemosynary purposes.

NOW THEREF0RE, KNOW YE, that pursuant to the tenor of said petition, and by the power in me vested by law, and by and with the consent of the Governor of the Territory of Hawaii, I do hereby constitute and appoint the said Chillay Chung, Won Kul Park, In Pyo Hong, John Pak and Y.M. Park and their associates and successors a body corporate for the term of fifty (50) years under the corporate name of KOREAN NATIONAL ASSOCIATION OF HAWAII, with all the rights, privileges, powers and immunities which are now or may hereafter be secured by law to corporations organized for educational and eleemosynary purposes, and especially with power to sue and be sued, plead and be impleaded in any and all courts, to make and use a common or corporate seal which may be altered or renewed at its pleasure; to hold, purchase, convey, rent, lease, receive gifts of and otherwise acquire and dispose of such real, personal and mixed property not exceeding in value at any time the sum of Fifty Thousand Dollars ($50,000) as the purposes of the corporation shall require, and to mortgage the same to secure any debt of the corporation; to appoint such subordinate officers and agents as the affairs of the corporations may require; to make by-laws not inconsistent with any existing law for the management of its property, the election and removal of its officers and the regulation of its affairs and the transfer of its property.

The corporate powers, business and property of the corporation shall be exercised, conducted and controlled by a Board of Directors of not less than five nor more than eleven members of which the President, Vice-President, Secretary and Treasurer shall be members. The corporation shall have its main office in Honolulu, city and County of Honolulu, Territory of Hawaii, at such place as the said Board of Directors may determine.

Provided, however, that no power is granted by these presents to said corporation to have or to issue shares of capital stock or to pay dividends, and

Provided, that there shall always be a President, Vice-President, Secretary, and Treasurer of said corporation on either of whom service of legal process shall be deemed to be legal service on the corporation; that said officers shall be residents of Honolulu aforesaid; that their names and residences and the names and residences of all other officers of said corporation shall always be registered in the office of the Treasurer of the Territory of Hawaii; and that a copy of all rules and by-laws of said corporation and all amendments thereof shall be filed with the Treasurer of said Territory within fourteen days after adoption, and

Provided, that this charter and the corporation hereby created shall be subject to all existing laws and all laws whether amendatory, repealing or other laws that may hereafter be enacted, not inapplicable to charters of corporations of this character.

IN WITNESS WHEREOF, I have hereunto set my hand and the Seal of the Treasury Department, Territory of Hawaii, at Honolulu this 9th day of

June, A.D. 1913.

(SEAL) D. L. CONKLING

Treasurer, Territory of Hawaii.

I hereby consent to the granting of the foregoing Charter.

W. F. FREAR

Governor of Hawaii.

Recorded July 3, 1913 at 11:15 A. M.

Recording fee 1200 words@50c per 100 $6.00

Henry C. Hapai (signature)

Registrar of Public Accounts.

5. 대한인 하와이교민단 자치규정 (1923)

대한인 하와이교민단 자치규뎡
대한공화민국 2년 10월 7일에 림시정부 내무부령 뎨4호로 공포된 교민단졔(僑民團制) 뎨7됴와 10됴에 의ᄒᆞ야 의사회를 죠직ᄒᆞ고 자치규뎡을 졔뎡홈.

뎨1장 총측

뎨1됴 본단의 명칭은 대한인 하와이교민단이라 홈.

뎨2됴 본단의 목뎍은 죠국의 독립광복에 젼력ᄒᆞ며 교육을 쟝려ᄒᆞ고 실업을 발뎐ᄒᆞ며 동포의 영예를 증진케 홈에 재홈.

뎨3됴 본단의 죵지(宗旨)는 무편무당(無偏無黨)ᄒᆞ야 엇더ᄒᆞᆫ 죵교와 엇더ᄒᆞᆫ 영업과 엇더ᄒᆞᆫ 디위의 분별이 무ᄒᆞ고 단지 츙의남녀 대한 국민으로 본단의 목뎍을 셩취케 홈.

뎨4됴 본단의 계급은 총단, 구역, 디방단, 3죵으로 구별홈.

뎨5됴 본단의 위치는 여좌ᄒᆞ니,

1. 총단은 각 디방단 교통의 편리ᄒᆞᆫ 곳에 셜치홈
2. 구역은 일뎡ᄒᆞᆫ 쳐가 무ᄒᆞ고 쇼관 디방단 교통의 편리ᄒᆞᆫ 곳에 셜치홈
3. 디방단은 一부 디방 거류민의 회집ᄒᆞ기 편리ᄒᆞᆫ 곳에 셜치홈

뎨6됴 본단의 긔념일은 내무부령 뎨4호에 의ᄒᆞ야 미년 10월 7일로 뎡홈.

뎨2장 총단

뎨7됴 총단은 30쳐 이상 디방단의 동의로 셜립홈을 요홈.

뎨8됴 총단은 의사회와 임원회 2종으로 분ᄒᆞ니 의사회는 거류민의 공션ᄒᆞᆫ 의원으로 죠직ᄒᆞ고 임원회는 총단의 임원으로 죠직홈.

뎨9됴 의사회에셔 의결ᄒᆞᄂᆞᆫ 사항은 여좌ᄒᆞ니,

1. 교민단 됴례 급 규측 졔정과 변경에 관훈 ᄉ(事)
2. 독립운동에 관훈 ᄉ
3. 셰입 셰츌의 예산 급 결산과 예산외지츌에 관훈 ᄉ
4. 교육과 구졔 급 교통에 관훈 ᄉ
5. 병사 모집 급 의용대 죠직에 관훈 ᄉ
6. 교민단의 부과셰에 관훈 ᄉ
7. 교민단의 부치에 관훈 ᄉ
8. 젼년도 사업셩적 죠사와 당년도 경긔 요무의 립안에 관훈 ᄉ
9. 임원이 칙임상에 불명부졍훈 일이 잇눈 때에는 질문이나 혹 탄힉훈눈 ᄉ
10. 의사회는 하시(何時)던지 춍단 문부와 셔류를 죠사홈을 득홈
11. 거류민의 의견셔를 밧아 쳐리훈눈 ᄉ
12. 춍단쟝의 의견셔를 밧아 결뎡훈눈 ᄉ
13. 의사회에셔 가결된 법안을 一톄로 법문을 만드러 춍단쟝의게 통과를 쳥훈되 춍단쟝이 만일 그 법안을 통과치 안이훈고 의사회로 환숑훈눈 경우에는 의사회에셔 그 법안을 다소간 참쟉훈야 춍단쟝의게 다시 통과를 청구훈되 만일 또 통과치 안이훈눈 경우에는 3차ᄭᆞ지 통과훈기를 쳥구홈
14. 의사회에셔 결안된 법안을 춍단쟝이 만일 3차ᄭᅡ지 통과치 안이훈눈 경우에는 의사회에셔 춍단쟝을 쳥훈야 통과치 안이훈눈 리유의 셜명을 드른 후에 의사회에셔는 다시 투표 결뎡훈되 의원 젼부 4분지 3표로 가결이 되면 춍단쟝의 통과가 비록 업슬지라도 그는 법안으로 실힝홈
15. 의사회의 회규는 의사회에셔 졔정홈
16. 의사회에셔는 법안 통과건이나 혹 무슴 문의홀 사건을 춍단쟝의게 보낸 후에 만일 24시간이 지나도록 가부간 회답이 무훈면 의사회에셔는 춍단쟝의게로 그 사건을 돌녀보닉기를 쳥구홈

17. 의사회의 긔회는 통샹과 림시 2죵으로 분ᄒᆞ니 통샹긔회는 ᄆᆡ년 1월초로 위시ᄒᆞ야 당월 회일ᄭᆞ지 ᄒᆞ기 가ᄒᆞ되 다만 사무의 다쇼를 ᄯᆞ라 의사회의 의결로 연긔나 혹 단긔(短期)홈을 요홈

18. 림시긔회는 의원 5인 이샹의 동의나 혹 임원회의 요구를 인ᄒᆞ야 긔회홈.

뎨10됴 의사회 쇼집과 폐회는 총단쟝이 힝홈.

뎨11됴 총단의 임원이 여좌ᄒᆞ니,

총단쟝	1인
부단쟝	1인
총무	1인
셔긔	1인
재무	1인
학무원	1인
법무원	1인
군무원	1인
구졔원	1인
샹무원	1인

뎨12됴 총단쟝과 부단쟝은 의사회에셔 공션ᄒᆞᆫ 후보자 각 2인으로 一반 거류민의 공동 투표로 션뎡홈.

뎨13됴 총무 이하 각 임원은 총단쟝과 부단쟝이 호샹 션거ᄒᆞ야 의사회의 승락을 요홈.

뎨14됴 의사원이 만일 총임원으로 피션되는 경우에는 그 보츙을 직힝홈.

뎨15됴 임긔가 차기 젼에 총단쟝이 흠결되는 ᄯᅢ에 부단쟝이 대리ᄒᆞ며 부단쟝이 만일 ᄯᅩ 흠결되면 의사회에셔 총부단쟝을 공션ᄒᆞ며 총무 이하 각 임원이 흠결이 잇는 ᄯᅢ에는 임원회에셔 차를 보츙홈.

1. 의사회의 림시 쇼집

2. 예산안 지츌과 예산외에 지츌의 쳥구

3. 광복사업에 관혼 외교 급 군무와 또혼 교육 급 구제 등 사항
4. 흠결된 임원의 보츙
5. 각 구역 급 디방단 셜립과 합병 급 분할과 히산에 관혼 사항
6. 기타 즁디혼 관계가 잇는 사항

뎨17됴 춍단 임원회는 월례와 림시 2죵으로 분ᄒᆞ니 월례회는 민월 1차식 림시회는 특별혼 사고가 잇는 ᄣᅢ에 림시 기회홈.

뎨18됴 춍단은 림시정부 닉무부에 즁대혼 사항을 슈시 보고ᄒᆞ며 좌기혼 셔류는 민년죵에 슈졍 보고홈.

1. 춍단의 임원 급 의사원의 셩명록과 구역과 디방단 임원의 셩명록과 젼부 거류민의 셩명록
2. 사업셩적셔
3. 재졍회계부

뎨19됴 춍단쟝이 피션된 후 신구 임원의 교톄식과 신임 춍단쟝의 취임식은 의회를 필ᄒᆞᄂᆞᆫ 디로 힝홈.

뎨20됴 춍단쟝의 위는 하와이교민단의 가쟝 진즁ᄒᆞ고 거륵혼 자리인 고로 춍단쟝이 취임홀 ᄣᅢ에 맛당히 츙셩을 다ᄒᆞ야 젼능ᄒᆞ신 하ᄂᆞ님과 츙익ᄒᆞᄂᆞᆫ 동포 압헤 나와셔 이 아릭 긔록혼 말숨디로 맹셔홀지니

나는 젼능ᄒᆞ신 하ᄂᆞ님과 친익ᄒᆞᄂᆞᆫ 동포 압헤 엄즁히 맹셔ᄒᆞ노니 나는 나의 재능을 다ᄒᆞ야 본단의 목뎍을 셩취ᄒᆞ려 ᄒᆞ며 직분을 근실히 힝ᄒᆞ고 자치규뎡을 보호ᄒᆞ야 일졀 규칙에 어그러짐이 업기를 담보ᄒᆞᄂᆞ이다 홈.

뎨21됴 춍단쟝의 취임식과 신구 임원 교톄식은 의사쟝이 힝홈.

뎨3쟝 구역

뎨22됴 본단 힝정의 편리를 위ᄒᆞ야 하와이 군도에 구역을 비치홈.

뎨23됴 본단의 구역 비치는 그 구역에 소관 각 디방단을 관할ᄒᆞ기 편리홈을 위ᄒᆞ야 디리샹 원근과 릭왕 교통에 편리 여부를 분간ᄒᆞ야 몃 디방식

획뎡ᄒᆞ되 이는 춍단과 의사회의 동의로 획뎡ᄒᆞᆷ을 요ᄒᆞᆷ.

뎨24됴 구역회는 대표회와 임원회 2죵으로 분ᄒᆞ니 대표회는 그 구역 소관 각 디방단에셔 공션ᄒᆞᆫ 대표원 각 1인으로 죠직ᄒᆞ고 임원회는 그 구역에 임원으로 죠직ᄒᆞᆷ.

뎨25됴 구역대표회의 의결ᄒᆞ는 사항은 여좌ᄒᆞ니,

1. 구역임원의 션거에 관ᄒᆞᆫ ᄉᆞ
2. 구역 ᄂᆡ에 거류민의 의견셔를 밧아 결뎡ᄒᆞ는 ᄉᆞ
3. 구역 ᄂᆡ에 경비 급 치부에 관ᄒᆞ야 의결ᄒᆞ는 ᄉᆞ
4. 경찰의 미결ᄒᆞᆫ 쇼송을 밧아 의결ᄒᆞ는 ᄉᆞ
5. 구역 임원이 임무상에 나타ᄒᆞ거나 혹 재졍상에 불명부졍ᄒᆞᆫ 과실이 잇는 ᄯᅢ에는 그 죄과를 거ᄒᆞ야 쳐벌이나 파면에 관ᄒᆞᆫ ᄉᆞ

뎨26됴 구역대표회 쇼집은 구역쟝이 ᄒᆡᆼᄒᆞᆷ.

뎨27됴 구역대표회 급 임원회의 ᄀᆡ회는 일뎡ᄒᆞᆫ 일자가 무ᄒᆞ고 다만 일이 잇는 ᄯᅢ에 ᄀᆡ회ᄒᆞᆷ.

뎨28됴 구역임원은 여좌ᄒᆞ니,

구역쟝 1인
경찰 1인
재무 1인
셔긔 1인

뎨29됴 구역임원의 션뎡은 여하ᄒᆞ니,

구역쟝과 경찰은 구역대표회의 공션ᄒᆞᆫ 후보자 각 2인으로 소관 구역 각 디방단의 공동투표로 션뎡ᄒᆞ고 기타 임원은 구역쟝과 경찰이 호샹 션거ᄒᆞ야 대표회에 승낙을 요ᄒᆞᆷ.

뎨30됴 구역임원회의 쳐리ᄒᆞ는 사항은 여좌ᄒᆞ니,

1. 구역대표회 소집에 관ᄒᆞᆫ ᄉᆞ
2. 구역ᄂᆡ 각 디방단에 질셔를 졍돈ᄒᆞ는 ᄉᆞ
3. 흠결된 임원의 션뎡

4. 경비 지용이나 혹 부치 감보에 딕ᄒᆞ야 구역대표회에 청구ᄒᆞᄂᆞᆫ ᄉᆞ
5. 기타 즁요ᄒᆞᆫ 사항

뎨31됴 구역쟝은 즁대ᄒᆞᆫ 사항을 춍단에 수시 보고ᄒᆞ며 구역대표원 급 임원의 셩명록과 재졍회계와 사업 셩젹의 관ᄒᆞᆫ 사항은 ᄆᆡ년죵에 슈졍 보고흠.

뎨4쟝 디방단

뎨32됴 디방단은 15인 이샹 거류민의 청원으로 춍단의 인쥰을 득ᄒᆞ야 설립흠.

뎨33됴 디방단은 20셰 이샹 대한인 남녀로 죠직ᄒᆞ되 한 디방 거류민의 슈효가 미만ᄒᆞᄂᆞᆫ 경우에는 부근 디방과 병합흠도 가흠.

뎨34됴 거류민은 엇더ᄒᆞᆫ 디방에 잇든지 젼톄 민단에 관ᄒᆞᆫ 사건에 딕ᄒᆞ야는 현시 쇼지 디방에셔 표결권이 잇고 혹 타 디방에 이거ᄒᆞᄂᆞᆫ 경우에는 본 디방단에 쇼ᄀᆡ셔가 유흠을 요흠.

뎨35됴 디방단의 임원은 여좌ᄒᆞ니,

단쟝 1인
부단쟝 1인
춍무 1인
셔긔 1인
재무 1인
학무원 1인
법무원 1인
구졔원 1인

뎨36됴 디방단에 단쟝과 부단쟝은 히 디방 거류민의 공션ᄒᆞᆫ 후보쟈 각 2인으로 젼슈 투표ᄒᆞ야 션뎡ᄒᆞ며 춍무 이하 임원은 단쟝과 부단쟝이 호샹 션거ᄒᆞ야 단즁에 승락을 요흠.

뎨37됴 단쟝이 흠결되ᄂᆞᆫ ᄯᅢ에는 부단쟝이 대판ᄒᆞ고 만일 부단쟝이 ᄯᅩ 흠결

되면 ᄒᆡ 디방 젼수 거류민이 보궐을 직ᄒᆡᆼᄒᆞ고 총무 이하 임원이 흠결ᄒᆞᆯ 시에는 단쟝과 부단쟝이 보궐을 직ᄒᆡᆼᄒᆞᆷ.

뎨38됴 디방단의 ᄀᆡ회는 통샹과 림시 2죵으로 분ᄒᆞ니 통샹회는 ᄆᆡ월 1차식 림시회는 특별ᄒᆞᆫ 사항이 잇ᄂᆞᆫ ᄯᅢ에 ᄒᆡᆼᄒᆞᆷ.

뎨39됴 디방단은 의사회에 건의셔를 진슐ᄒᆞᆷ.

뎨40됴 디방단은 의무에 관ᄒᆞᆫ 一톄 직졍을 슈봉ᄒᆞ야 총단으로 부송ᄒᆞᆷ.

뎨41됴 임원이 임무샹에 불명부졍ᄒᆞᆫ 일이 잇ᄂᆞᆫ ᄯᅢ에ᄂᆞᆫ 10인 이샹 거류민의 동의로 질문이나 혹 쳐벌의 사항을 의결ᄒᆞᆷ.

뎨42됴 디방단은 즁대ᄒᆞᆫ 사항을 총단과 구역에 슈시 보고ᄒᆞ며 좌긔ᄒᆞᆫ 셔류는 ᄆᆡ년죵에 슈졍 보고ᄒᆞᆷ.

1. 임원의 셩명록과 ᄒᆡ 디방 거류민의 셩명록
2. 재졍회계부
3. 사업셩젹셔

뎨43됴 디방단을 만일 유지키 어려운 경우에ᄂᆞᆫ 디방단의 의결로 그 연유를 총단에 보고ᄒᆞ야 총단의 명령으로 ᄒᆡ산이나 혹 부근 디방에 부합ᄒᆞᆷ도 가ᄒᆞᆷ.

뎨44됴 거류민이 만일 엇더ᄒᆞᆫ 디방에든지 부합ᄒᆞᆯ 곳이 업ᄂᆞᆫ 경우에는 총단에 직졉 관할을 밧음.

뎨5쟝 임원의 권한

뎨45됴 총단쟝은 각 디방단을 대표ᄒᆞ야 단즁 一졀 사무를 총할ᄒᆞ고 특별히 외교에 관ᄒᆞᆫ 사항을 쥬관ᄒᆞᆷ.

뎨46됴 총단쟝은 의사회가 열닐 ᄯᅢ마다 자긔의 의견을 들어 의사회에 건의ᄒᆞ되 글을 만드러 공식으로 보ᄂᆡᆯ 일.

뎨47됴 총단쟝은 의사회에셔 쳥구ᄒᆞᄂᆞᆫ 법안 통과건에 ᄃᆡᄒᆞ야 만일 통과치 못ᄒᆞᆯ 사건이 잇ᄂᆞᆫ 경우에는 그 법안을 환송ᄒᆞ며 ᄯᅩᄒᆞᆫ 자긔의 의견을 쳠부ᄒᆞ야 의사회에 문의ᄒᆞᆷ.

뎨48됴 부단쟝은 단쟝의 사무를 협조ᄒᆞ며 단쟝이 유고ᄒᆞᆯ ᄣᅢ에는 ᄒᆡ 사무를 대리ᄒᆞ며 단쟝이 흠결ᄒᆞᄂᆞᆫ ᄣᅢ에는 그 사무를 대판ᄒᆞᆷ.

뎨49됴 춍무는 단쟝의 지휘를 밧아 사무를 졍리ᄒᆞ며 임원을 통솔ᄒᆞ고 춍계됴사에 관ᄒᆞᆫ 사항을 쟝리ᄒᆞᆷ.

뎨50됴 셔긔는 왕복 셔류와 긔록 존안의 관ᄒᆞᆫ 사항을 쟝리ᄒᆞᆷ.

뎨51됴 재무는 재졍 츌납과 물품 보관과 문부 회계에 관ᄒᆞᆫ 사항을 쟝리ᄒᆞᆷ.

뎨52됴 학무는 교육의 관ᄒᆞᆫ 사항을 쟝리ᄒᆞᆷ.

뎨53됴 법무는 임원과 단원의 과실을 감찰ᄒᆞ고 단즁 질셔를 졍돈ᄒᆞ며 쳐벌에 관ᄒᆞᆫ 사항을 쟝리ᄒᆞᆷ.

뎨54됴 군무는 군사샹 쥰비의 관ᄒᆞᆫ 일졀 사항을 쥬관ᄒᆞᆷ.

뎨55됴 구졔는 동포의 환란이나 사망이 잇ᄂᆞᆫ ᄣᅢ에는 그 쳐디와 졍형을 분간ᄒᆞ야 구졔와 쟝례 등 사항을 쥬관ᄒᆞᆷ.

뎨56됴 샹무는 동포의 실업 발뎐과 샹업을 권쟝에 죵사ᄒᆞᆷ.

뎨57됴 구역쟝은 ᄒᆡ 구역에 부속ᄒᆞᆫ 각 디방단을 대표ᄒᆞ야 일졀 사무를 관리ᄒᆞ며 춍단쟝의 지휘를 승ᄒᆞᆷ.

뎨58됴 경찰은 구역쟝의 지휘를 밧아 소관 구역 ᄂᆡ에 츄악ᄒᆞᆫ 일로 위업(爲業)ᄒᆞᄂᆞᆫ 쟈를 검찰ᄒᆞ며 항샹 권고ᄒᆞ고 금지ᄒᆞ야 질셔를 졍돈케 ᄒᆞᆷ.

뎨59됴 경찰은 특별히 사법권을 겸ᄃᆡᄒᆞ야 소관 구역ᄂᆡ 각 디방단 법무원의 판결치 못ᄒᆞᆫ 사항을 밧아 판결ᄒᆞ되 만일 즁대ᄒᆞᆫ 사건에는 구역대표회에 판결을 요ᄒᆞᆷ.

뎨6쟝 션거와 임긔

뎨60됴 춍단쟝과 부단쟝은 의사회를 열기 1ᄀᆡ월 젼에 각 디방단 의사원이 춍부단쟝 후보쟈 각 2인을 션거ᄒᆞ야 일반 거류민의 공동 투표를 요구ᄒᆞ되 만일 투표 수효가 샹등ᄒᆞᆫ 경우에는 의사회에셔 투표를 다시 ᄒᆡᆼᄒᆞᆷ.

뎨61됴 의사원은 디방단에셔 션거ᄒᆞ되 만일 유궐(有闕)ᄒᆞ면 1ᄀᆡ월 ᄂᆡ로 보츙ᄒᆞ며 혹 직경상이나 부득이ᄒᆞᆫ 사고를 인ᄒᆞ야 의원을 파송치 못홀 경우에는 부근 디방에 위탁홈도 가홈.

뎨62됴 의회 시에 량년을 련ᄒᆞ야 의사원을 파송치 안이 ᄒᆞ는 디방은 뎨3년에 의원을 파송홀지라도 의회에 권리가 무홈.

뎨63됴 미 디방에 의사원 1인식 두되 다만 호항디방은 다수 교민이 거류홈으로 의원 5인을 션치홈.

뎨64됴 단쟝과 의원의 자격은 졍견과 학식이 유여ᄒᆞ며 ᄯᅩᄒᆞᆫ 년령은 20셰 이상을 요구홈.

뎨65됴 총부단쟝의 임긔는 1긔년으로 뎡ᄒᆞ되 만일 다슈 인민의 쇼원으로 투표를 징득ᄒᆞ면 직임은 ᄒᆞ되 3차 피임은 부득홈.

뎨66됴 의사원과 구역임원과 디방단 임원의 임긔도 1긔년으로 뎡홈.

뎨7쟝 거류민의 의무와 권리

뎨67됴 一반 거류민의 의무는 여좌ᄒᆞ니,

1. 본단의 자치규뎡을 복죵ᄒᆞ는 의무
2. 의사회의 립법안을 시힝ᄒᆞ는 의무
3. 림시졍부 명령과 총단의 지휘를 복죵ᄒᆞ는 의무
4. 독립운동비와 각양 셰랍금을 랍상ᄒᆞ는 의무
5. 조국의 광복사업을 위ᄒᆞ야 최후 1인ᄭᆞ지 최후 1각ᄭᆞ지 츙셩을 다ᄒᆞ는 의무
6. 소송이 잇는 ᄯᅢ에는 그 직판의 판결을 밧는 의무

뎨68됴 거류민의 권리는 여좌ᄒᆞ니,

1. 언론, 져쟉, 츌판, 집회ᄒᆞ는 권리
2. 션거와 피션거ᄒᆞ는 권리
3. 공익을 위ᄒᆞ야 의사회에 의견셔를 뎨츌ᄒᆞ는 권리
4. 과실이 업시는 억울ᄒᆞᆫ 벌을 밧지 안이 ᄒᆞ는 권리
5. 본단 규칙을 의지치 안이 ᄒᆞ면 질문이나 쳐벌을 밧지 안이 ᄒᆞ는

권리

6. 20셰 이샹의 남녀 국민은 투표ᄒᆞᄂᆞᆫ 권리

뎨69됴 젼됴에 잇ᄂᆞᆫ 의무를 시힝치 안이ᄒᆞ고 권리를 사용ᄒᆞ야 질셔를 문란케 ᄒᆞᄂᆞᆫ 쟈는 란민으로 인증홈.

뎨8쟝 재졍

뎨70됴 본단의 재졍은 독립운동금과 특연금과 부과금 3죵으로 셩립홈.

뎨71됴 독립운동금과 특연금은 일졍ᄒᆞᆫ 규례가 업고 다만 독립운동과 단무확쟝에 필요ᄒᆞᆫ 사건이 잇ᄂᆞᆫ ᄯᅢ에 실힝홈.

뎨72됴 부과금은 춍단 통샹경비를 위ᄒᆞ야 슈입홈이니 그 명칭을 부과금이라 홈.

뎨73됴 부과금의 졍익은 미화 5원으로 뎡ᄒᆞ고 믹인에 믹년 1차식 슈봉홈.

뎨74됴 부과금의 슈봉ᄒᆞᄂᆞᆫ 방법은 20셰 이샹 60셰 이하 남ᄌᆞ의게는 5원으로 녀ᄌᆞ의게는 2원으로 뎡ᄒᆞ야 슈봉ᄒᆞ며 부과금의 필납 긔한은 2월로 위시ᄒᆞ야 당년 7월ᄭᆞ지 뎡홈.

뎨75됴 디방단에셔는 슈입ᄒᆞᄂᆞᆫ 각항 재졍은 춍단으로 부숑ᄒᆞ고 춍단에셔는 졍부에 관ᄒᆞᆫ 재졍은 졍부로 즉속 납샹홈.

뎨76됴 재졍을 지출홀 ᄯᅢ에는 단쟝과 춍무와 재무의 셔명을 요홈.

뎨77됴 디방단이 히산될 경우에는 그 유지금이 잇스면 춍단으로 납샹ᄒᆞ며 춍단이 히산홀 경우에는 그 쇼유지산을 졍부로 납샹홈.

뎨9쟝 재판과 치안

뎨78됴 본단에셔 지판ᄒᆞᄂᆞᆫ 차셔는 디방에셔 미판홀 사건은 구역부 판결을 요구ᄒᆞ며 구역부에셔 미판홀 사건은 총단 법무부 판결을 요구ᄒᆞ며 법무부에셔 미판홀 경우에는 졍부 법원에 보고ᄒᆞ야 판결을 요구홈.

뎨79됴 엇더ᄒᆞᆫ 사건을 물론ᄒᆞ고 뎨78됴의 차셔를 경유치 안이ᄒᆞ고 직졉으로 총단 법무부에 판결을 요구ᄒᆞᄂᆞᆫ 사건은 밧지 안이홈.

뎨80됴 동포 중 혹 니외국인쳐에 억울ᄒᆞᆫ 일을 당홀 ᄯᅢ에 만일 자신치 못ᄒᆞᄂᆞᆫ 경우에는 동포의 생명 재산을 보호ᄒᆞᄂᆞᆫ 본의로 본단에셔는 힘써 구조ᄒᆞ며 ᄯᅩᄒᆞᆫ 셜치ᄒᆞ기를 젼력홈.

뎨81됴 대한인 하와이교민단은 다만 광복사업에 젼력ᄒᆞ기 위ᄒᆞ야 졍신과 물질을 일치단결ᄒᆞ야 긔거 동쟉을 일뎡ᄒᆞᆫ 궤도로 힝ᄒᆞ기를 쥬의ᄒᆞᄂᆞᆫ 고로 치안의 방히와 질셔문란의 폐단이 업기를 위ᄒᆞ야 곳 하와이 안에 2기 총단을 셜치ᄒᆞ지 못ᄒᆞ며 ᄯᅩᄒᆞᆫ 본단 외에 졍치뎍 단톄를 불허홈.

뎨82됴 하와이에 거류ᄒᆞᄂᆞᆫ 대한인은 무슴 단톄를 죠직ᄒᆞ든지 맛당히 그 단톄의 명칭과 목뎍을 긔록ᄒᆞ야 본단 총단에 쳥원셔를 들여 인쥰을 요구홀 일.

뎨83됴 총단에셔는 어느 단톄에셔든지 인쥰장을 요구ᄒᆞᄂᆞᆫ 쳥원셔가 잇는 ᄯᅢ에는 그 단톄의 목뎍을 샹셰히 샹고ᄒᆞ야 만일 치안에 방히가 업고 가히 인류샤회에 유익홀 만ᄒᆞᆫ 증거를 본 후에 인허홈.

뎨84됴 하와이에 거류민은 무슴 단톄나 엇더ᄒᆞᆫ 기인을 물론ᄒᆞ고 니외국인쳐에 무슴 연죠를 쳥홀 일이 잇스면 몬져 교민총단에 쳥원ᄒᆞ야 인허를 엇은 후에야 실힝홀 일.

뎨85됴 무슴 연죠를 물론ᄒᆞ고 교민총단의 인허쟝이 업스면 시힝치 안이 홀 일.

뎨10장 벌측

뎨86됴 본단의 쳐벌은 여좌ᄒᆞ니,

1. 사과
2. 견칙
3. 벌금
4. 파면

5. 공권 뎡지

뎨87됴 사과는 동포가 고의나 혹 과실로 타인의 신톄나 명예상 손ᄒᆡ를 씻치게 ᄒᆞᄂᆞᆫ ᄯᅢ에는 공셕이나 혹 공고로 그 죄과를 자복케 ᄒᆞᆷ.

뎨88됴 견칙은 공셕이나 혹 사무실에셔 죄과를 거ᄒᆞ야 20일 이샹 3ᄀᆡ월 이하의 게시ᄒᆞᆷ을 이름이니 그 죄과는 여좌ᄒᆞᆷ.

1. 민족 명예샹에 슈치될 만ᄒᆞᆫ ᄒᆡᆼ위
2. 임원이 임무샹에나 혹 착오

뎨89됴 벌금은 여좌ᄒᆞ니,

1. 회셕에셔 규칙을 문란케 ᄒᆞ거나 혹 임원에 ᄃᆡᄒᆞ야 무례ᄒᆞᆫ ᄒᆡᆼ위가 잇는 ᄯᅢ에는 1원 이샹 5원 이하 벌금에 쳐ᄒᆞᆷ
2. 후쥬잡기(酗酒雜技)나 기타 픽악ᄒᆞᆫ ᄒᆡᆼ동으로 사무실을 요란케 ᄒᆞ거나 임원이나 동포를 구타ᄒᆞᄂᆞᆫ ᄯᅢ에는 10원 이샹 25원 이하 벌금에 쳐ᄒᆞᆷ
3. 임원이 재졍샹에 불분명ᄒᆞᆫ 죄과가 잇ᄂᆞᆫ ᄯᅢ에는 15원 이샹 50원 이하 벌금에 쳐ᄒᆞᆷ

뎨90됴 임원이 좌ᄀᆡᄒᆞᆫ 죄과가 잇ᄂᆞᆫ ᄯᅢ에는 그 임무를 파면ᄒᆞᆷ.

1. 규범을 위반ᄒᆞ고 자ᄒᆡᆼ자지(自行自止)ᄒᆞᄂᆞᆫ 일
2. 재졍샹에 부졍ᄒᆞᆫ ᄒᆡᆼ위

뎨91됴 공권 뎡지는 좌ᄀᆡᄒᆞᆫ 죄범이 잇슴.

1. 본단의 톄면을 모욕되게 ᄒᆞᄂᆞᆫ ᄒᆡᆼ위
2. 본단의 목뎍을 방히케 ᄒᆞᄂᆞᆫ ᄒᆡᆼ위

뎨11쟝 자치규뎡을 가감 ᄀᆡ졍에

뎨92됴 본단의 자치규뎡은 대한인 하와이교민단의 가쟝 놉고 거륵ᄒᆞᆫ 법인고로 일시의 젹은 관계로 인하야 무란히 가감ᄒᆞ기를 시험치 못ᄒᆞ되 만일 즁ᄃᆡᄒᆞᆫ 관계로 인ᄒᆞ야 의사원 3인 이샹의 동의로 ᄀᆡ뎡이나 가감의 건의셔가 잇스면 의사회에셔는 이것을 밧아 쳐결ᄒᆞᆷ.

뎨93됴 본단의 자치규뎡을 가감ᄒᆞᄂᆞᆫ 것은 오직 총단 의사회에셔 결뎡ᄒᆞ고 그 결과를 반포홈은 ᄒᆡᆼ졍임원이 ᄒᆡᆼ홈.

뎨94됴 본단의 자치규뎡을 ᄀᆡ뎡ᄒᆞ거나 가감ᄒᆞᆯ 사건이 잇는 ᄣᅢ에는 맛당히 젼부의원 4분지 3 이샹의 동의를 엇어 결뎡ᄒᆞ고 ᄯᅩᄒᆞᆫ 일반 거류민의 투표로 완뎡ᄒᆞ되 4분지 3의 가표를 요구홈.

뎨95됴 본단 자치규뎡의 다른 됴목은 ᄀᆡ뎡ᄒᆞ거나 가감ᄒᆞᆯ 수 잇스되 본단의 명칭과 목뎍과 죵지 이샹 3됴는 결코 ᄀᆡ뎡치 못홈.

부록

대한민국 5년 1월 23일에 림시의사회의 결안으로 본단 자치규뎡에 두 됴목을 쳠가홈.

1. 본 민단은 하와이 교민을 통할 보호키로 구미위원부에 치ᄒᆞ야 졍부긔관으로 뎡ᄒᆞᆯ ᄉᆞ.
2. 민단의 명칭과 쟝뎡은 현ᄒᆡᆼᄃᆡ로 쓰되 다만 총부단쟝은 위원부쟝의 인쥰을 엇어셔 ᄒᆡᆼ공케 ᄒᆞᆯ ᄉᆞ.

대한민국 5년 4월 일 인간(印刊)

6. 하와이 대한인국민회 헌장 (1935.6.1)

국민회 헌쟝

하와이 대한인국민회 법인관허쟝 적요

1. 죠직

가. 명칭은 '하와이 대한인국민회'라 함.

나. 기한은 99년으로 정함.

다. 목적은 교육과 공사적(비영리적)으로 정함.

라. 법률상 일반교육 급 공사적 법인이 향유하는 인권, 특권, 권리 면허권들을 다 향유케 하고 특별히 이하에 렬거하는 권리들을 허락함.

ㄱ. 일반 직판에 민사나 형사로 소송하고 쇼숑을 바드며 호소하고 호소되는 권리

ㄴ. 보통과 법인의 인쟝을 쓰고 그것을 임의로 변경하며 기졍하는 권리

ㄷ. 어느 뼈던지 그 가격이 미화 25만원에 넘지 안는 동산과 부동산과 혼합 직산을 가지며 샤며 팔고 셰니며 젼셰(리쓰)하며 긔부로 밧고 기타 일반 힝위로 그 법인의 목적이 요구하는 바에 응하야 취득하며 니여 노코 그 법인의 빗을 엇기 위하야 동직산을 젼당잡히는 권리

ㄹ. 그 법인의 사무가 요구하는 보죠 직원들과 대리인들을 턱용하는 권리

ㅁ. 현힝 법률과 져촉되지 안는 범위 안에셔 그 법인의 쟝졍을 만들어 직산 관리와 임원들의 션거금 츌쳑과 사무의 규률과 직산의 인도(넘기는 것)을 규졍하는 권리

2. 관리 긔관

가. 그 법인의 권리와 사무와 직산을 사용하고 진힝하며 관리하기 위하야

총회장 부회장 직무 셔긔까지 합 5인 이상 15인 이하의 리사원(임원)으로 죠직된 리사부(총임원회)를 둠.

나. 그 법인의 샤무소는 하와이 현 호항군 호항시 닉에 두되 그 번지는 대의회 리샤회에서 질졍하게 함.

3. 졔한

가. 이 법인은 쟈본금의 고본과 쥬식을 발힝하거나 리익을 비당하는 권리가 업슴.

나. 총회쟝 부회쟝 직무 셔긔는 항샹 사무실에 잇기를 요함.

상긔 임원들은 그 법인의 계대한 법률상 수속을 바드며 동 임원들은 하와이 현 호항군의 쥬민임을 요함.

동 임원들의 셩명과 쥬쇼를 항샹 현 직무셩에 등록하야 두기를 요함.

다. 이 법인의 일반 쟝졍과 규측과 밋 그 긔졍안들을 통과한 후 14긔일 안으로 현 직무셩에 보고함을 요함.

라. 이 법인은 그 셩질의 법인들의 젹용되는 현힝 법률과 일반 법률의 변경급 긔졍안과 일후에 졔졍될 일반 법률에 구속됨.

부록

이상에 (하와이 현 호항군 호항시)라 한 것은 그 영문이 여하하니,

HONOLULU CITY And COUNTY OF HONOLULU, TERRITORY OF HAWAII

본 관허쟝의 쳥원쟈는 졍칠릭 박원걸 홍인표 박승쥰 박용만 등 5씨오.

본 관헌장에 셔명한 관리들은 현 총독 쩌불유·에푸·우리어 현 직무총쟝 씌·엘·캉클링 량씨요.

본 관허쟝을 바든 쟈는 동 쳥원인들과 그 회우들과 그 후게쟈들이오.

본 관허쟝의 일쟈는 쥬강 싱후 1913년 5월 9일이다.

(관허장 규졍적요) 죵

하와이 대한인국민회 헌장

뎨1장 총측

뎨1됴 본회의 명칭은 하와이 대한인국민회라 함.

졔2됴 본회의 목젹은 여좌함.

1. 국가사업을 극력 후원
2. 교육을 쟝려
3. 실업을 쟝려
4. 동족의 영예를 보즁

뎨3됴 본회의 종지는 교파 영업계급 기타 일반 파별을 초월하고 다만 츙신한 한인의 혈족으로 본회의 목젹을 셩취하는 일에 젼력함.

뎨4됴 본회의 계급은 총회 지방회 2죵으로 졍함.

뎨5됴 본회의 위치는 여좌함.

1. 총회의 위치는 하와이 현 호항군 호항시 닉로 졍함
2. 지방회의 위치는 그 지방에 거류하는 동포들의 회집하기 편리한 곳으로 졍함

뎨6됴 본회는 샹셜 긔관보를 두되 그 긔관보는 국민보-라 칭함.

뎨7됴 본회 젼톄를 대표한 직졍 쳐리는 총회쟝 총무 셔긔 직무 4인의 셔명을 요구하고 긔타 일반 공식 문쟈에는 총회쟝 셔긔의 동셔를 요함.

뎨8됴 본회 챵립 긔념일은 미년 2월 1일 졍함.

뎨2쟝 총회는 여러 지방회의 동의로 셜립함

(단) 하와이에셔 하나 이샹의 총회를 두지 못하고 하와이에 거류하는 한족계에 본회 이외에 단체를 졍치단체로 인졍치 안함.

(* 제9조는 원문에서 결락됨: 편집자)

졔10됴 총회는 대의회와 임원회 2종의 집회가 잇슴.

1. 대의회는 회원의 공션으로 지방회에셔 파숑하는 대의원으로 죠직함
2. 임원회는 총회의 임원으로 죠직함

뎨11됴 대의회에셔 의결하는 사항은 여좌함.

1. 국민회의 헌장과 셰측을 졔정 가감 변경 쏘는 기정함에 관한 것
2. 민족운동을 후원함에 관한 것

(제3항은 원문에서 결락됨: 편집자)

4. 교육과 구졔와 기타 일반 샤회적 사업에 관한 것
5. 통상과 특별의 예산과 결산에 관한 것
6. 의무금과 특연과 기타 일반 지정칙에 관한 것
7. 부칙에 관한 것
8. 사업 셩적의 죠사와 사업 계획 립안에 관한 것
   총회 문부와 셔류를 어느 쒸던지 죠사하는 것
9. 국민보사의 관리 예샨 급 결샨 샤업 셩적과 샤업 계획을 죠샤하고 규졍하는대 관한 것
10. 총회 임원의 불명부졍한 힝위를 질문 죠샤 탄힉하는대 관한 것
11. 회원의 의견셔를 졉슈하야 의결하는 것
    총회쟝의 의견셔를 졉슈하야 의결하는 것
12. 결의된 안건에 총회쟝의 직가를 쳥구하는 것
    (단) 총회쟝이 직가치 안는 경우에 3차까지 쟈셰한 셜명을 쳠부하거나 총회쟝과 합셕 협의하야 직가를 쳥구하되
    총회쟝이 3차까지 직가를 거졀하는 경우에 총회쟝의 리유 셜명을 요구하며
    총회쟝이 직가치 안는 법안을 다시 대의원 젼수의 4분 3 이상의 가표로 통과하는 경우에는 총회쟝의 직가 유무를 불구하고

법안을 셩립하는 것

13. 의회에셔 결의한 안건과 문의한 사항에 대하야 총회쟝이 24시간 안으로 대답지 안는 경우에는 그 대답이나 사건의 환완을 요구하는 것
14. 대의회 회규를 졔정 변경 쏘한 긔졍하는 것과 대의쟝 이외에 의회 임원을 텩졍하야 의회 쟈톄를 죠직하고 대의회 긔회 긔간을 늘이고 줄이는 것은 오즉 대의회에 잇는 것
15. 총회쟝 션거의 투표를 계산하고 표수가 샹등한 경우에는 츌셕 대의원의 무긔명 투표로 결졍하는 것

뎨12됴 대의원의 회집은 통샹과 림시 2죵으로 졍함.

1. 통샹의회는 미년 1차식 1월 초부터 약 1삭간으로 늘이거나 줄일 수 잇슴
2. 림시대의회는 대의원 5인 이샹의 동의나 총임원회의 요구로 긔회함

뎨13됴 대의회를 소집하고 긔회하며 폐회하는 권리가 순젼히 총회쟝의게 잇슴.

뎨14됴 대의쟝은 총회 부회쟝이 직권샹으로 겸임하되 의샤나 표결의 권리가 업고 다만 투표에 가부의 표수-가 샹등한 경우에는 표 의결권이 잇슴.

뎨15됴 총회의 임원은 여좌함.

총회쟝 1인
부회쟝 1인
총 무 1인
서 긔 1인
직 무 1인
법 무 1인
학 무 1인

검샤원　1인
샤교원　1인
실업부원　1인
외교원　1인
청년부원　1인
부인부원　1인

뎨16됴 총회장은 대의회의 추쳔과 일반회원의 투표로 션거하고 부회장은 총회장이 션정함. 총무 이하 임원은 총회장과 부회장이 협의 션임하되 대의회의 승락을 요함.

뎨17됴 대의원은 총임원을 겸임치 못함. 대의원이 총임원을 피임하는 경우에는 대의원을 즉시 보궐함을 요함.

뎨18됴 총무 이하 직원은 혹 겸임할 수도 잇스되 오즉 법무원은 달은 임원을 겸대치 못함.

뎨19됴 임긔 젼에 총회장이 흠결되는 경우에는 부회장이 인계하고 부회장이 흠결되는 경우에는 총무가 인계하고 총회장과 부회장이 다 흠결되는 경우에는 즉시 총회장과 부회장을 션거하되 총무가 총회장과 부회장의 직무를 총션거 동안 림시 인계하고 총무 급 기타 임원이 흠결되는 경우에는 임원회에셔 이를 보션함.

뎨20됴 총임원이 반수 이상이 一시에 사직하는 경우에는 총션거를 거힝함.

뎨21됴 총임원 즁 임원회에 계속하야 3차 이상 무고 불참하는 사람은 궐임으로 인졍하야 보궐함을 요함.

뎨22됴 총임원회의 쳐리하는 사항은 여좌함.

1. 의사회 소집에 관한 사건
2. 예산안과 예산 밧긔 비용을 의회에 요구하되 빅원 이상의 예산외 비용이 싱하는 경우에는 각 대의원의계 보고하야 인쥰을 쳥구하는 일
3. 본회 목젹(뎨1장 뎨2됴)에 관한 일반일의 실힝 방법

4. 흠결된 임원의 보츙
5. 지방회의 셜립 합병 분할 급 히산에 관한 사건
6. 국민보샤 샤무 집힝에 관한 사건
7. 기타 일반 즁요 사건

즁대한 시급 사건은 총임원회에서 임시대의회를 소집함.

뎨23됴 총회 임원회는 월례회와 림시회 2죵이 잇슴.

1. 월례임원회는 믹월 1차식 하되 폐치 못하며 졍긔일쟈는 총회 편의대로 션졍함
2. 림시임원회는 일이 잇는 쌔에 열음

뎨24됴 총회쟝은 좌긔 셔류를 수졍하야 대의회에 보고함.

1. 총임원과 대의원의 셩명록
2. 회력 보고
3. 사업셩젹셔
4. 지졍 회계

뎨25됴 신구 총임원의 교체식과 총회쟝과 부회쟝의 취임식은 2월 1일에 대의회 쥬최로 거힝하되 대의회 찬의나 림시대의쟝이 쥬셕함.

뎨26됴 총회쟝이 취임하는 쌔에 법무의 인도로 여좌히 밍셔함.

나 ○○○는 젼능하신 하나님과 츙익하는 동포 압헤 엄즁히 밍셔하노니 나는 나의 직능을 다하야 본회의 목젹을 셩취하려 하며 직무를 근실히 리힝하고 헌쟝을 각근히 보호하야 一톄 법규에 어긔움이 업기를 담보하나니다.

뎨3쟝 지방회

뎨27됴 지방회는 그 지방과 그 부근에 거류하는 쥬민 10인 이상의 쳥원과 총회의 인쥰으로 셜립하되 왕릭의 편의를 짜러셔 관리구역을 졍함.

뎨28됴 회원은 각각 그 소지 지방에셔 표결권을 가지고 달은 지방으로 이거하는 쌔는 지방회 소기셔를 요함.

뎨29됴 지방회 임원은 여좌함.

회쟝 1인

부회쟝 1인

총무 1인

셔긔 1인

직무 1인

학무 1인

법무 1인

샤교원 1인

뎨30됴 지방회의 후보쟈 2인에 대한 일반회원의 투표로 션졍하고 기타 임원은 회장이 션턱하되 지방회즁의 승락을 요함.

뎨31됴 회장이 흠결 되는 쎄는 부회장이 그 직무를 인계하고 부회쟝짜지 흠결 되는 쎄는 회쟝과 부회쟝을 즉시 선거하며 기타 임원이 흠결 되는 쎄는 지방회 임원회에셔 즉시 보궐함.

뎨32됴 지방회의 집회는 통상과 림시의 2죵이 잇슴.

1. 통샹회는 미월 1차식

2. 림시회는 특별한 일이 잇는 쎄

뎨33됴 지방회는 대의회에 건의셔를 졔출하며 대의원을 파송함. 대의원 파숑의 권리는 10인 이상 의무를 리힝한 회원이 잇는 지방회에 한함.

뎨34됴 지방회는 의무에 관한 일반 직졍을 그 지방회 쟈쳬를 위한 직졍 이외에는 다 즉시 총회로 부송함을 요함.

뎨35됴 임원이 불명 부졍한 힝위를 범하는 쎄는 10인 이상 회원의 련명으로나 혹 법무가 긔소하야 회즁 공결로 질문 혹 쳐벌함.

뎨36됴 지방회는 즁대한 사건을 총회에 수시 보고하고 좌긔 셔류를 미년죵에 수졍 보고함을 요함.

1. 임원 급 회원의 셩명록

2. 직졍회계

3. 사업성격

2긔년 이상을 계속하야 우긔 보고가 업는 지방회는 그 지방회의 자격을 손실함.

뎨37됴 지방회를 유지하기 어려운 경우에는 지방회 의결로 그 리유를 총회에 보고하야 총회의 지령으로 그 지방회를 히산하거나 그 부근 지방회에 부합하게 함을 요함.

뎨38됴 지방회 업는 지방에 지류하는 회원이 부근 지방에 부합할 곳도 업스면 총회의 직졉 관할을 받을 것.

뎨5쟝 임원의 직권 급 직무

뎨39됴 총회쟝은 총회를 지방회쟝은 그 지방회를 각각 대표하야 회즁 일쳬 사무를 총찰하고 특별히 외교를 쥬관함.

뎨40됴 총회쟝은 대의회에 의견셔를 졔출함.

뎨41됴 총회쟝은 대의회에 건의안에 대하야 지가 혹 부인함. 지가하는 경우에는 총회쟝이 이를 반포 실힝하고 부인하는 경우에는 리유 셜명을 쳠부하야 대의회로 이를 환완함.

뎨42됴 부회쟝은 총회쟝을 협죠하고 총회쟝이 유고한 씨에 대리하며 총회쟝이 흠결되는 씨에 그 직무를 인계하야 남은 임긔를 치움. 지방회 부회쟝은 경우에 싸라 지방회쟝을 협죠, 대리, 인계함.

뎨43됴 총회 부회쟝은 직권샹으로 대의회쟝이 됨. (단) 샤회권만 잇고 토의권이 업스되 가부표가 샹등한 씨에 판결하는 이의에 투표권이 업슴.

뎨44됴 총무는 총회쟝의 지휘를 바뎌 사무를 총찰하고 통계와 죠사를 쟝리하며 부회쟝이 흠결되는 경우에 부회쟝의 직무를 인계함. 지방회 총무는 지방회에 한하야 동일한 직권이 잇슴.

뎨45됴 셔긔는 셔신 왕복과 긔록 존안을 쟝리함.

뎨46됴 지무는 지졍 츌납과 지산 보관과 문부 급 회계의 수졍 급 비존을 쟝리함.

뎨47됴 학무는 교육 쟝려의 사무를 쟝리함.

뎨48됴 법무는 헌쟝과 기타 일반 법안의 히셕 급 젹용과 임원 급 일반회원 즁 분징 급 범과에 관한 감찰 급 죠사와 회즁의 질셔 유지와 일톄 회즁 지판 수속과 벌측 젹용을 쟝리함.

뎨49됴 검사원[은] 각항 문부를 조사하며 믹 3샥에 지졍 츌납을 조샤하야 공표함을 쟝리함.

뎨50됴 샤교원은 동포의 곤박, 환란, 질병, 사망이 잇는 경우에 그 쳐지와 사졍을 죠사하고 쥬션, 구졔, 호샹 등 일반 사무를 쟝리함.

뎨51됴 실업원은 동포의 실업 발젼 급 샹업 권쟝에 관한 일을 쟝리함.

뎨52됴 외교원은 외인과 교셥할 일졀 사무를 총회쟝의 동의하에 진힝함.

뎨53됴 청년부원은 청년운동에 관한 일졀 샤무를 쟝리하며 부인 부원은 일반부인에게 활동하고 교졔하는 일졀 샤무를 쟝리함.

뎨6쟝 선거와 임긔

뎨54죠 총회쟝은 초션대의회 열기 3쥬일 젼에 각 지방에 공문을 발송하고 죠션대의회에셔 츌석위원의 투표로 총회쟝 후보를 션졍하고 20일 닉에 통상대의회를 소집하고 대의회에셔 긔표 계산할 사.

총회쟝 후보쟈 쳔거의 표수가 대등되는 경우에는 대의쟝이 표결함.

총회쟝 선거의 투표는 대의원이 계산함.

총회쟝 션거의 투표수가 샹등 되는 경우에는 대의회의 투표로 판결하고 대의회 투표가 또 샹등 되는 경우에는 대의쟝이 표결함.

뎨55됴 대의원은 지방회에셔 공션하며 궐임되는 경우에는 1긔월 안으로 보궐함을 요함.

의회 시에 대의원을 파송치 못하는 지방회는 그 의회에 관한 사무를 그 부근 지방회로나 혹 호항에 거류하는 회원으로 대리케 하되 의회 시에 출석하는 대의원은 그 지방회의 분명한 공식 소긔와 지방회의 공식 건의셔를 대의쟝의게 제졍함을 요함.

뎨56됴 량긔년을 계속하야 의회시 이 대의원을 파송치 못한 지방회는 의회에 관한 일반 권리를 손실하며 의회 권리를 손실한 지방회는 지방회를 신셜함과 동일한 졀차를 지난 후 그 권리를 회복함.

뎨57됴 각 지방회는 대의원 1인 이샹 2인으로 션임함.

뎨58됴 총회쟝과 부회쟝과 대의원의 쟈격은 민족 사업에 진졍 셩의가 잇스며 경졔 쟈유를 가지고 보통 샹식을 가진 이로 년령이 25셰 이샹임을 요함.

뎨59됴 총회와 지방회와 신문샤와 대의원의 임긔는 일톄 2긔년으로 졍함.

뎨7쟝 회원의 의무와 권리

뎨60됴 회원의 의무는 여좌함.

1. 본회의 헌쟝 급 일반 법규를 쥰슈
2. 대의회 립안을 복죵
3. 총임원회 지휘를 봉힝
4. 의무금을 납샹하고 일반 공무를 분담
5. 민족운동에 츙셩
6. 공판과 판결을 복죵

뎨61됴 회원의 권리는 여좌함.

1. 언론, 져슐, 츌판, 집회 쟈유
2. 션거와 피션거
3. 대의회에 의견셔를 졔츌
4. 직판 업는 쳐벌을 밧지 안코 젹법 판결에 공소하는 쟈유. 헌쟝과 법규에 의지하지 안이한 공판을 밧지 안이 하는 권리
5. 일반 회무에 투표 쟈유
4. 최후사에 총회 구졔부의 보죠금 250원을 밧는 것

뎨62됴 뎨60됴의 의무를 리힝한 회원의게 한하야 뎨61됴의 권리를 향유케 하되 그 의무를 리힝치 안코 그 권리를 샤용하려 하야 회즁 질셔를

문란케 하는 쟈를 란민으로 인졍함.

뎨8쟝 직졍

뎨63됴 본 회의 직졍은 여좌함.

1. 의무금
2. 구졔금
3. 특연금

뎨64됴 익국금 三一금은 은힝에 져츅하엿다가 비샹시 비샹한 일에 긔부함.

뎨65됴 의무금은 남쟈회원에 민년 미화 10원식 부인회원에 민년 미화 5원식 졍함.

뎨66됴 의무금과 신문샤 슈입은 총회와 신문사의 경비로만 지용함.

뎨67됴 의무금. 국민 회원의 쟈격은 년령 18셰 이상 회원의게 슈봉하되 1월로 7월까지 납부긔한을 졍하고 무졍부쥬의쟈 파괴쥬의쟈 공산쥬의쟈는 본 국민회에셔 용납지 아니함.

뎨68됴 특연금은 특별 샤항이 잇는 쎄에 샤셰대로 특연함.

뎨69됴 국민 회원은 국민회 의무금과 호상 기본금 2원을 아울러 납부하고 국민 회원은 맛당히 호상부원이 됨.

뎨70됴 구졔금은 어나 회원이든지 샹샤가 잇는 쎄에 총회 구졔부의 됴문을 의지하야 민명 하에 1원식 부의금으로 납부함.

뎨71됴 지방회에서 슈봉한 일반직졍은 그 지방회 직졍 외에는 즉시 총회로 부송하며 총회에서 슈봉한 일반직졍은 총회 직졍 외에는 각각 그 젹당한 긔관으로 납부함.

뎨72됴 총회의 직졍 출납은 은힝어음(취)으로 샤용하되 1빅원 이상 지출에는 총회쟝의 련셔를 요함.

뎨73됴 지방회가 히산 되는 경우에는 그 소유지샨을 총회로 납부하며 대한인국민회의 소유지샨은 셩립한 샤업의 샨업권은 응당 국민총회에 잇고 그 관리권은 대의회에셔 위임한 관리자에게 잇슴.

뎨9쟝 공판과 질셔

뎨74됴 본회의 공판 차셔는 여좌함.

1. 초급 공판은 지방회에서 힝함
2. 지방회에셔 미판한 샤건과 지방회 판결에 불복하는 샤건과 지방회가 일방 당국쟈가 되는 샤건은 총회에셔 공판함
3. 총회나 총임원이 일방 당샤쟈가 되는 샤건은 대의회에셔 림시로 션정하는 특별 사법위원회에셔 공판함
   총임원 탄핵샤건은 대의회에셔 직접 공판함

뎨75됴 본회 공판 절차는 여좌함.

1. 적법 긔소를 요함. 벌칙 젹용에 관한 샤건에는 그 경우를 싸라 법무원이나 특별사법원이 총임원회에 긔소하되 총회나 총임원이 일방 당샤쟈가 되는 샤건에는 대의회에 긔소함
2. 사실을 츙실히 죠샤함과 당샤쟈의계 츌두 혹 셔면 답변을 요구함과 공판 결과를 당샤쟈의계 통지하고 공즁의계 공고함을 다 법무가 진힝함. (단) 대의회에 긔소된 샤건에는 대의회에셔 림시로 특별샤법의원 5인을 션턱하야 절차를 진힝하되 대의쟝의 승인을 경유함
3. 젹법의 판결을 요함. 그 경우를 싸라 임원회나 특별샤법위원회나 대의회의 투표로 판결하되 벌측에 관한 판결에는 그 회셕의 4분 3 이샹의 투표를 요함

뎨76됴 쳐벌된 쟈의 벌을 경감 혹 면제하는 특권이 총회쟝의계 잇스되 이 경우에는 샤실과 리유의 공포를 요함.

뎨77됴 회원 중 닉외국인의계 억울한 일을 당하는 경우에는 동포의 싱명과 지샨을 보호하는 본의 하에셔 본회는 극력 후원함.

뎨78됴 동포 중 닉외국인의계 연죠를 청구하는 경우에는 본회 총임원회의 허락을 요함.

뎨10쟝 벌측

뎨79됴 본회의 벌측은 여좌함.

1. 샤과
2. 견칙
3. 벌금
4. 파면
5. 공권졍지

뎨80됴 본회의 벌측은 법무나 혹 경우를 따라 특별샤법위원이 집힝함.

뎨81됴 샤과는 고의나 과실로 남의 신톄나 명예나 직샨에 손히를 가한 쟈의계 젹용하되 공셕샹이나 혹 두 가지로다 범과쟈의 쟈복을 요함.

뎨82됴 견칙은 공회실과 본회 긔관지에 20일 이샹 30일 이하 그 범과를 고시함을 칭함이니 이를 젹용할 범과는 여좌함.

1. 민죡 명예에 수치를 가한 쟈
2. 임원으로 임무샹 착오가 잇는 쟈

뎨83됴 벌금에 쳐할 범과는 여좌함.

1. 회셕의 질셔를 문란케 하거나 임원을 희욕하는 쟈는 10원 이샹 55원 이하의 벌금에 쳐함
2. 휴쥬잡기(酗酒雜技)나 기타 픽악한 힝동으로 샤무실을 요란케 하거나 임원을 구타하는 쟈는 10원 이샹 25원 이하의 벌금에 쳐함

뎨84됴 임원이 좌긔 범과가 잇는 경우에는 그 직임을 파면함.

1. 헌쟝과 기타 법규를 고의로 위반하는 힝위
2. 직졍샹 뷰졍하는 힝위

뎨85됴 공권졍지는 좌긔 법과에 젹용함.

1. 본회의 죠직을 침손하는 것
2. 본회의 목젹을 방히하는 것
3. 민죡의 영예를 손샹하는 것

뎨86됴 이샹의 쳐벌에 불복하는 회원은 츌회하고 지방회는 총회에 불복하는

경우에 희산하고 고의로 □□를 훼손하는 회원은 젼톄 회원의 투표 3분지 2로 츌회함.

뎨11쟝 부측

뎨87됴 거륵한 법인의 구죠와 싱존을 존즁할 필요를 위하야 본회 헌쟝을 문란히 가감, 변경 기정함을 불허하되 즁대한 관계로 부득불 가감 혹 기정케 되는 경우에는 대의원 3인 이상의 련명 건의함을 요하며 대의회에 4분 3가결로 한.

뎨88됴 본회 헌쟝에 됴항이나 귀졀을 가감하는 것은 대의회의 과반수 투표 결의한 후 총회쟝의 지가를 엇어 셩립함.

뎨89됴 본회 헌쟝의 가감, 변경, 기정안과 기타 일반 법안은 총회쟝이 반포함

뎨90됴 본회 헌쟝의 명층, 목젹, 죵지 3기됴, 즉 뎨1됴, 뎨2됴, 뎨3됴는 결코 변경치 못하며 헌쟝에 아즉 실이지 안한 모든 권리는 의연히 일반회원의계 잇슴.

헌쟝 죵

대한민국 17년(셔력 1935년) 6월 1일 슈졍
7월 15일 반포
(국민총회 간힝)

◉ 국민회 호상부 조례

1. 국민회 호상부에 입회하는 권리는 오직 국민 회원으로만 형유할 사.
2. 호상부원은 맛당히 호상금을 1빅일 닉로 필납할 사.
3. 호상금을 이젼에 얼마를 닉엿든지간에 사망인의 호상금을 1빅일 닉에 닉지 않코 별셰하는 분에게는 호상비 250원을 지출치 안을 사.
4. 이 1빅일 기한 실시는 국민보로 발포한 일자로 위시할 사.

5. 헌쟝 졔67됴를 의거하야 의무금 열납은 미히 7월 31일까지 기한한 고로 호상원이 1월 1일에 사망할지라도 250원 호상비에서 당년 의무금 10원을 수봉할 사.
6. 일반 의무를 각근히 리힝하든 회원으로서 불힝히 무기 입원 치료타가 사망하면 불납한 졔반 공금을 호상비에서 감하고 호상비를 지출할 사.
7. 졔6항 죠목에 대하여서는 사망인의 직산 여하에 의하야 실힝하되 심사 실힝권은 힝졍부에 위임할 사.

7. 국민회 회칙 (1961)
By-Laws of Kook Min Hur, Korean Community Association

Article I
Name

SECTION 1. The name of this Association shall be called Kook Min Hur, Korean Community Association.

Article Ⅱ
Purpose

SECTION 1. The purpose of this Association is:

a) To conduct its affairs as an eleemosynary institution;

b) To promote cooperation, good fellowship, aid and education among its members for mutual benefit and improvement in their given activities;

c) To foster and undertake projects aimed at improving the cultural, social, civic and economic understanding and status of its members;

d) To teach, appreciate, encourage, preserve, and contribute to the community the rich cultural and historical heritage of Korea;

e) To sponsor, undertake and aid community projects for the purpose of promoting democratic principles, racial harmony, and the health and welfare of all the people of the State of Hawaii;

f) To sponsor and aid charitable and benevolent campaigns and drives;

g) To encourage, cooperate, and unite with all persons of Korean ancestry in the United States of America to cause the purposes of this organization to bear fruit;

h) To maintain and promote democratic ideals, beliefs and practices; to strive against and combat intolerance, prejudice and discrimination because of religion, racial origin, or creed.

Article Ⅲ
Offices

SECTION 1. Offices of the Association shall consist of a headquarters and branch offices as hereinbelow provided.

a) The headquarters shall be located in the City and County of Honolulu, State of Hawaii.

b) The headquarters shall be established by the consent of and shall be supported by every branch office in the State of Hawaii.

c) Branch offices may be organized in any district of the State of Hawaii wherein branch associations have been established as herein below provided.

Article Ⅳ
Membership

SECTION 1. **Eligibility of membership.** All persons of Korean descent and/or having an extraordinary interest in the Korean people and culture over the age of twenty-one years, a resident of the State of Hawaii and of good character are eligible for membership.

SECTION 2. **Application.** Any applicant for membership shall have his or her application endorsed by two of the members of this Association.

SECTION 3. **Duty of members.** All members of the Association are required ot conform to the By-Laws and Regulations of this Association.

SECTION 4. **Initiation fee.** An initiation fee of five dollars ($5.00) shall accompany each application for membership. This fee shall be refunded when the application for membership is rejected by the Board of Directors of his[sic] Association.

SECTION 5. **Annual dues.** an annual dues of ten dollars ($10.00) shall be payable to the treasurer of this Association in advance.

Article V
Officers

SECTION 1. The officers of this Association shall be a President, a Vice President, a secretary, a treasurer and a general manager. The office of President shall be elective as specified hereinafter. The President, upon his election as President of this Association, shall appoint the Vice President, secretary, treasurer and general manager.

a) **Term of office.** The term of office of each officer shall be two years or until their respective successors are duly selected and inducted to office, provided however, if the President removed from office for cause all appointive officers shall be likewise removed and they shall cease to act as officers and/or members of the Board of Directors of the association thereafter.

POWERS AND DUTIES

a) **President.** The President shall preside over all Board of Directors' meetings, sign all documents of the Association, countersign all checks for payments authorized by the Board of Directors, appoint special and standing committees with the consent of the Board of Directors, appoint the Vice President, secretary treasurer and general manager, shall file a written report to the annual meeting of the Association, and shall perform all other duties usually pertaining to such office.

b) **Vice President.** To perform and discharge the functions, duties, and powers of the President in the event of the President's death, absence or resignation; to preside over the nomination convention or any special meeting or convention that may be called; to be a member of the board of Directors; to preside over the annual meeting and to perform all such duties as may be required of his office.

c) **General Manager.** To execute and direct the official business of the Association with other persons and organizations; to perform and discharge the functions of the President in the event of the President and vice President's death, absence or resignation; to carry out and execute the business and management orders of the Board of directors.

d) **Secretary.** The secretary shall keep an accurate record of the minutes of the Association, all minutes of the Board of Director's meetings and all other such meetings, keep a complete roster of all the members and their addresses, keep all documents of the Association; and perform all such duties pertaining to said office.

e) **Treasurer.** The treasurer shall collect and receive all fees, dues, etc., from members of this Association giving a receipt for the same, and safely keep all of the funds of this Association derived from whatever source, depositing the same within forty-eight hours after receiving the same in some bank or savings and loan association designated by the Board of Directors. He shall sign and endorse all checks issued and prepare the same for counter-signature of the President for payment of accounts authorized by the Board of Directors, file a financial statement of the condition of the funds of the Association after end of each quarter. He shall keep at all times correct and faithful books of all accounts and shall make an annual report of the financial condition of the Association at the annual meeting, and generally perform such duties pertaining to said office.

SECTION 2. **Compensation.** All officers and members of the Board of Directors shall serve without compensation, except the General Manager and treasurer or other such members who shall devote his entire energies and time to the service of the Association. All compensation shall be set by the Board of Directors.

Article Ⅵ
Board of Directors

SECTION 1. **Board of Directors.** The active management of this Association shall be vested in a Board of Directors composed of all the executive officers, save and except, the General Manager and Treasurer, and directors from each branch of this Association as hereinafter specified.

a) **Term.** All executive officers shall be a director for the term of his office. Each director from the branches of this Association shall be a director for a term of one year. All members of the Board of Directors shall hold officer during their respective terms or until their successors are elected or qualified. Director shall take office on the 2nd day of January of each year.

b) **Meetings.** Regular meetings of the Board of Directors shall be held at 8:00 p.m. on the first Monday of every month.

c) Special meetings. Special meetings may be called by the President or by any three members of the Board of Directors by written notice to the General Manager of the Association who shall then notify the members of the Board of Directors of the special meeting.

d) **Quorum.** Two thirds (2/3rds) of the members of the Board of Directors shall constitute a quorum for the transaction of business.

e) The Board of Directors shall have the general supervision and active management of the financial affairs and property of this Association and conduct its business. No expenditures, payments, business matters, papers, etc., shall be made or executed without the affirmative vote of the majority of the Board of Directors constituting a quorum.

f) No director shall receive any compensation for his or her services as a member of the Board of Directors.

g) **Fund raising.** Provide the ways and means of raising money or funds to carry out the purposes of this Association.

h) **Salaries.** To set and approve the salary of the General Manager and treasurer or any employee of the Association.

i) Membership fees. Increase or reduction of the membership fee.

Article Ⅶ
Committees

SECTION 1. **Committee on Social and Economic Welfare** consisting of a member of the Board of Directors who shall be the chairman of said committee. He shall appoint from the general membership of this Association five (5) members of good standing to do the following:

a) Encourage, advise, and guide the members of this Association and their children in accordance with the purposes of this organization.

b) Aid in the placement and care of orphans, old people and indigent persons of Korean ancestry in suitable homes or institutions.

c) Act as a liaison in dealing with the social agencies in the State of Hawaii in relation to the members who are in need and report said matters to the Board of Directors.

d) Aid and encourage the membership in commercial, industrial and employment problems.

SECTION 2. **Committee on Public Relations** consisting of a member of the Board of Directors who shall be the chairman of said committee. He shall appoint from the general membership six (6) members of good standing to do the following:

a) Handle all matters concerning publicity for the Association and social functions, including weddings, funerals, and parties.

b) Arrange, prepare, and organize all social functions, parties, entertainment, etc., of the Association.

c) Report to the Board of Directors all matters occurring in the community which would affect the Association.

d) Arrange for the preparation and serving of food and drinks during the annual meeting. Likewise, arrange for the entertainment during such meeting.

SECTION 3. **Legal Committee** consisting of member of the board of Director who shall be the chairman of said committee. He shall appoint two(2) members from the general membership to do the following:

a) Take care of all the legal matters of the Association.

b) See that the constitution and by-laws of the Association are properly carried out.

c) Report to the Board of Directors.

SECTION 4. **Committee for the Women's Division** consisting of a member of the Board of Directors who shall be the chairman of said committee. He shall appoint two (2) members from the general membership to do the following:

a) Aid and assist the women's branch of the organization.

b) Report to the Board of Directors.

SECTION 5. **Financial Committee** shall consist of a member of the Board of Directors who shall be he[sic] chairman of said committee. He shall appoint two (2) members from the general membership to do the following:

a) Aid and advise the treasurer on all matters pertaining to the financial matters of this Association.

b) Provide ways and means and submit plans for the financing of all projects undertaken by the Association.

SECTION 6. **Audit.** This committee shall consist of a member of the Board of Directors who shall act as the chairman of said committee. He shall appoint two (2) members from the general membership to do the following:

a) Audit the books and accounts of the Association yearly and report the findings to the membership during the annual convention.

b) Examine and audit the books whenever required or requested by the Board of Directors.

SECTION 7. **Membership Committee** shall consist of a member of the Board of Directors who shall act as chairman of said committee.

He shall appoint four (4) members from the general membership to do the following :

a) Recruit perspective members for this Association, pass on their qualifications and prepare them for admission as members.

SECTION 8. Committee on Legislation shall consist of a member of the Board of Directors who shall act as the chairman. He shall appoint two (2) members of good standing from the general membership to do the following:

a) Keep in touch with legislation, State and Federal, which are discriminating and prejudicial or of vital interest of the Association and to report the same to the Board of Directors.

Article Ⅷ
Branch Association

SECTION 1. A Branch Association may be formed in any district of the State of Hawaii by at least ten (10) persons qualified and eligible for membership in this organization.

SECTION 2. officers of the Branch Association shall consist of a president, a vice president, a secretary, a treasurer, and such other officers as each branch association may deem necessary, to be elected from its membership.

a) Officers shall hold office for a period of one year.

SECTION 3. The officers of each Branch Association shall collect from is membership fees and dues established by the Board of Directors and other such contributions sanctioned and approved by the Board of Directors and remit the same to the Association headquarters within a reasonable time thereof.

SECTION 4. Branch Associations having a membership of more than twenty (20) members shall be entitled to two (2) Directors on the Board of Directors of the Association; if more than thirty (30), three such directors and for every additional ten members thereafter one (1) such director for each ten (10) members. Likewise, the above method shall be used to determine the number of delegates from the Branch Association sent to the Nomination Convention.

Article IX
Meetings

SECTION 1. **Annual meeting.** The annual meeting of the Association, that is to say, the general membership shall be held during the month of January of each year at such date or dates as shall be set by the President. Notice of such meeting shall be given by the General Manager.

a) Matters to be taken up at the Annual Meeting shall include the following:

1. Report on the annual budget by the President.
2. Report on the annual activity by the President
3. Programs and proposals for the future by the President.
4. Treasurer's report.
5. Report by the auditor of the financial state of the Association.
6. Vote of the membership, by secret ballot, on the nominees

for the office of President.

7. Installation of the new officers and directors of the Association.

SECTION 2. **Special meetings.** Special meetings of the membership of the Association may be called by the President of by written request of twenty (20) members in good standing. Upon receipt of a call for a meeting the General Manager shall serve such notice of such a meeting.

Article X
Nomination Convention

SECTION 1. A nomination convention shall be convened by the President of the Association for the election of President every two years on the 1st day of November and not later than the 15th day of November of the designate year. The nomination committee shall consist of the officers of the Association, save and except the incumbent President of the Association who shall be disqualified from voting, the Board of Directors and the designated delegates to the nomination convention from the Branch Association.

a) Nominees. Each Branch Association shall nominate two persons to the office of President prior to the convening of the Nomination Convention by secret ballot. The names of the nominees shall be forwarded to the Secretary of the Association at its headquarters prior to November 1st. When the convention convenes such names of the nominees shall be submitted for vote by the members of the Nomination Convention and the two nominees having the highest vote shall be declared presidential candidates to be voted on by the general membership at the annual meeting. The candidate for President receiving the highest vote at the annual meeting shall be elected President of the Association.

b) In the event of death, resignation or removal for cause of the President a Nomination Convention shall be convened within thirty days after such office has been vacated and a new President shall be elected by the procedures hereinabove described to select the candidates for the office of President. After such candidates have been selected a special meeting of the general membership of the Association shall be called and a vote by secret ballot shall be cast, The candidate receiving the highest vote shall be the new president to fill and serve out the unexpired term of office of his predecessor.

Article XI
Exclusion, Suspension, Resignation

SECTION 1. Any member may be suspended or expelled for causes which are injurious to the Association. However, a written copy of the charges brought against such member shall be furnished to the member and shall provide such member an opportunity to defend himself. All such suspension, expulsion, or resignation shall be heard before the Board of Directors who shall thereafter vote on such matter. A vote of two thirds of the quorum present is required.

SECTION 2. Any person ceasing to be a member by expulsion, resignation or otherwise shall forfeit in and to the property of the Association.

Article XII
Official Organ

SECTION 1. The Association shall publish as its headquarters and maintain as its official organ a weekly newspaper to be called Kook Min Bo (Korean Community Herald), for purposes of maintaining communication with its members throughout the State of Hawaii.

Article XIII
Amendments

SECTION 1. The Charter and By-Laws may be amended or modified at the annual meeting or a specified meeting of the membership of the Association by an affirmative vote of two thirds of the members present.

Article XIV

The Association seal shall consist of two concentric circles, between which shall be inscribed KOOK MIN HUR, KOREAN COMMUNITY ASSOCIATION, Honolulu, Hawaii, and in the center shall be inscribed, organized February 1, 1909, and such seal, as impressed at the margin hereof is hereby adopted as the Seal of the Association.

Approved: December 14, 1961.

국민회 회칙

제1장 명칭

제1절 본회는 한인교포 연합단체로서 그 명칭을 국민회라 칭한다.

제2장 목적

제2절 본회의 목적은 아래와 같다.

첫째, 그 목표를 자선단체로서의 사업으로 인도함.

둘째, 회원 상호간의 부조와 향상을 위하여 상호 협조, 친목과 교육의 증진을 도모한다.

셋째, 회원의 문화적, 사회적, 경제적인 여러 상태와 그 이희의 향상을 계획하고 장려한다.

넷째, 풍부한 한국의 모든 문화적, 역사적인 유산을 교도하고 인식시키며 유지 고취함으로서 교포사회에 이바지한다.

다섯째, 제 민주주의원칙과 인종적인 융합, 그리고 하와이 주민들의 건강과 힝복의 향상을 목적으로 하는 교포사회의 모든 계획을 발기, 계획, 후원한다.

여섯째, 여러 가지 자선운동을 발기하고 후원한다.

일곱째, 본회의 뜻을 이루기 위하여 미국 너의 모든 한국 후손들을 격려하고 상호 협조 단결한다.

여덟째, 종교적, 인종적인 신분 또는 그 신조를 이유로 하는 모든 편견과 차별 대우를 비격하고 투징한다.

제3장 사무소(본부와 지부)

제1절 본회의 사무소는 다음에 규정한 바와 같이 본부와 몇 기의 지부로 구성된다.

첫째, 본회의 본부는 하와이주 호노루루시에 둔다.

둘째, 본회의 본부는 하와이주 모든 지부의 동의와 지원에 의하여 확립된다.

셋째, 본회의 지부는 규정하는 바와 같은 연합체가 구성된 하와이주 너의 어느 지방에라도 설치할 수 있다.

제4장 회원

제1절 회원의 자격…년령 만 21세 이상으로 하와이주에 거주하는 자로서 성품에 결함이 없는 모든 한국의 후손 또는 한국인과 그 문화에 비상한 관심을 가진 자는 누구나 회원이 될 수 있다.

제2절 입회의 신청…본회에 가입을 희망하는 모든 신청인은 본회 회원 2명에 의하여 그 신원이 보증된 신청서를 제출하여야 한다.

제3절 회원의 의무…모든 회원은 본회의 회칙과 규칙을 준수하여야 한다.

제4절 입회금…입회신청인은 가입신청서와 함께 5불의 입회금을 지불하여야 한다. 이 입회금은 그 가입신청서가 본회의 이사회에 의하여 각하될 때에는 반환한다.

제5절 년예금…10불의 년예금은 본회의 직무에게 선불한다.

제5장 임원

제1절 본회의 임원은 회장, 부회장, 간사, 직무, 총무, 각 1인으로 한다. 회장은 다음에 규정한 바에 의하여 선출되며, 그 선출된 회장은 부회장, 간사, 직무, 총무를 각각 임명한다.

첫째, 임기…각 임원의 임기는 2년으로 하여 후임자가 선임되어 집무할 때까지 계속된다. 단 회장이 파면되였을 때는 그 임명된 임원도 동시에 휘임된 것으로 간주하며 새로운 임원이 선임될 때까지 잠정적으로 집무한다.

둘째, 권한과 의무

(가) 회장…회장은 이사회를 사회하고 본회의 모든 서류를 결지하며 이사회에 의하여 승인된 모든 본회의 지출에 부서(副署)한다. 또한 회장은 이사회의 승인을 얻어 특별 또는 상임위원회를 구성하며 부회장, 간사, 직무 및 총무를 임명한다. 회장은 본회의 년차대회에 년차보고서를 제출하여야 하며 또한 통상적으로 회장에 관계되는 제반 의무를 이힝한다.

(나) 부회장…부회장은 회장의 사망 또는 부직 시와 파면 또는 사임하였을 쎡 이를 대리한다. 부회장은 지명대회와 기타 모든 보통집회를 사회하며 이사회의 이사가 된다. 부회장은 년차대회를 사회하며 그 밖에 부회장으로서 필요한 제 의무를 이힝한다.

(다) 총무…총무는 본 회의 일반사무를 담당, 관리하여 다른 사인 또는 기관과 더부러 그 임무를 수힝한다. 총무는 또한 회장, 부회장 다 같이 궐석일 쎡엔 회장으로서의 직권을 대리한다. 총무는 이사회의 일반 쳐리사항을 이행한다.

(라) 간사…간사는 본회의 이사회 기타 모든 회의의 회의록을 작성하고 회원 명부와 주소록을 보관하며 본회의 보든 서류를 관리한다.

(마) 직무…직무는 회원으로부터 제 납입금을 징수하여 영수증을 발힝하며 이사회에서 지졍하는 금융기관에 본회의 보든 기금을 안젼하게 보관한다. 직무는 이사회의 승인을 얻은 모든 지출에 대하여 회장의 부서를 얻어 그 지출 사무를 담당하며 각 4반기 말에 본회의 직졍 상틱를 서면으로 보고한다. 직무는 항상 정확하고 신빙성 있는 회계장부를 작성하여 본회 년차대회에 그 직졍보고서를 제출하며 기타 직무에 관계된 의무를 이힝한다.

제2절 보수…본회의 모든 임원과 이사는 보수 없이 봉사한다. 단 총무, 직무, 기타 젼 시간과 역량을 본회 사업에 종사하는 사람은 차 항에 부지함. 모든 보수는 본회의 이사회가 결졍한다.

제6장 이사회

제1절 이사회의 구성…본회의 중요한 안건은 이사회에서 쳐결하며, 이사회는 총무와 직무를 졔외한 임원과 다음에 규정한 본회 지부에서 선발된 이사들로서 구성한다.

첫찌, 임원인 이사는 그 임기 동안, 지부에서 선발된 이사의 임기는 1년으로 하며, 모든 이사는 각자의 임기 동안 쏘는 그 후 후임자가 선정될 쎄까지 집무한다. 모든 이사의 직권은 미년 1월 2일부터 그 효력을 발싱한다.

둘찌, 경기이사회는 미월 쳣 월요일 하오 8시에 기최한다.

셋찌, 임시회의…임시이사회는 회장 쏘는 이사 3인 이상의 요구로서 총무에게 서면으로서 통고하므로서 소집된다. 총무는 서면통고를 받는 대로 이 쓧을 모든 이사에게 통지하여야 한다.

넷찌, 의사정족수…이사회는 이사 3분지 2 이상의 출석으로 성립한다.

다섯찌, 이사회는 본회의 지정사항과 지산을 감독하고 그 사업을 지도한다. 모든 경비 지출과 사업, 그리고 서류는 이사 3분지 2 이상이 출석한 이사회의 과반수 이상의 찬성으로서 의결한다.

여섯찌, 보수…모든 이사는 보수 없이 이사회에 봉사한다.

일곱찌, 기금의 증진…이사회는 본회의 목젹 수힝을 위하여 기금을 증진시킬 방도를 강구한다.

여덜찌, 이사회는 총무, 직무, 기타 본회 고용인의 급료를 결졍, 승인한다.

아홉찌, 회비…본회 회원의 회비를 조졍한다.

제7장 위원회

제1절 사회, 경졔분과위원회…사회, 경졔분과위원회는 이사회 이사 중에서

그 위원장 1인을 선정하며 그 선정된 위원장이 본회의 일반회원 중에서 다음 사항에 적당하다고 인정하는 5인의 위원을 임명하므로서 구성된다.

첫째, 본회의 회원과 그 자녀들은 본회의 취지에 따르도록 격려, 충고, 인도하는 것

둘째, 도움을 원하는 사람들에 관하여 하와이주의 여러 사회기구와 연락하며 이러한 것을 본회의 이사회에 보고하는 것

셋째, 한국인의 후손으로서 고아, 노인, 빈곤한 사람들을 적절히 도웁는 것

넷째, 상업, 공업, 고용 등의 문제에 있어 본회의 회원을 돕고 장려하는 것

제2절 일반 사회관계위원회…일반 사회관계위원회는 이사회 이사 중에서 선정된 위원장이 일반회원 중에서 다음 사항에 적당한 6인의 위원을 임명하므로서 구성된다.

첫째, 결혼, 장례, 모임 등의 모든 본회와 사회적 의식에 대한 공지사항을 처리하는 것

둘째, 본회의 여러 가지 사회적 의식, 모임, 연회 등을 준비하고 마련하는 것

셋째, 본회와 관계있는 모든 한국인 교포사회 니의 일반사항을 이사회에 보고하는 것

넷째, 년차대회 등 여러 대회의 연회와 여흥을 준비하고 마련하는 것

제3절 사법위원회…사법위원회는 이사 중에서 선정된 위원장이 일반회원 중에서 다음 사항에 적당하다고 인정하는 2인의 위원을 임명하므로서 구성된다.

첫째, 본회의 모든 법율 문제를 담당, 처리하는 것

둘째, 본회의 헌장과 회칙의 합법적인 감사를 하는 것

셋째, 이사회에 보고하는 것

제4절 부녀문제위원회…부녀문제위원회는 이사 중에서 선정된 위원장이 일반회원 중에서 다음 사항에 적당한 2인의 위원을 임명하므로서 구성된다.

첫찌, 본회의 부녀관계문제를 담당, 처리하는 것

둘찌, 이사회에 보고하는 것

제5절 직경위원회…직경위원회는 이사 중에서 선정된 위원장이 다음 사항에 적당한 2인의 위원을 임명하므로서 구성된다.

첫찌, 본회에 관계되는 모든 직경적인 문제에 대하여 직무를 도웁고 충고하는 것

둘찌, 본회가 실시하는 모든 계획의 직경적인 문제에 관하여 그 념출 방도와 계획을 작성하는 것

제6절 심계위원회…심계위원회는 이사 중에서 선정된 위원장이 일반회원 중에서 다음 사항에 적당한 2인의 위원을 임명하므로서 구성된다.

첫찌, 년예 심계감사를 실시하여 그 결과를 년차대회에 보고하는 것

둘찌, 이사회가 필요하다고 인정하거나 쏘는 요구할 때는 언제든지 심계감사를 실시하는 것

제7절 가입심사위원회…가입심사위원회는 이사 중에서 선정된 위원장이 일반회원 중에서 다음 사항에 적당한 4인의 위원을 임명하므로서 구성된다.

첫찌, 본회 가입희망자를 모집하며, 쏘한 가입희망자의 자격을 인정하고 그 허가를 준비하는 것

제8절 법제위원회…법제위원회는 이사 중에서 선출된 위원장이 일반회원 중에서 다음 사항에 적당한 2인의 위원을 임명하므로서 구성된다.

첫찌, 본회와 중요한 이헤관계가 있거나 쏘는 본회에 대하여 차별대우나 편견을 초릭할 주와 연방의 법제에 관하여 교섭을 가지며 쏘한 이러한 것을 이사회에 보고하는 것

졔8장 지부

졔1절 본회의 지부는 본회의 회원 자격을 가진 10인 이상이 있는 곳이면, 하와이주 어느 지방에서라도 결성될 수 있다.

졔2절 지부의 임원은 회장, 부회장, 간사, 직무 각 1명, 기타 각 지부가 필요하다고 인정하는 임원으로서 선거에 의하여 구성된다. 임원의 임기는 1년으로 한다.

졔3절 각 지부의 임원은 이사회에 의하여 승인된 납입금을 징수하여 적당한 기간 닉에 본부로 송달한다.

졔4절 본회 회원 20인 이상을 가진 지부는 2인, 30인 이상은 3인, 그리고 미 초과 10인당 (즉 10인을 초과할 때마다) 1인의 이사를 이사회에 등록하며, 지명대회에 파견하는 대의원의 수도 이러한 방법으로 결정한다.

졔9장 대회

졔1절 년차대회…본회의 년차대회는 믜년 1월 중 회장이 결졍하는 일시에 ㄱ최한다. 총무는 이를 공고하여야 한다. 쳣째, 년차대회의 의졔는 다음과 같다.

(가) 회장의 젼년도 결산 보고

(나) 회장의 젼년도 사업 보고

(다) 회장의 장릐에 대한 계획과 졔안

(라) 직무의 직졍 보고

(마) 본회의 직졍에 관한 심계원의 보고

(바) 비밀투표에 의한 회장 선거

(사) 본회의 임원과 이사의 취임

졔2절 임시총회…임시총회는 회장, 또는 회원 20인 이상이 서면으로서 요구하므로서 소집된다. 총무는 이를 공고하여야 한다.

졔10장 지명대회

졔1절 지명대회는 회장선거를 위하여 미년 11월 1일서 11월 15일 사이에 회장에 의하여 소집된다. 지명대회는 본회의 임원과 이사, 그리고 각 지부가 선출한 대의원들로서 구성된다. 단 직직 중의 회장은 졔외되며 투표권도 가지지 못한다.

쳣찌, 추천…각 지부는 지명대회 이젼에 비밀투표에 의하여 회장에 대한 2인의 추쳔자를 션출하여 11월 1일 이젼에 본부에 통고한다. 각기 션출된 지부의 지명대회 대의원은 지명대회 선거에 부쳐 2명의 최고 득졈자로서 회장 입후보자를 션출한다.

본회 년차대회에서 상기 2명의 입후보자 중 회장을 션임한다.

둘찌, 회장의 사임, 사망, 파면 등으로 인한 회장의 궐석 시에도 본회칙 졔10장 졔1절에 규정한 바에 의하여 임시총회에셔 식 회장을 션출하며 회장은 젼임자의 잔임기간 중 집무한다.

졔11장 졔명, 졍권, 사퇴

졔1절 본회에 히를 끼치는 모든 회원은 졍권 또는 졔명 처분을 할 수 있다. 단 이러한 회원 당사자는 서면으로서 그 이유를 발켜 항변할 기회를 가진다.

모든 졔명, 졍권 쳐분과 사퇴의 승인은 이를 의결하는 이사회에서 설명되어야 한다. 여사(如斯)한 쳐분은 이사회에서 의원 3분지 2 이상의 찬성으로서 의결한다.

졔2절 졔명 또는 사퇴 등의 이유로 회원권을 상실한 자는 본회 회원으로서의 모든 자격을 상실한다.

졔12장 기관지

졔1절 본회는 하와이주 니를 통한 회원 상호간의 연락을 위하여 그 본부에서 국민보 주간 신문을 발힝 유지한다.

졔13장 회칙의 기정

졔1졀 본회의 헌장과 회칙은 본회의 년차대회 또는 임시총회에서 출석회원 3분지 2 이상 찬성으로서 기졍할 수 있다.

졔14장

회의 인장은 동 중심의 두 원이 있고, 밧갓 원에는 국민회, 코리안 콤뮤니티 아소시에이슌, 호노루루, 하와이라고 기지되고, 너 원에는 창립 1909년 2월 1일이라 기지되어 있다.

이 인장은 이로부터 회의 인장으로서 치용된다.

1961년 12월 4일 (완)

8. 국민회와 교민단의 역대 총회장

국민회

	총회장	부회장
1909	정원명	이내수
1910	이내수	안원규
1910.4	안원규	
1911	정칠래	김종학
1912	정칠래	노재호(노재연)
1913	박상하	박원걸
1914	김종학	박원걸
1915	김종학	신홍균
1915.6	홍한식	(10월) 정인수
1916	홍한식	정인수
1917	안현경	이종홍
1918	안현경	윤계상(서기 · 재무 이승만)
1919~1920	이종관	손창희

교민단

	총단장	부단장
1921~1922	민찬호	안원규
1923~1925	김영기	곽래홍
1926~1927	최창덕	김성기
1928	최창덕	손덕인
1929	최창덕	손덕인
1929.8	손덕인	
1930~1931	손덕인	안영찬

1932	차신호	이정건
1932	이정건	

국민회

	총회장	부회장
1933	이정건	강영효
1934.6	김윤배	이호직
1935	임성우	유동면
1936~1944	조병요	안원규
1945	안원규	최두욱
1946	안원규	서상순
1947.5	서상순	
1948~1950	서상순	임봉래
1951~1952	김현구	임성우
1953	김현구	이정근
1954~1956	임성우	최영기
1957	이윤호	이호직
1958	이윤호	김능연
1959~1960	K. D. Park (박관두)	
1961~1962	Joe Kim	이윤호
1963~1964	Edward Kim (김영내)	
1967~1968	Frances Park (박진찬)	
1969~1970	Wallace Kim	
1971~1972	Samuel Lee (이상국)	
1973~1974	Charlie Chung	

9. 국민회 지방 대의원과 지방 회장

1914년 지방 대의원 (30명)

하와이섬

의장(총부회장)	박원걸(32세)
북 코나(North Kona)	박기홍(42세)
호노카아(Honokaa)	전익주(37세)
남 코나(South Kona)	박기홍(42세)
칼라파나(Kalapana)	유희학(34세)
중 코나(Central Kona)	박성근(28세)
파아아우하우(Paauhau)	김경선(37세)
코할라(Kohala)	김기정(29세)
파파알로아(Papaaloa)	한명교(41세)
쿠쿠이하엘레(Kukuihaele)	한형국(33세)
카마와이(Kamawai)	이동근(37세)
하칼라우(Hakalau)	최홍위(39세)
카파아우(Kapaau)	이영근(43세)

마우이섬

하이쿠(Haiku)	김창록(43세)
파이아(Paia)	강한준(34세)
푸우네네(Puunene)	김성기(41세)
와일루쿠(Wailuku)	김만수(34세)
하나(Hana)	김근원(42세)

오아후섬

호놀룰루(Honolulu)	김진호(30세)

누우아누(Nuuanu)	김진규(38세)
와이알루아(Waialua)	정두옥(27세)
카훌루이(Kahului)	승용환(31세)
와이피오(Waipio)	이선의(34세)
와이파후(Waipahu)	최찬영(36세)
상 와이피오(Upper Waipio)	황경선(39세)
와히아와(Wahiawa)	김홍순(33세)
에바(Ewa)	김치혼(36세)
아이에아(Aiea)	김경석(32세)

카우아이섬

콜로아(Koloa)	이종관(39세)
케카하(Kekaha)	김성호(35세)
마카벨리(Makaweli)	남세윤(58세)

〈출처〉 정두옥, 「재미한족독립운동실기」, 『한국학연구』 3 별집, 인하대학교 한국학연구소, 1991, 61쪽.

1950년 지방 대의원

호놀룰루	김한경, 차신호
펀치보울(Punchbowl)	전익서, 전송준
카이무키	임종호, 박순용
마우이	송진홍(대리)
카우아이	허봉일
라나이	이정근
코할라	최영기(대리)
힐 로	김병철(대리)

〈출처〉 『국민보』, 1950년 1월 25일, 제1면.

1960년 지방회 회장 명단

카이무키 (Kaimuki)	S. Y. Kim (김상연)
펀치보울 (Punchbowl)	H. C. Lee (이호직)
푸나호우 (Punahou)	C. H. Lim (임준호)
호놀룰루	Y. S. Lee (이양신)
와히아와	Y. J. Kim (김예준)
라나이	K. Y. Oh (오근영)
케카하	Y. S. Kim (김용식)
힐 로	Byong Chik Kim (김병직)
마우이	Chang Sik Hong (홍창식)
부인국민회 중앙부장	Chong Eum Park (박정음)

〈출처〉 『국민보』, 1960년 1월 1일, 제2면.

1965년 지방회 회장 명단

카이무키	D. S. Lee (이동선)
호놀룰루	Yong Hark Park (박용학)
와히아와	Ha Soo Lee (이하수)
와이키키	Harry K. C. Yu

〈출처〉 『국민보』, 1965년 8월 18일, 제2면.

10. 국민회 연표

1903

1. 13　하와이 한인이민 첫 배 캘릭호 호놀룰루 도착, 102명 와이알 루아농장 모쿨레이아 캠프(주거지)에 여장을 품.

3. 3　두 번째 이민선 캅틱호 호놀룰루 도착, 64명 카후쿠농장으로 이동.

3. 중순　와이알루아농장과 카후구농장의 한인늘 함께 예배 시삭.

가을　우병길(후에 윤병구로 알려짐), 안정수 등이 중심이 되어 호놀룰루에 신민회 조직.

11.　호놀룰루에서 안정수, 우병길, 김또라가 한인선교회 시작.

1904

2. 18　홍승하 호놀룰루 도착, 한인선교회에서 목회 시작.

3. 27　최윤백이 호놀룰루에서 격주로 『신조신문』 발간. 1905년 4월까지 13개월 동안 발행 (현존본 없음).

4. 10　신민회 해체

9.　하와이 감리교선교부 감리사 피어슨(George Pearson)이 포트 스트리트(Fort Street)에서 한국인 공부반 시작, 서양부인 교사 2명과 이지성 교사가 성인 학생 9명과 어린이 6명 가르침.

11.　피어슨 감리사가 등사판의 교회 소식지 『포와한인교보(*Hawaii Korean Advocate*)』 발간 시작.

11. 29　이승만 호놀룰루에 도착, 한인선교회 방문, 에바농장의 한인감리교회에서 연설, 다음날 미주 본토로 출발.

1905

2.　호놀룰루에 한인성공회 교회 설립, 1917년에 성 누가교회(St.

Luke's Church)로 독자적 이름을 갖게 됨.

2. 19 박용만, 이승만 아들 태산(泰山)을 데리고 샌프란시스코에 도착.

4. 호놀룰루 한인선교회가 호놀룰루 한인감리교회(그리스도연합 감리교회 전신)로 승격됨, 홍승하 전도사 건강 악화로 귀국.

5. 7 송헌주와 박윤섭 등이 하와이 감리교 선교부 감리사 와드맨(John W. Wadman)에게 한인학교 설립을 요청하고, 교육회와 자선회를 조직.

5. 민찬호 하와이 도착, 호놀룰루 한인감리교회에서 목회 개시.

12. 하와이 감리교선교부가 민찬호 등 9명 목사를 9개 교회에 파송.
하와이 감리교선교부가 송헌주를 『포와한인교보』의 발행인으로, 윤병구를 주필로 임명함.

1906

5. 『포와한인교보』가 한글 식자로 발간되기 시작(주필 민찬호).

9. 하와이 감리교선교부 한인기숙학교 개교, 교장 Mrs. Mame H. Wadman
공진회 발족.
전흥협회 발족.

1907

— 국민동맹회 발족

8. 18 오아후섬 에바농장의 한인들 고종황제 탄신일 만수성절 기념

9. 2 전흥협회를 제외한 하와이의 24개 단체와 동회 대표자 30명이 연합하여 한인합성협회(회장 정원명) 결성.

10. 22 한인합성협회가 『합성신보』 발간(주필 홍종표).

1908

4. 25 일본 도쿄 주재 감리교 감독 해리스(Merriman C. Harris)가 "일본

이 한국을 점령하는 것은 하나님이 하시는 일로서, 한국을 위해 좋은 일이다"라고 망언.

4. 28 *Honolulu Advertiser* 지가 해리스 감독의 발언에 연계하여 한국인 차별 논조의 사설을 실음.

1909

1. 전흥협회가 한인합성협회에 통합됨.

2. 1 하와이의 한인합성협회와 미주의 공립협회가 통합하여 국민회를 결성, 하와이지방총회(회장 정원명, 부회장 이내수)와 북미지방총회(회장 정재관)로 구성됨.
국민회 하와이지방총회가 1313 Miller Street에 회관 임대.

2. 12 국민회 하와이지방총회가 『합성신보』를 계승하여 『신한국보(*The United Korean News*)』로 제호를 바꾸어 발간.

2. 중순 한일병합이 될 것이라는 소식에 호놀룰루 한인들 공동회를 소집하고 의연금 모집.

3. 신홍균 목사 감리교에서 탈퇴하여 호놀룰루에 자유교회 설립.

3. 24 국민회 하와이지방총회와 북미지방총회가 「국민회 장정」을 제정 발표함(중앙총회 결성 관련 조항 포함).

3. 25 하와이 국민회, 순종황제 탄신 건원절 기념행사 개최.

4. 국민회 북미지방총회 황사용을 멕시코 메리다 지방에 파견하여 메리다지방 국민회를 조직함.

5. 국민회 북미지방총회, 정재관과 이상설을 만주와 러시아지역에 파견하여 만주지방총회와 러시아지방총회 결성.

5. 하와이 국민회 카우아이섬 콜로아 한글학교 설립 후원.

8. 국민회를 대한인국민회(United Korean Association)로 개명.

12- 하와이 한인들 1910년 3월까지 안중근 의사 재판 경비 모금, 1911년 8월 임시공동회 회계 안원규 $2,916 모금 발표.

12. 27 하와이 국민회 임시대의회에서 무예연습을 실시키로 결정하고 곧 착수.

1910

(이하 하와이지방총회 대한인국민회를 국민회라 함)

— 총회장 이내수, 부회장 안원규.

7. 5 정원명, 안원규, 이내수, 민찬호 등의 주동으로 군인양성을 위해 대동공진단 조직.

8 대동공진단을 국민회에 예속시킴.

8. 말 국민회에 연무부를 설치하여 군인양성에 치중, 연무부 재정 담당자는 강영소, 10월 초에 박상하로 바뀜.

10. 국민회 영문 이름을 Korean National Association으로 변경.

12. 2 첫 '사진 신부' 최사라(당시 23세) 호놀룰루 도착, 국민회 총회장 이내수(당시 35세)와 결혼.

— 미국 인구조사 결과 하와이 한인은 4,533명(하와이 출생 362명, 한국 출생 4,171명), 미 본토 한인 462명은 13개주에 분산 거주.

1911

— 국민회 총회장 정칠래, 부회장 김종학.

3. 임시중앙총회에서 국민회 회장 최정익, 부회장 한재명 선출.

1912

— 국민회 총회장 정칠래, 부회장 노재호(일명 노재연).

11. 8-29 샌프란시스코에서 국민회 중앙총회 제1회 대표회의 모임, 1913년도 중앙총회 회장단 선출: 총회장 윤병구, 부회장 황사용, 총무 정칠래, 서기 강영소, 재무 박영순, 학무원 민찬호, 법무원 주원, 외교원 박용만.

「국민회장정」을 수정하여 「대한인국민회 헌장」 작성(장정수정위

원: 박상하, 박용만, 안창호).

12. 1　「대한인국민회 헌장」 시행.

12. 6　박용만이 박상하와 함께 호놀룰루 도착,『신한국보』 주필이 됨.

12. 6　*Honolulu Advertiser*지 박용만 소개 기사 보도.

<u>1913</u>

—　국민회 총회장 박상하, 부회장 박원걸.

2. 1　「대한인국민회 하와이지방총회 자치규정」 제정, 기초위원: 한재명, 박상하, 고석주, 주인준, 박기홍.

2. 1　*Honolulu Advertiser*지 하와이 감리교선교부 감리사가 일본영사관으로부터 한인을 위한 자선사업비로 $200을 받았기 때문에 한인들이 화가 났다고 보도.

2. 3　*Honolulu Advertiser*지 "격분한 한인들 와드맨에게 협박"이라는 기사 보도.

2. 3　이승만 호놀룰루 도착, 2453 Puunui Avenue에 기거.

2. 4　*Honolulu Advertiser*지『신한국보』 주필 박용만의 해명 보도.

2. 8　*Honolulu Star-Bulletin*지 이승만 소개 기사 게재.

3.　이승만 한인감리교 교역자 훈련집회 주관.

4.　이승만 신한국보사에서『한국교회핍박』 출간.

5. 7　국민회 에마기지(3 택지) 매입.

6. 9　국민회 하와이 영토 정부에 법인 등록. 법인설립 신청인은 정칠래, 박원걸, 박용만, 홍인표, 박승준.

7. 1　국민회 Miller Street의 4 택지 매입.

7　박용만 군인 양성사업 준비 시작.

8. 13　박용만『신한국보』의 제호를『국민보』로 변경.

8. 26　하와이 감리교선교부 이승만을 한인기숙학교 교장에 임명. 이승만이 한인중앙학교(학원)로 개명하고 여학생 입학 허용, 박용만을

체육 주임으로 임명.

9. 30 이승만 한인감리교회 교회지 『포와한인교보』 내용을 둘로 나누어 『포와한인교보』와 『태평양잡지』로 발간.

12.15 국민회 1914년도 총회장 선거, 박상하 재선.

12.말 박종수 카할루우지역 리리빌(Libbyville) 내의 400여 에이커 파인애플 경작지를 5년 계약으로 도급받음. 박종수 이 지역에서 한인감리교회 시작.

1914

1. 『태평양잡지』 제1권 제5호 발간됨.

1. 12 국민회 대의회에서 에마기지를 여학생기숙사를 위하여 기증하기로 결정.

1. 21 박상하 총회장이 사임하고 한인성공회교회 전도사직 맡음. 재선거를 실시하여 총회장 김종학, 부회장 박원걸 피선.

1. 28 『국민보』(발행인 겸 주필 박용만)에 「참의원들은 기숙사 건축과 내지 전도를 전체로 반대」 기사 게재.

2. 이승만 한인중앙학원 근처에 여학생기숙사 임대.

2. 2 국민회 창립 5주년 기념행사를 호놀룰루에서 대대적으로 거행.

2. 4 『국민보』 이승만이 에마기지 기부를 퇴각한 고로 국민회 교육부에서 '한인여자기숙사 기지'로 보관할 것이라고 보도.

2. 14 워싱턴 대통령 탄신기념축제에 한인들 참가.

2-3. 국민회 에마기지 담보대출 금리를 갚지 못함.

3. 『태평양잡지』 제1권 7호, 「호항한인여자기숙사」 거재.

4. 3 에마기지 담보대출자 국민회에 담보대출 금리 6개월 지불 금액 탕감, 대신 연간 이자 7%에서 8%로 인상.

4. 15 박용만이 대조선국민군단 창설, 국민회의 연무부 사업 정지.

5. 국민회 13개 한글학교에 지원금 지급.

6. 20 한인중앙학원 졸업식에서 〈한국교회핍박〉 연극 공연.
7. 이승만 푸우누이 애배뉴에 여학생기숙사 매입.
8. 29 박용만 박종수의 파인애플 경작지내에 대조선국민군단 막사와 군문 낙성식 거행, 낙성식 후 이승만이 '믿음'이라는 주제로 전도 강연.
12. 7 1915년도 총회장 선거 무산됨.
12. 9 국민회 1306 Miller Street에 총회관 개관.

<u>1915</u>

1/2 이승만의 「성명서」가 실렸다고 김원용이 기술한 『태평양잡지』 1월호 제2권 5호와 2월호 제2권 6호 발간(현존하지 않음).
2. 15 국민회 총회장 김종학, 부회장 신홍균 피선.
5. 1 국민회 특별대의회를 소집했으나 분쟁 발생으로 휴회, 남아있는 의원들 정인수를 임시회장으로 선출.
5. 14 임시회장 정인수가 김종학을 공금 횡령죄로 고소.
5. 15 *Honolulu Star-Bulletin* 지 김종학의 공금횡령에 관한 기사 게재.
6. 15 국민회 대의회에서 새 회장단 선출(회장 홍한식, 부회장 정인수).
6. 30 김종학이 새 회장단 선출 무효를 주장하며 소송 제기.
6 이승만 한인중앙학원 교장직 사임.
7. 5 국민회 에마기지를 한인여학원 이사 이승만에게 양도, 7월 27일 하와이정부에 양도서 등록.
8.28-9.18 이승만 하와이섬 방문.
8.31-12.22 안창호 국민회 분규 조정차 하와이 방문.
9. 이승만 여학생기숙사를 확장한 다음 한인여학원으로 개교하고 교장이 됨.
9. 중순 하와이법정 김종학의 공금횡령 사건 무죄로 판결.

9. 22일 김종학 새 회장단 선출 무효 소송 취하.
9.25-
10. 5 이승만 카우아이섬 방문.
10.초순 박용만 『국민보』 주필직 사임하고 카할루의 대조선국민군단 막사에 거주. 『국민보』 정간됨.
10. 30 한인여학원 개원식에서 안창호와 박용만 연설.
12.8-
12.23 이승만 마우이섬 방문.

1916

— 국민회 총회장 홍한식, 부회장 정인수 재선됨.
2. 22 이승만 안창호에게 편지 보냄.
7. 2 박용만 『국민보』 주필직 다시 맡고 『국민보』 속간.
11. 국민회 이승만을 한인남학생 기숙사 이사로 임명.
11. 8 국민회 Miller Street의 2 택지(총회관 짓고 남은 땅)를 이승만에게 $2,580에 매각.

1917

— 국민회 총회장 안현경, 부회장 이종홍 선출.
3. 이승만 태평양잡지사에서 『독립정신』(제2판) 출판.
6. 민찬호 남가주대학에서 석사학위 취득.
7. 이승만 호놀룰루에서 신립교회 모임 시작.
10. 11 안현경 북미지방총회장에게 박용만을 한인사회 대표로 소약국동맹회에 보낸다고 통보.
10. 29 박용만 소약국동맹회에 참석.
— 박용만의 대조선국민군단 해체됨.

<u>1918</u>

— 국민회 총회장 안현경, 부회장 윤계상 선출(서기 · 재무 이승만).

1. 한인여학원에 남학생 입학, 남학생들 한인여학원 근처 국민회가 운영한 기숙사에 기거.

1. 15 국민회 대의회에서 실질적으로 재정을 관리해온 안현경의 재무보고에 이상이 발견되어 논쟁 끝에 난투극 발생함. 안현경이 재정문부 조사를 강력하게 주장한 유동면, 김성률, 김한경, 이찬숙을 호놀룰루 경찰에 고발.

1.15- 국민회 지방대표 몇 명이 국민회에서 분립하여 임시연합회(회장 김진회, 부회장 이종홍) 결성. 임시연합회가 유동면 등을 위하여 변호사를 기용하고 재판 준비. 『연합회공고서』 간행.

2. 16 *Honolulu Advertiser* 지 국민회 회의에서 난투극이 일어났다고 보도.

2. 17 하와이 고등법원에서 유동면, 김성률, 김한경, 이찬숙 소송 재판 시작.

3. 8 하와이 고등법원에서 위의 4명에 대하여 무죄 판결.

3. 19 김원용이 박용만의 글이 실렸다고 인용한 『연합회공고서』 발간(현존하지 않음).

4. 26 한인여학원 이사 이승만 에마기지 담보 대출금 완납, 이승만 1 택지 판매.

5. 17 이승만 에마기지의 나머지 2 택지를 $2,400에 매각.

— 이승만 레아히 농장(9.5 에이커: 약 12,000평) 매입.

7. 박용만이 김현구, 이내수, 정두옥 등 26명을 발기인으로 임시연합회를 계승하는 칼리히연합회(회장 이종홍)를 조직. 칼리히연합회는 국민회 창립 이후 하와이에서 처음으로 조직된 자치 단체. 11월 28일부터 박용만이 기관지 『태평양시사』 발간.

9. 이승만 한인여학원을 한인기독학원으로 개편하고 와이알라에의 학교건물을 임대하여 개교, 첫 교장 Mrs. M. Hartson.

11. 초 국민회 중앙총회장 안창호 칼리히연합회의 해산을 촉구.

11. 8 이승만 호놀룰루 제일한인감리교회에서 제적 처분 당함.

12. 23 이승만 신립교회를 한인기독교회라 이름 지음.

1919

1. 6 이승만 파리강화회의에 참석할 목적으로 미주 본토로 출발.

1. 21 이승만 로스앤젤레스 민찬호 집에서 저녁식사 중에 민찬호에게 하와이로 돌아올 것을 종용.

1. 22 이승만 로스앤젤레스에서 안창호를 만나, 하와이에서 소약국동맹회에 박용만을 보내기 위하여 모금한 $2,000 중 나머지 $1,119.50을 전달.

3. 3 박용만 칼리히연합회를 확장하여 대조선독립단을 창설하고, 『태평양시사』를 대조선독립단의 기관지로 만듬. 박용만과 국민회의 관계 단절.

3. 10 한국의 3·1운동 소식이 하와이와 미주 본토에 도달.

3. 15 하와이 각 지방 여성대표 41명이 호놀룰루에서 대한부인구제회(회장 손마리아, 부회장 겸 외교원 김마주리) 조직.

3. 19 *Honolulu Advertiser* 지 대한부인구제회 결성 보도.

4. 10 이승만 상해 대한민국임시정부의 국무총리로 선출됨.

4. 12 국민회 한인기독학원에서 '독립경축일' 기념식 거행.

4. 23 이승만 한성임시정부에서 집정관 총재로 추대됨.

이승만 워싱턴에 대한공화국 본부 설치.

5. 대한부인구제회 '독립선언서' 포스터 발매.

6. 9 한인기독학원 제1회 졸업식 거행.

6. 15 하와이 국민회 총회관에서 북미주 국민회 대표자 25명 회의.

8. 17 국민회 호놀룰루의 Liberty Theatre에서 이승만의 대통령 취임 축하식 거행.

8. 25 이승만 워싱턴에 구미위원부(The Korean Commission to America and Europe for the Republic of Korea) 설치.

9. 6 이승만 대한민국임시정부 임시의정원에서 '임시대통령'으로 선임됨.

10 10 민찬호 한인기독교회 목사 겸 한인기독학원 교장으로 부임.

1920

7. 5 국민회 중앙총회 사무가 정지됨.

10. 7 하와이 국민회 대한민국임시정부로부터 내무부령 제4호 임시교민단제에 의거하여 대한인교민단을 조직하라는 특전을 받음.

10. 7 「대한인 하와이교민단 자치규정」 발표. 1913년 2월 1일에 발표된 「대한인국민회 하와이지방총회 자치규정」과 대동소이함.

11. 대한민국임시정부의 내무부령에 의하여 교민단이 하와이에 거주하는 한인 인구조사 실시(결과물은 확인되지 않음).

11. 16 이승만 임병직과 함께 호놀룰루에서 상해를 향해 출발.

— 1920년 미국 인구조사 결과 하와이 한인 4,950명. 미 본토 한인 1,224명(혹 1,165명)은 29개 주에 분산 거주(1,224명 중 755명이 캘리포니아주에 거주).

1921

1. 1 이승만 상해에서 임시대통령으로 집무 개시.

1. 8 이승만 박용만에게 편지 발송.

2. 9 국민회 총회장 안현경, 부회장 김성기 사임, 1920년도 국민회 총회장 이종관 임시 교민단장으로 시무.

2. 14 국민회 중앙총회 폐지.

3. 3 대한인국민회 하와이지방총회가 해체되고 하와이 대한인교민단(초대단장 민찬호, 부단장 안원규)으로 개편됨. 영문 명칭 Korean

National Association을 그대로 유지.

6. 29 이승만 상해에서 호놀룰루로 돌아옴.

7. 7 민찬호, 안현경, 이종관 대한인동지회 설립 공고, 동지회 사무실을 교민단 총회관에 설치.

7. 14 「동지회 규정」 발표.

9. 한인기독학원 칼리히 계곡으로 이전. 학원 내에 한인기독교회 건물 신축.

— 대한부인회가 모금한 자금을 만주의 대한독립군 총사령부에 보냄.

<u>1922</u>

— 교민단 단장 민찬호, 부단장 안원규 선임.

1. 4 대한인국민회 북미지방총회가 멕시코와 쿠바지방회만으로 국민회를 재편성하고 그 명칭을 북미대한인국민회라 칭함.

<u>1923</u>

1. 23 교민단 임시의사회에서 「대한인 하와이교민단 자치규정」에다 2개 조항을 첨가함으로써 교민단이 대한민국임시정부가 아니라 구미위원부의 지휘를 받게 됨.

9. 19 한인기독학원 칼리히계곡에 새 교사와 기숙사 낙성식 거행.

<u>1924</u>

11.17

-20 동지회 하와이 한인대표회가 '동지회 3대 정강'과 '3대 정강 진행 방침' 채택.

— 전경준이 호놀룰루에 한인상조회 설립.

<u>1925</u>

3. 18 대한민국임시정부 임시의정원 이승만 임시대통령 탄핵안 가결.

12. 13　동지회 동지식산회사 창립. 1926년 1월에 하와이섬에 있는 동지촌에 한인들 입주 개시.

1929

—　한인상조회 호놀룰루에서 양로원(Korean Old Men's Home) 운영 개시.

1930

교민단 단장 손덕인, 부단장 안영찬 선임.

12. 초　대한부인구제회 국민회측과 동지회측으로 분렬. 그후 같은 이름을 쓰면서 두 단체 존속.

12. 13　이승만 월간지 『태평양잡지』를 주간지 『태평양주보』로 바꿈.

—　1930년 미국 인구조사 결과 하와이 한인 6,461명, 미국 본토 한인 1,860명.

1931

—　교민단 단장 손덕인, 부단장 안영찬.

1. 12　교민단 의사회에서 의사회 자격 조건을 놓고 논쟁, 동지회측 교민단 대표 의사원들이 회관을 점령하고 새로 임원 선출함. 이후 여러 가지 사건이 뒤따랐고 소송으로 이어짐.

4. 16　하와이 순회재판소(고등법원) 1930년도의 단장 손덕인과 부단장 안영찬을 1931년도의 단장과 부단장으로 인정.

4.　동지식산회사의 동지촌 파산.

1933

1. 16　교민단 대의회에서 2월 1일부터 그 명칭을 국민회로 복구하기로 결정.

2. 1　국민회로 복원됨.

1934

10. 8 이승만 Frencesca Donner와 뉴욕에서 결혼.

1935

1. 24 이승만 부부 하와이 도착, 한인기독학원 기숙사에 기거.
이승만은 한인기독학원의 교장, 그 부인은 기숙사 사감이 됨.
6. 1 이후 국민회 호상부 조직.
7. 15. 「하와이 대한인국민회 헌장」 반포.

1937

2. 27 국민회측 대한부인구제회 국민회 총회관 수리비 기금을 모집하기 위해 연극 공연.
5. 29 국민보사 "한미조약 55주년" 기념으로 한국어 방송 후원.
7. 7 중일전쟁 발발.
8. 7 국민회 총임원회에서 인구세와 애국금 모금 결정.
8. 15 동지회 공동회에서 국민회와 합동하여 민족사업을 할 것을 결의하고 이를 국민회에 통보.
8. 18 이후 국민회 '독립전쟁'이 끝날 때까지 혈성금 모금하기로 결정.
8. 21 국민회 총임원회에서 동지회 대표들과 합석회의를 갖기로 결정.
8. 27 국민회에 찬무부 설치.
10. 11 국민회와 동지회의 합동회의에서 절대 합동을 위하여 두 단체를 해체할 것을 논의. 국민회측은 무조건 절대합동을 원했고, 동지회측은 독립운동을 추진할 연합기관을 두기를 원함. 이후 여러 차례 회의를 가짐.
12. 1 국민회 대의원회에서 임시정부의 군사활동을 절대적으로 후원하기 위하여 국민회는 경상사무 이외의 일반사무를 모두 정지하기로 결정. 인구세, 애국금, 혈성금을 모금하여 (액수 미확인) 임시정부로

보냄.

12. 7 국민회와 동지회간의 합동운동 결렬.

— 총회관 증축 완료.

1938

4. 국민회 총임원회에서 호상제도 확장 개선안 발표.

4. 24 한인기독교회 1832 Liliha Street에 새 교회당 헌당. 광화문 문루 포함.

6. 동지회 호상부 조직.

1939

1. 한인상조회 한인기독교회에 부속.

2. 18 한인상조회 소속 한인양로원 법적으로 한인기독교회에 부속.

1940

10. 13 하와이의 6개 단체(국민회, 동지회, 대조선독립단, 중한민중동맹단, 국민회측 부인구제회, 동지회측 부인구제회) 연합한인위원회(The United Korean Association of America) 결성.

— 1940년 미국 인구조사 결과 하와이 한인 6,851명(하와이 출생 4,461명, 한국 출생 2,390명), 미국 본토 한인 1,664명(미국 출생 939명, 한국 출생 725명).

1941

3. 1 연합한인위원회 등 17개 단체가 연합하여 3·1절 기념식 거행.

4. 1 부인구제회 창립 기념식을 국민회측과 동지회측 부인구제회가 연합하여 거행. 갈라진 두 부인구제회가 연합하려고 노력함.

4. 19 와히아와 동지회측 대한부인구제회에서 연극공연. 모집된 기금을 광복군 본부로 보냄.

4. 19

-29 호놀룰루에서 해외한족대회(The All-Korean Overseas Convention) 개최. 이 회의에서 9개 단체(북미국민회, 하와이국민회, 동지회, 대조선독립단, 한국독립당 하와이총지부, 중한민중동맹단, 조선의용대 미주후원회연합회, 국민회측 부인구제회, 동지회측 부인구제회)가 재미한족연합위원회 결성. 재미한족연합위원회가 이승만을 외교위원장에 임명.

1942

1. 21 『국민보』를 『태평양주보』와 연합판으로 발행하면서 영문판 *Korean National Herald-Pacific Weekly* 도 포함(1944년 2월 2일까지).

4. 대한부인구제회 '승리 휘장(victory badge)' 판매.

10. 동지회 931 North King Street에 회관 매입.

1943

1. 2 북미국민회 대의회 재미한족연합위원회에 이승만을 재미한족연합위원회 외교위원장직에서 '소환'하도록 임정에 요청하라고 제시.

12. 5 동지회 재미한족연합위원회에서 탈퇴.

1944

2. 2 『국민보』와 『태평양주보』 연합본 발간 중단. 『국민보』 영어판 *Korean National Herald* 는 1945년 1월 31일까지 계속 발간됨.

1945

10. 4 이승만 귀국 차 단신으로 워싱턴공항 출발(33년만의 귀국).

10. 5 하와이정부 국민회에 총회관을 우호적으로 몰수하겠다고 통지.

1946

7. 17 국민회 총회관을 하와이정부에 $28,794로 매도.

9. 1 국민회 2756 Rooke Avenue에 있는 회관을 $80,000에 매입. 10

월 13일 국민회 새 회관 개관식.

1947

6. 한인기독학원 폐교.

1948

2. 4 범하와이 한인단체 주관으로 한국어 방송 시작(1951년 10월까지 지속).
7. 24 이승만 대한민국 초대대통령에 취임.
8. 15 이승만 대통령 대한민국 정부수립 선포.

1949

1. 28 국민회측 부인구제회가 대한인국민부인회로 개명.
4. 대한민국 호놀룰루에 하와이 총영사관 설립.
10. 동지회 회원들의 성금으로 호놀룰루 시내 1133 Hassinger Street에 총영사관 건물 매입.

1950

4. 동지회 회원들 총영사관 건물 대한민국에 기증.
6. 25 6·25동란 발발.
— 하와이 보건국 하와이 한인 약 7,030명으로 추정.

1954

2. 5 민찬호 목사 소천.
4. 24 한인기독학원 법적 해체.

1956

12월 「국민회 호상부 조례」 발표.

1959

3. 김원용『재미한인오십년사』출간.

10. 한인기독학원 이사회 한인기독학원 부지 24 에이커를 $138,500에 매각. 주택단지 개발업자가 단지 내의 길 하나를 Kula(학교) Kolea (한국)로 작명함으로써 그 자리에 한인 학교가 있었음을 기념.

— 한인 2세 청년들 약 50명이 국민회에 입회.

— 국민회 와이키키 지부 설립.

1960

4. 26 이승만 대통령 하야.

5. 29 이승만 부부 하와이 도착.

6. 5 이승만 부부 한인기독교회 예배 참석.

1961

5.26-27 국민회 총회관에 한국식 정자 낙성식 거행.

1962

9. 「국민회 규칙(By-Laws of Kook Min Hur)」발표. 한글 명칭 국민회(Kook Min Hur)를 종전대로 유지하되, 영문 명칭은 Korean Community Association으로 변경하면서 단체 성격을 자선단체로 바꿈; 비한인도 회원이 될 수 있도록 함.

1963

12. 『국민보』폐간.

1965

7. 19 이승만 전 대통령 하와이에서 서거.

2002

1. 17 국민회 총회관 한국의 사립 독립문화재단에 $550,000로 매각됨.

12. 14 국민회 영문 명칭을 Korean National Association으로 복구.

2004

1. 26 국민회재단(Kook Min Hur Foundation) 설립. 회장 Duke H. Chung, Jr, 부회장 겸 회계 Kerry S. B Ahn, 서기 Bassil dunn, 이사 Scott Dunn.

2009

3. 6 국민회재단 호놀룰루 컨트리클럽에서 국민회 창립 100주년 기념 만찬 주최.

참고문헌

• 정기간행물

하와이 국민회, 『국민보』.

하와이 국민회, 『신한국보』.

하와이 국민회 · 동지회, 『국민보-태평양주보』(*The Korean National Herald-Pacific Weekly*).

북미 국민회, 『신한민보』.

동지회, 『태평양잡지』.

동지회, 『태평양주보.』

Honolulu Advertiser.

Honolulu Star-Bulletin.

Official Journal of the Annual Session of the Pacific Japanese. Mission of the Methodist Episcopal Church, 1905 & 1906.

Official Minutes of the (Annual) Session of the Hawaiian Mission of the Methodist Episcopal Church, 1905.

Mills' Institute, *Orient Student*, January 20, 1903.

Polk-Husted Directory, Co., *Directory of Honolulu and the Territory of Hawaii*

Report *of the Superintendent of Public Instruction to the Governor, Territory of Hawaii*, 1906

Thrum's *Hawaiian Annual*, Honolulu, Star-Bulletin Press

• 자료집

국가보훈처 편, 『미주한인 민족운동자료』, 1999.
국사편찬위원회 편, 『대한인국민회와 이승만 : 1915~36년간 하와이 법정자료』, 1999.
김원용, 『재미한인오십년사』, 캘리포니아주 리들리(Reedley), 1959.
노재연, 『在美韓人史略』 上, 로스앤젤레스, 1951.
우남이승만문서편찬위원회 편, 『우남이승만문서 : 동문편』, 전18권, 중앙일보사/연세대학교 현대한국학연구소, 1998.
재미한족연합위원회, 『해방조선』, 미주: 나성과 하와이, 1948.
현 순, 『布哇遊覽記』, 서울, 1909.
호항한인여학원, 『호항 한인여학원 재정보단』, 제4호, 1916.12.

• 저 서

고정휴, 『이승만과 한국독립운동』, 연세대학교 출판부, 2004.
고정휴, 『1920년대 이후 미주·유럽지역의 독립운동』, 한국독립운동사편찬위원회, 2009.
방선주, 『재미한인의 독립운동』, 한림대학교 아시아문화연구소, 1989
손세일, 『이승만과 김구』, 1-3, 나남, 2008.
안형주, 『박용만과 한인소년병학교』, 지식산업사, 2007.
유영익, 『이승만의 삶과 꿈－대통령이 되기까지』, 중앙일보사, 1996.
윤병석, 『국외한인사회와 민족운동』, 일조각, 1990.
이덕희, 『하와이 이민 100년, 그들은 어떻게 살았나?』, 중앙 M&B, 2003.
______, 『한인기독교회·한인기독학원·대한인동지회』, 한인기독교회·동지회, 2008.
정병준, 『우남 이승만 연구』, 역사비평사, 2005.

하와이 한인이민90주년 기념사업위원회 편, 『그들의 발자취 *Their Footsteps*』, 1993.

홍선표, 『재미한인의 꿈과 도전』, 연세대학교 출판부, 2011.

Arthur Gardner, *The Koreans in Hawaii: An Annotated Bibliography*, Honolulu: Social Science Research Institute, University of Hawaii, 1970.

John K. Hyun, *Condensed History of the Gungminhoe : The Korean National Association (1903~1945)* (『국민회약사』), The Korean Cultural Research Center, Korea University, 1986.

Robert T. Oliver, *Syngman Rhee* ; *The Man Behind the Myth*, New York: Dodd Mead and Company 1954.

• 논 문

김도형, 「1930년대 초반 하와이 한인사회의 동향－소위 '교민총단관 점령사건'을 통하여－」, 『한국근현대사연구』 9, 1998.

반병률, 「미주지역에서의 무력양성운동－일제초기를 중심으로－」, 연세대학교 국학연구원 편, 『미주한인의 민족운동』, 2003.

이덕희, 「하와이 한인 여성단체들의 활동, 1903~1945」, 인천광역시 역사자료관 편, 『근대의 이민과 인천』, 2004.

_____, 「초기 하와이 한인들에 대한 견해」, 『한국기독교와 역사』 30, 2009. 3.

정두옥, 「재미한족독립운동실기」, 『한국학연구』 3, 별집, 인하대학교 한국학연구소, 1991.

홍선표, 「이승만의 통일운동」, 『한국독립운동사연구』 11, 독립기념관 한국독립운동사연구소, 1997.

_____, 「하와이 海外韓族大會研究」, 『한국독립운동사연구』 13, 1999.

Young-ho Choe, "Syngman Rhee in Hawaii, His Activities in the Early

Years, 1913~1915," Yong-ho Choe ed, *From the Land of Hibiscus, Korean in Hawaii, 1903~1950*, University of Hawaii Press, 2007.

Kingsley K. Lyu, "Korean Nationalist Activities in Hawaii and the Continental United States, 1900~1945, Part I: 1900~1919," *Amerasia*, 4:1 (1977) and Part II: 1919~1945, *Amerasia*, 4:2 (1977).

• 미간행물

「대한민국 19년도(1937) 중앙부 임원회록」, 동지회 컬렉션, 하와이대학교 한국학연구소.

안(이)정송, "1949년 2월 1일 국민회 창립기념식에서 내가 읽은 역사," 자필 원고, 독립기념관 자료실 소장자료, #1-4909-007; 이덕희 편, 'Korean Ministerial Appointments to Hawaii Methodist Churches," 2001, www.korean-studies.info에서 볼 수 있음.

이승만, *Log Book of S. R., Since 1904*, 미간행, 연세대학교 이승만연구원 소장본; Duk Hee Lee Murabayashi, "Korean Passengers Arriving at Honolulu, 1903~1905," http://www.korean-studies.info에서 볼 수 있음.

State of Hawaii Archives, Dept. of Commerce & Consumer Affairs, Series, State of Hawaii, Bureau of Conveyances, record books.

찾아보기

ㄱ

ㄴ

ㄷ

ㄹ

ㅁ

ㅂ

ㅅ

｜ㅇ｜

ㅈ

| 영문 |

필자소개

‖ 이덕희 (李德姬, Duk Hee Lee Murabayashi) ‖

이화여자대학교 사회학과를 졸업하고, 미국 캘리포니아대학교 버클리에서 사회학 석사와 남가주대학교에서 도시계획학 석사학위를 받았다. 하와이에서 30여 년간 환경계획가로 활동하면서 40여 편의 환경계획 보고서와 환경영향평가서를 발표하였다. 이후 하와이 한인 이민사 연구에 몰두하여 「이승만과 하와이 감리교회, 그리고 갈등: 1913~1918」, 「하와이 감리교회의 초기 교인들」, 「하와이의 한글 언론, 1904~1970」, 「하와이 한인들이 하와이 감리교회에 끼친 영향: 1903~1952」, 「하와이 한인 여성단체들의 활동, 1903~1945」, 「초기 하와이 한인들에 대한 견해」 등의 논문을 발표하였다. 또한 한인 이민자 7,400여 명의 명단(Korean Passengers Arriving at Honolulu, 1903~1905), 하와이에서 일본 여권을 발급받은 사람들의 명단(Passports Issued to Koreans in Hawaii, 1910~1924), 하와이 한인 감리교 목사 파송 명단(Korean Ministerial Appointments To Hawaii Methodist Churches, 1906~2000), 안중근 의사 의연금 모금 명단(Hawaii Contributors to the Defense of An Chunggun, 1909~1910) 등을 컴퓨터화하여 www.korean-studies.info에 올렸다. 한국에서 『제주의 도대불』(1998), 『하와이 이민 100년, 그들은 어떻게 살았나?』(2003)와 『한인기독교회 · 한인기독학원 · 대한인동지회』(2008)를 발간하였고, 국사편찬위원회 발간의 『미국, 재외동포사 연표』(2010)를 집필하였다.

이승만연구원 학술총서 [4]

하와이 대한인국민회 100년사

저 자 이 덕 희

발 행 **연세대학교 대학출판문화원**

주 소 서울시 서대문구 연세로 50

전 화 02)2123-3380~2

팩 스 02)2123-8673

http://www.yonsei.ac.kr/press

e-mail ysup@yonsei.ac.kr

등 록 1955년 10월 13일 제9-60호

인 쇄 (주) 태화북스

2013년 1월 15일 1판 1쇄

ISBN 978-89-97578-62-7 (93900)

정가 29,000원